Petra Derler

VOB/C 2023

in Bildern

WEKA

Petra Derler

VOB/C 2023

in Bildern

IMPRESSUM

Bibliografische Information der Deutschen Nationalbibliothek
Die Deutsche Nationalbibliothek verzeichnet diese Publikation in der Deutschen Nationalbibliografie; detaillierte bibliografische Daten sind im Internet über http://dnb.d-nb.de abrufbar.

Wichtiger Hinweis
Die WEKA Media GmbH & Co. KG ist bemüht, ihre Produkte jeweils nach neuesten Erkenntnissen zu erstellen. Deren Richtigkeit sowie inhaltliche und technische Fehlerfreiheit werden ausdrücklich nicht zugesichert. Die WEKA Media GmbH & Co. KG gibt auch keine Zusicherung für die Anwendbarkeit bzw. Verwendbarkeit ihrer Produkte zu einem bestimmten Zweck. Die Auswahl der Ware, deren Einsatz und Nutzung fallen ausschließlich in den Verantwortungsbereich des Kunden.

WEKA Media GmbH & Co. KG
Sitz in Kissing
Registergericht Augsburg
HRA 13940

Persönlich haftende Gesellschafterin:
WEKA Media Beteiligungs-GmbH
Sitz in Kissing
Registergericht Augsburg
HRB 23695
Vertretungsberechtigte Geschäftsführer:
Jochen Hortschansky, Kurt Skupin

WEKA Media GmbH & Co. KG
Römerstraße 4, 86438 Kissing
Fon 08233.23-4000
Fax 08233.23-7400
service@weka.de
www.weka.de

Umschlag geschützt als Geschmacksmuster der
WEKA Media GmbH & Co. KG
Satz: WEKA Media GmbH & Co. KG, Römerstraße 4, 86438 Kissing
Druck: Druckerei & Verlag Steinmeier GmbH & Co.KG, Gewerbepark 6, 86738 Deiningen
Printed in Germany

ISBN 978-3-8111-2341-0

Inhaltsverzeichnis

Autorenverzeichnis 7
1 Aufmaß als Grundlage der Abrechnung 11
2 Begriffsdefinition 25
3 Aufmaß und Abrechnung im Überblick 29
ATV DIN 18300 Erdarbeiten 29
ATV DIN 18303 Verbauarbeiten 35
ATV DIN 18305 Wasserhaltungsarbeiten 39
ATV DIN 18308 Drän- und Versickerarbeiten 41
ATV DIN 18318 Pflasterdecken und Plattenbeläge, Einfassungen 43
ATV DIN 18320 Landschaftsbauarbeiten 49
ATV DIN 18330 Mauerarbeiten 55
ATV DIN 18331 Betonarbeiten 65
ATV DIN 18332 Naturwerksteinarbeiten 77
ATV DIN 18333 Betonwerksteinarbeiten 85
ATV DIN 18334 Zimmer- und Holzbauarbeiten 89
ATV DIN 18335 Stahlbauarbeiten 103
ATV DIN 18336 Abdichtungsarbeiten 109
ATV DIN 18338 Dachdeckungsarbeiten 115
ATV DIN 18339 Klempnerarbeiten 121
ATV DIN 18340 Trockenbauarbeiten 125
ATV DIN 18345 Wärmedämm-Verbundsysteme 137
ATV DIN 18349 Betonerhaltungsarbeiten 145
ATV DIN 18350 Putz- und Stuckarbeiten 153
ATV DIN 18351 Vorgehängte Hinterlüftete Fassaden 163
ATV DIN 18352 Fliesen- und Plattenarbeiten 171
ATV DIN 18353 Estricharbeiten 181
ATV DIN 18354 Gussasphaltarbeiten 185
ATV DIN 18355 Tischlerarbeiten 189
ATV DIN 18356 Parkett- und Holzpflasterarbeiten 195

ATV DIN 18357 Beschlagarbeiten 199
ATV DIN 18358 Rollladenarbeiten 201
ATV DIN 18360 Metallbauarbeiten 205
ATV DIN 18361 Verglasungsarbeiten 211
ATV DIN 18363 Maler- und Lackierarbeiten – Beschichtungen 215
ATV DIN 18364 Korrosionsschutzarbeiten an Stahlbauten 225
ATV DIN 18365 Bodenbelagarbeiten 231
ATV DIN 18366 Tapezierarbeiten 235
ATV DIN 18379 Raumlufttechnische Anlagen 241
ATV DIN 18380 Heizanlagen und zentrale Wassererwärmungsanlagen 245
ATV DIN 18381 Gas-, Wasser- und Entwässerungsanlagen innerhalb von Gebäuden 249
ATV DIN 18382 Elektro-, Sicherheits- und Informationstechnische Anlagen 253
ATV DIN 18384 Blitzschutz-, Überspannungsschutz- und Erdungsanlagen 257
ATV DIN 18385 Aufzugsanlagen, Fahrtreppen und Fahrsteige sowie Förderanlagen 259
ATV DIN 18386 Gebäudeautomation 261
ATV DIN 18421 Dämm- und Brandschutzarbeiten an technischen Anlagen 263
ATV DIN 18451 Gerüstarbeiten 273
ATV DIN 18459 Abbruch- und Rückbauarbeiten 283

Autorenverzeichnis

Petra Derler

Dipl.-Ing. Petra Derler, Architektin BDA, absolvierte ihr Studium der Archäologie und Architektur in Köln und Wuppertal. Seit 1987 sammelt sie berufliche Erfahrung in Architektur- und Bausachverständigenbüros, seit 1991 hauptberuflich.

Bis heute ist sie sowohl selbstständig tätig als auch angestellt mit den Schwerpunkten Bauen im Bestand, Beurteilung und Sanierung von Bauschäden, Ausschreibungen und Abrechnungen.

1997 hat Petra Derler die Autorenschaft für WEKA Media mit der Werkreihe „Aktuelle Schadensfälle" begonnen. Seither sind zahlreiche Fachbücher und Loseblattwerke unter ihrer Autoren- bzw. Herausgeberschaft erschienen.

Dr. Christian Leesmeister

Dr. Christian Leesmeister zeichnet aktuell als Leiter der Rechtsabteilung (seit 2020) sowie als Leiter der Praxisgruppe Bau- und Architektenrecht (seit 2018) der Stadt Köln verantwortlich. Dr. Leesmeister startete seine Tätigkeit bei der Stadt Köln bereits 2015 als Justiziar und Fachjurist für Bau- und Architektenrecht. Von 2010 bis 2014 war er als Fachanwalt für Bau- und Architektenrecht in der Kanzlei Kapellmann und Partner tätig.

Neben seiner Tätigkeit bei der Stadt Köln agiert Dr. Leesmeister seit 2017 als Lehrbeauftragter an der Hochschule für Polizei und öffentliche Verwaltung NRW. Zudem ist er Dozent und Fachautor für Bauvertragsrecht mit dem Schwerpunkt VOB/C.

Christian Rauscher

Christian Rauscher ist von der IHK für München und Oberbayern öffentlich bestellter und vereidigter Sachverständiger für Baupreisermittlung und Abrechnung um Hoch- und Ingenieurbau und auf das technische Vertragsmanagement und die baubetriebliche Beratung spezialisiert.

Als Inhaber des Ingenieur- und Sachverständigenbüros Rauscher Projektconsult in München ist Herr Rauscher operativ und beratend für private und öffentliche Auftraggeber sowie für Auftragnehmer tätig.

Markus Zacharias

Markus Zacharias ist Inhaber des Sachverständigenbüros Z-SB in Karlsruhe, einem Ingenieur- und Sachverständigenbüro für Baubetrieb und Bauwirtschaft. Als Bauingenieur und Wirtschaftsjurist wechselte er 2014 vom operativen Geschäft in das Sachverständigenwesen und wurde Geschäftsführer bei dem Sachverständigenbüro LHR. Dort war er von 2015 bis 2017 geschäftsführender Gesellschafter, bevor der 2018 das Sachverständigenbüro Z-SB gründete.

Herr Zacharias ist von der Industrie- und Handelskammer Karlsruhe öffentlich bestellter und vereidigter Sachverständiger für „Baupreisermittlung und Abrechnung nach Hoch- und Ingenieurbau, Bauablaufstörungen". Weiterhin ist er als Referent im Bereich „Nachtragsmanagement und gestörte Bauabläufe" sowie als Autor tätig.

Unter Mitwirkung von

- Markus Fiedler, Rechtsanwalt
- Frank Hempel, Architekt und Sachverständiger VOB und HOAI

1 Aufmaß als Grundlage der Abrechnung

Abrechnung nach Aufmaß (Einheitspreisvertrag)

Wann ist ein Aufmaß notwendig?

Beim Einheitspreisvertrag (§ 2 Abs. 2 VOB/B) kommt dem Aufmaß eine entscheidende Bedeutung für die Prüfbarkeit der Abrechnung und damit für die Bezahlung der Bauleistung zu. Die Abrechnung von Einheitspreisen ist in der Praxis ohne Aufmaß regelmäßig nicht prüfbar. Aufgabe und Ziel des Aufmaßes ist es, dem Auftraggeber Art, Größe oder Anzahl und Menge der **tatsächlich** erbrachten Bauleistung nachvollziehbar darzulegen.

Zur Vereinfachung der Abrechnung hat aber nach Abschnitt 5 der ATV DIN 18299 die Leistungsermittlung aus **Zeichnungen** (i.d.R. maßstabsgerechte Pläne) oder **Modellen** (seit 2023 neu in der VOB/C) Vorrang vor dem Aufmaß vor Ort, soweit die ausgeführte Leistung diesen Zeichnungen oder Modellen entspricht. Sind solche Zeichnungen/Modelle nicht vorhanden, **ist** die Leistung aufzumessen. Diese allgemeine Regelung hat jedoch nur „Auffangcharakter", die speziellen Abrechnungsregelungen im jeweiligen Abschnitt 5 der ATV DIN 18300 ff. gehen vor.

Ohne Vorlage eines nachvollziehbaren Aufmaßes sind Rechnungen beim Einheitspreisvertrag häufig nicht prüfbar und damit nicht fällig (§ 14 Abs. 1

S. 1, § 16 Abs. 1 Nr. 1 S. 2 i.V.m. Nr. 3 VOB/B). Der Auftragnehmer hat also ohne prüfbare Rechnung keinen Anspruch auf Zahlung.

Das gilt selbst dann, wenn der Auftragnehmer exakt die im Leistungsverzeichnis aufgeführten (zuvor ermittelten) Mengen abrechnet. Auch dann muss der Auftraggeber die Möglichkeit haben, zu überprüfen, wo bzw. wie und in welcher tatsächlichen Menge der Auftragnehmer seine Leistungen erbracht haben will, schließlich sind Mehr- **und** Mindermengen möglich (vgl. § 2 Abs. 3 VOB/B).

Allerdings muss der Auftraggeber, jedenfalls bei der Schlusszahlung, Einwendungen gegen die Prüfbarkeit der **Schlussrechnung** rechtzeitig und begründet erheben, anderenfalls kann er sich nicht mehr auf die fehlende Prüfbarkeit berufen. Das bedeutet, nach Ablauf der Frist wird auch ein objektiv nicht prüffähiger Schlusszahlungsanspruch des Auftragnehmers fällig (§ 16 Abs. 3 Nr. 1 VOB/B) – vorausgesetzt, dass auch die Abnahme der Bauleistung erfolgt ist (§ 12 VOB/B, § 641 BGB).

Anforderungen an ein Aufmaß

Die VOB/B enthält keine detaillierten Anforderungen an ein Aufmaß. Dort heißt es nur zur Abrechnung: *„Die zum Nachweis von Art und Umfang der Leistung erforderlichen Mengenberechnungen, Zeichnungen und andere Belege sind beizufügen."* (§ 14 Abs. 1 S. 3 VOB/B)

Das BGB fordert für Abschlagsrechnungen eine Aufstellung, *„die eine rasche und sichere Beurteilung der Leistungen ermöglichen muss“* (§ 632a Abs. 1 S. 5 BGB). Die Schlussrechnung muss eine *„übersichtliche Aufstellung der erbrachten Leistungen“* enthalten, die *„für den Besteller nachvollziehbar“* sein muss (§ 650g Abs. 4 S. 2 BGB).

Anforderungen an das Aufmaß können sich aus den Abrechnungsbestimmungen in den technischen Vertragsbestimmungen oder den sonstigen vertraglichen Vereinbarungen ergeben (§ 14 Abs. 2 S. 2 VOB/B). In jedem Fall – insbesondere dann, wenn entsprechende Vereinbarungen fehlen – sind die Abrechnungsvorschriften der VOB/C zu beachten. Die VOB/C enthält im jeweiligen Abschnitt 5 Vorschriften zum Aufmaß.

Ein bloßes zahlenmäßiges Aufmaß ist dann ausreichend, wenn der Auftraggeber erkennen kann, wo der Auftragnehmer welche Leistungen erbracht haben will. Der Auftraggeber muss also verstehen können, an welchem Ort die Leistungen konkret ausgeführt wurden.

Lässt sich der konkrete Ort der Leistungserbringung dem Aufmaß nicht eindeutig entnehmen, muss der Auftragnehmer dies anderweitig verdeutlichen, etwa durch Aufmaßpläne.

Beispiel

➔ Der Auftragnehmer soll eine Baugrube herstellen und dazu auch alte Fundamente abbrechen. Ihm werden Pläne mit den bekannten Fundamenten übergeben. Im Zuge der Leistungsausführung findet er jedoch weitere, bislang nicht bekannte Fundamente, die über das gesamte Baufeld verteilt sind. Jedenfalls im Hinblick auf diese Fundamente wird der Auftragnehmer – gegebenenfalls durch Zeichnungen – deutlich zu machen haben, wo diese vorhanden waren.

Aufmaß korrekt erstellen

Bei der Erstellung des Aufmaßes hat sich folgende Vorgehensweise in der Praxis bewährt:

- Zunächst muss sich der Auftragnehmer überlegen, ob er anhand eines örtlichen Aufmaßes oder anhand von Plänen aufmessen möchte. Ersteres ist im Zweifel exakter, weil in der Baupraxis eben nicht immer nach Plan gearbeitet wird.
- Soll das Aufmaß auf Basis von Plänen erstellt werden, so gilt:
  - Man beginnt links unten im Plan und geht im Uhrzeigersinn weiter. Sind im Plan bereits Raumbezeichnungen verwendet worden, sollten diese unbedingt übernommen werden. Die einzelnen Stockwerke sind zu bezeichnen. Es sind die im Plan angegebenen Maße zu verwenden. Es wird dringend empfohlen, die Maße **einschließlich** der Darlegung des Rechenwegs zur Nachvollziehbarkeit (Prüfbarkeit) für den Rechnungsprüfer zusammenzufassen.
  - Das Aufmaß sollte mit einer Zusammenstellung der einzelnen Positionen enden. Dabei sind auch alle Leistungen einer Position aus den verschiedenen Aufmaßblättern zu einer Summe zusammenzufassen, wobei die entsprechenden Seitenzahlen der Aufmaßblätter mit anzugeben sind. Dem Prüfer wird damit

die Möglichkeit gegeben, die Maße ihrer Bedeutung entsprechend mühelos zuzuordnen.

- Sollen Aufmaßpläne erstellt werden, so ist zu beachten:
  - Zur Erläuterung der ausgeführten Arbeiten sollten die Aufmaßpläne farblich, übersichtlich und nach Positionen angelegt werden. Gegebenenfalls sind Skizzen anzufertigen.
  - Den Aufmaßplänen ist eine Legende beizufügen, aus der sich ergibt, was die einzelnen Farbmarkierungen und die eingetragenen Zahlen usw. bedeuten.
  - Änderungen, die sich auf der Baustelle gegenüber den Ausführungsplänen ergeben, sind laufend in die Aufmaßpläne einzutragen.

Das in beschriebener Art und Weise erstellte Aufmaß und etwaige Aufmaßpläne sollte der Auftragnehmer der Rechnung beifügen.

Nicht prüfbares Aufmaß

Ist der Auftraggeber der Ansicht, das Aufmaß sei nicht prüfbar, muss er dies dem Auftragnehmer – unter Angabe der Gründe – mitteilen.

Einwand der fehlenden Prüfbarkeit bei der Schlussrechnung fristgebunden

Für **Abschlagsrechnungen** gibt es keine zeitliche Begrenzung (Frist) für den Einwand der Unprüfbarkeit. Die Behauptung, die Abschlagsrechnung sei nicht prüfbar, kann also (erstmals) auch noch Wochen oder

Monate nach Ablauf der Prüffrist für die Rechnung erhoben werden.

Geht es um eine **Schlussrechnung**, so **muss** die Rüge beim VOB/B-Vertrag innerhalb der Prüffrist für die Rechnung erfolgen (regelmäßig 30 Tage, verlängerbar auf bis zu 60 Tage). Beim BGB-Vertrag muss die fehlende Prüfbarkeit binnen 30 Tagen gerügt werden. Überschreitet der Auftraggeber diese Frist, so kommt es auf seine Rüge nicht mehr an (§ 650g Abs. 4 S. 3 BGB, § 16 Abs. 3 Nr. 1 S. 2 VOB/B).

Der Auftraggeber muss zudem die Gründe für die fehlende Prüfbarkeit konkret benennen. Er kann nicht einfach nur pauschal die Prüfbarkeit infrage stellen (§ 650g Abs. 4 S. 3 BGB, § 16 Abs. 3 Nr. 1 S. 2 VOB/B).

Hat der Auftraggeber die Abschlags- oder Schlussrechnung tatsächlich geprüft, so kann er sich nachträglich nicht mehr auf die fehlende Prüfbarkeit berufen.

Kein Neubeginn der Prüffrist

Hat der Auftraggeber die Rechnung (zu Recht) als nicht prüfbar zurückgewiesen, so muss der Auftragnehmer nachbessern und insbesondere fehlende Nachweise nachreichen. Nach der Übergabe weiterer Unterlagen beginnt die Prüffrist nicht von Neuem. Die Prüffrist wird nur für die Zeit gehemmt, in der der Auftragnehmer die weiteren Unterlagen zusammenstellt (OLG Nürnberg, Urteil vom 09.07.1999, Az. 6 U 3845/98).

Beispiel

➔ Es ist eine Prüf- bzw. Zahlungsfrist für die Schlussrechnung von 30 Tagen vereinbart. Der Auftraggeber rügt die fehlende Prüfbarkeit wegen eines fehlenden Aufmaßes 25 Tage nach Rechnungseingang. In diesem Fall hat er nach Eingang des Aufmaßes nur noch fünf Tage Zeit, die Schlussrechnung zu prüfen.

Gemeinsames Aufmaß

Streitvermeidung durch gemeinsames Aufmaß

Da das Aufmaß häufig die Quelle für spätere Meinungsverschiedenheiten und Auseinandersetzungen über die Abrechnung ist, ist die Anfertigung eines **gemeinsamen** Aufmaßes dringend zu empfehlen. Auf diese Weise können Zweifelsfragen frühzeitig aufgedeckt und an Ort und Stelle geklärt werden. Dies ist auch der Hintergrund der Regelung in § 14 Abs. 2 S. 1 VOB/B: Es sollen klare Verhältnisse hinsichtlich des tatsächlichen Leistungsumfangs geschaffen werden. Das liegt im Interesse beider Bauvertragsparteien.

Im Streitfall muss grundsätzlich der Auftragnehmer nachweisen, dass das Aufmaß richtig ist. Er trägt die sog. **Beweislast**. Deshalb hat der Auftragnehmer nach ständiger Rechtsprechung einen **Anspruch** auf ein gemeinsames Aufmaß. Er kann vom Auftraggeber verlangen, dass die Feststellungen gemeinsam an Ort und Stelle getroffen werden. Hiermit wird auch dem **Kooperationsgedanken** am Bau Rechnung getragen.

Weigert sich der Auftraggeber, an der gemeinsamen Erstellung des Aufmaßes mitzuwirken, so ist der Auftragnehmer nach ständiger Rechtsprechung berechtigt, seiner Abrechnung ein von ihm einseitig erstelltes Aufmaß zugrunde zu legen. Bestreitet der Auftraggeber dann die Richtigkeit des Aufmaßes, ist er verpflichtet, hierfür den Beweis zu erbringen. Letztlich führt die Verweigerungshaltung des Auftraggebers damit zu einer **Umkehr der Beweislast** zulasten des Auftraggebers (BGH, Urteil vom 22.05.2003, Az. VII ZR 143/02; OLG Köln, Urteil vom 16.07.1993, Az. 19 U 240/92).

Hinweis für die Praxis

➔ Die hier zitierte Rechtsprechung ist in der Praxis von ganz erheblicher Bedeutung. Die Beweislast für die Richtigkeit des Aufmaßes kann entscheidend sein. Das gilt vor allem bei Leistungen, deren Ausführungen sich nachträglich nicht mehr oder nur noch unter erheblichem Aufwand feststellen lassen.

➔ Der Auftragnehmer hat bei einem Einkaufszentrum Leitungen verlegt, die später durch Zwischendecken verdeckt werden. Insgesamt geht es um Leitungen mit einer Gesamtlänge von nahezu 50 km, die über 100 verschiedene Shops des Einkaufszentrums verteilt sind. Im Rahmen der Schlussrechnungsprüfung nimmt der Auftraggeber erhebliche Streichungen am Aufmaß vor. Der Auftragnehmer akzeptiert diese Kürzungen nicht. Der Auftragnehmer hatte – bevor die Decken geschlossen wurden – den Auftraggeber um ein gemeinsames Aufmaß gebeten. Zum anberaumten Termin ist der Auftraggeber nicht erschienen. Der Auftragnehmer hat daraufhin das Aufmaß allein genommen.

Da der Auftraggeber am gemeinsamen Aufmaß nicht mitgewirkt hat, geht die Beweislast für die Richtigkeit des Aufmaßes des Auftragnehmers auf ihn über. Er muss nun beweisen, dass das vom Auftragnehmer genommene Aufmaß falsch ist. Es wird dem Auftraggeber aber nachträglich (insbesondere nach Eröffnung des Einkaufszentrums) äußerst schwerfallen, den Beweis zu führen. Er müsste nachweisen, dass die vom Kläger behaupteten 50 km Leitungslänge tatsächlich nicht verlegt wurden.

Dieser Beweis wird dem Auftraggeber kaum gelingen. Gibt es keine aussagekräftigen Pläne, müsste das Aufmaß vor Ort genommen werden. Das Gleiche gilt, wenn streitig ist, ob überhaupt nach diesen Plänen gebaut wurde. Ob die Inhaber der 100 Shops ihre Zustimmung zum Öffnen der Zwischendecken erteilen, dürfte zweifelhaft sein. Der Auftraggeber unterliegt daher dem ganz erheblichen Risiko, dass er die Fehlerhaftigkeit des Aufmaßes nicht beweisen kann.

Die gleichen Risiken treffen natürlich den Auftragnehmer, wenn dieser nicht um ein gemeinsames Aufmaß gebeten hat und deshalb – wie im Normalfall – die Beweislast trägt.

Vollmacht zum gemeinsamen Aufmaß

Wie bereits mehrfach ausgeführt, hat der vom Auftraggeber beauftragte Bauüberwacher (Architekt oder Ingenieur) regelmäßig keine Vollmacht, den Auftraggeber rechtsgeschäftlich zu vertreten. Etwas anderes gilt aber für das gemeinsame Aufmaß. Der Architekt/Ingenieur ist im Allgemeinen zur Durchführung des gemeinsamen Aufmaßes und damit auch zum Anerkenntnis der getroffenen Feststellungen als bevollmächtigt anzusehen, wenn er mit der Objektüberwachung betraut ist. Regelmäßig wird auch der beim Auftraggeber angestellte Bauleiter die Vollmacht zur Anfertigung eines gemeinsamen Aufmaßes haben.

Von der Vollmacht darf der Auftragnehmer vor allem dann ausgehen, wenn er um ein gemeinsames Aufmaß gebeten hat und zu dem vereinbarten Termin sodann der Architekt/Ingenieur oder Bauleiter erscheint (sog. Anscheins- bzw. Duldungsvollmacht).

Die Bevollmächtigung umfasst aber grundsätzlich nicht die Befugnisse, Ansprüche des Bauunternehmers, z.B. die Schlussrechnung, anzuerkennen oder aufgrund der Erstellung eines gemeinsamen Aufmaßes einen entsprechenden Vergleich abzuschließen. Die Vollmacht umfasst nur die gemeinsame Feststellung von Art und Umfang der erbrachten Leistungen. Ob und wie die Leistungen vergütet werden, ist Sache des Auftraggebers.

Wirkungen eines gemeinsamen Aufmaßes

Haben die Bauvertragsparteien gemeinsam das Aufmaß genommen, ist das Ergebnis zu dokumentieren. In dem Protokoll bzw. dem gefertigten Aufmaß steht eine rechtsgeschäftliche Willenserklärung. Das gemeinsame Aufmaß stellt ein sog. **deklaratorisches Schuldanerkenntnis** dar. Das bedeutet, dass Auftraggeber und Auftragnehmer grundsätzlich an das gemeinsame Aufmaß gebunden sind.

Die Bindungswirkung des gemeinsamen Aufmaßes betrifft jedoch nur die getroffenen Feststellungen. Die Parteien sind also an die Feststellungen einer bestimmten Stückzahl, eines Raum- oder Längenmaßes gebunden. Dagegen ist mit dem gemeinsamen Aufmaß noch nichts darüber gesagt, ob und wie die Leistung überhaupt abgerechnet werden kann.

Beispiel

➔ Der Auftragnehmer hat unstreitig Schutzmaßnahmen für angrenzende Bauteile durchgeführt. Diese werden im Rahmen eines gemeinsamen Aufmaßes auch festgestellt. Ob der Auftragnehmer diese Leistungen überhaupt eigenständig abrechnen kann (oder ob es sich z.B. um Nebenleistungen handelt), ist damit noch nicht gesagt.

Hinweis für die Praxis

➔ Das Gesagte gilt für Stundenlohnzettel entsprechend. Mit der Unterschrift unter einem Stundenlohnzettel bestätigt der Auftraggeber nur den Umfang der geleisteten Stunden. Ob die entsprechenden Arbeiten überhaupt zum Stundensatz abgerechnet werden können, ist eine andere Frage.

Die Bindungswirkung des gemeinsamen Aufmaßes führt nicht dazu, dass der Auftraggeber die festgestellten Leistungen als mangelfrei anerkennt. Das ist eine Frage der Abnahme.

Bindung an das gemeinsame Aufmaß

Im Fall eines gemeinsamen Aufmaßes sind beide Parteien grundsätzlich an das Ergebnis gebunden.

Ob und unter welchen Umständen sich eine Partei nachträglich von einem gemeinsamen Aufmaß lösen kann, wird in der Rechtsprechung nicht einheitlich beurteilt. Nach Ansicht der meisten Gerichte muss derjenige, der sich vom Aufmaß lösen will, dessen Fehlerhaftigkeit beweisen. Andere Gerichte fordern zusätzlich den Nachweis, dass die Fehlerhaftigkeit dem jeweiligen Vertragspartner erst nachträglich bekannt geworden ist und beim gemeinsamen Aufmaß nicht erkannt werden konnte.

Beruht die Fehlerhaftigkeit des Aufmaßes nicht auf falschen Feststellungen, sondern auf Schreib-, Rechen- oder Übertragungsfehlern, so kommt die **Anfechtung** in Betracht (§ 119 BGB). Diese muss unverzüglich und schriftlich erfolgen und unmissverständlich erkennen lassen, dass man das Aufmaß wegen des Irrtums nicht gelten lassen kann.

Beispiel

➔ Als Anfechtungsgründe kommen in der Baupraxis in Betracht: Schreibfehler auf der Baustelle oder bei der Übertragung der handschriftlichen Notizen in die Rechnung im Büro; die Zuordnung richtiger Maße zur falschen Position; die Aufnahme falscher Maße.

Hinweis für die Praxis

➔ Gerade in Gerichtsverfahren kommt dem gemeinsamen Aufmaß besondere Bedeutung zu. Die Praxis zeigt, dass die Gerichte es regelmäßig nicht zulassen, dass sich eine Seite nachträglich von einem gemeinsamen Aufmaß löst. Insbesondere sehen die Gerichte im Fall eines gemeinsamen Aufmaßes davon ab, dieses nachträglich von einem gerichtlich bestellten

Gutachter überprüfen zu lassen. In der Praxis lassen sich deshalb gemeinsame Aufmaße regelmäßig besonders leicht durchsetzen.

Wirkungen eines geprüften Aufmaßes

Auch wenn ein Aufmaß nicht gemeinsam vorgenommen wurde, so kann es doch Bindungswirkung haben. Das ist immer dann der Fall, wenn der Auftraggeber (oder sein Bevollmächtigter) das Aufmaß geprüft hat. Nach Ansicht der meisten Gerichte kommt es im Falle eines geprüften Aufmaßes – wie beim gemeinsamen Aufmaß – zu einer **Beweislastumkehr:** Hat der Auftraggeber (oder der Bevollmächtigte) das Aufmaß zunächst in bestimmter Höhe bestätigt und will er davon später abweichen, so trägt er die Beweislast. Er muss dann beweisen, dass die ursprünglich von ihm bestätigte Leistung doch nicht erbracht wurde.

Beachte aber: Das Vorgesagte gilt nur, wenn das Aufmaß tatsächlich geprüft wurde. Die bloße Zahlung einer Rechnung (ohne Aufmaßprüfung) stellt kein Anerkenntnis dar. Hier bleibt die Beweislast – auch im Falle nachträglicher Kürzungen – beim Auftragnehmer.

Prüfbarkeit ohne (gemeinsames) Aufmaß

Auch wenn ein gemeinsames Aufmaß von der VOB/B in § 14 Abs. 2 empfohlen wird und sinnvoll ist, ist es nicht zwingende Voraussetzung für die Prüfbarkeit der Rechnung. Eine Rechnung kann auch mit einem einseitigen Aufmaß oder auch ganz ohne Aufmaß prüfbar sein. Das Fehlen eines gemeinsamen Aufmaßes hat auch keine Auswirkungen auf die Fälligkeit des Werklohnanspruchs.

Klauseln, nach denen die Abrechnung „nur“ oder „ausschließlich“ auf Basis eines „anerkannten“ oder „gemeinsamen“ Aufmaßes zulässig ist, sind in Allgemeinen Geschäftsbedingungen unwirksam. Denn der Auftraggeber könnte durch bloße Nichtanerkennung oder Nichtteilnahme an einem gemeinsamen Aufmaß jedwede Abrechnung verhindern.

2 Begriffsdefinition

In Anhang A zur ATV DIN 18299 werden in den ATV für Bauleistungen (VOB/C) verwendete Begriffe einheitlich definiert.

Aussparungen

Unter Aussparungen versteht die VOB/C Querschnittschwächungen bei Bauteilen, die sowohl kleiner als die Bauteiltiefe, z.B. Nischen oder Schlitze, oder auch gleich der Bauteiltiefe, z.B. bei Öffnungen oder Durchbrüchen, sein können. Bei Flächen stellen Aussparungen nicht zu behandelnde bzw. herzustellende Teile dar. Als Beispiele für Aussparungen nennt der Anhang A Öffnungen (auch raumhoch), Durchbrüche, Durchdringungen, Nischen, Schlitze, Hohlräume, Leitungen und Kanäle.

Unterbrechungen

Bei der Abrechnung nach dem Längenmaß verstehen die ATV unter Unterbrechungen trennende, nicht zu behandelnde bzw. nicht herzustellende Abschnitte. Da es sich um **trennende** Abschnitte handelt, muss also beidseitig dieser Trennung das unterbrochene Bauteil in gleicher Weise weiterlaufen.

Bei der Abrechnung nach dem Flächenmaß stellen Unterbrechungen Trennungen durch Bauteile geringer Breite dar, die nicht zu behandeln bzw. herzustellen sind. Als Beispiele für Unterbrechungen nennt der Anhang A Fachwerkteile, Vorlagen, Lisenen, Gesimse, Entwässerungsrinnen und Einbauten.

Weil es sich nach dieser Definition bei solchen Unterbrechungen um Trennungen von Flächenbereichen handelt, können z.B. Fachwerksteile an den Kanten von Fachwerkswänden, z.B. Schwellen oder Eckpfosten, keine solche Unterbrechungen darstellen. Vielmehr stellen solche Bauteile dann die jeweiligen Flächen begrenzende Bauteile dar.

Anarbeiten

Unter Anarbeiten verstehen die ATV das Heranführen von Bauleistungen an begrenzende Bauteile, ohne dass sie an die begrenzenden Bauteile angepasst oder angeschlossen werden müssten.

Anpassen

Unter Anpassen verstehen die ATV das Heranführen von Bauleistungen an begrenzende Bauteile, wobei sie so bearbeitet werden müssen, dass sie der Geometrie der begrenzenden Bauteile folgen.

Anschließen

Unter Anschließen verstehen die ATV das Heranführen von Bauleistungen an begrenzende Bauteile, wobei sichergestellt werden muss, dass eine definierte technische Funktion, z.B. Winddichtigkeit, Wasserdichtigkeit oder Kraftschlüssigkeit, erfüllt wird.

Kleinstes umschriebenes Rechteck

Das kleinste umschriebene Rechteck wird definiert als das kleinste Rechteck, das eine Fläche beliebiger Form umschließt (siehe Bilder 1 und 2)

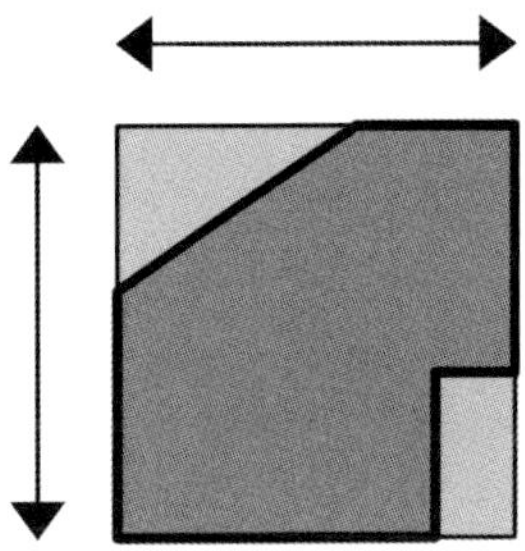

Bild 1: Kleinstes umschriebenes Rechteck einer unregelmäßigen Fläche

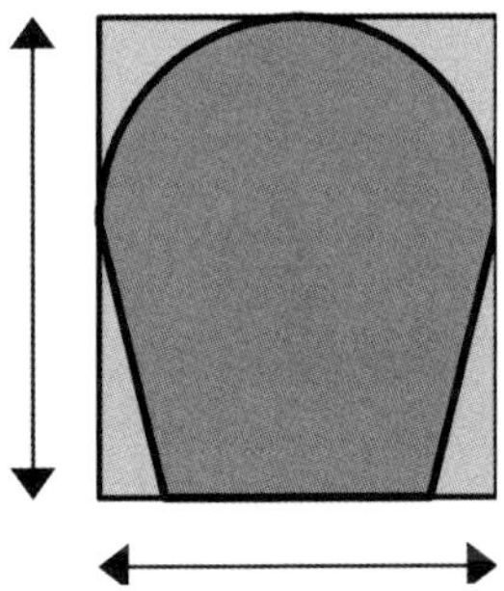

Bild 2: Kleinstes umschriebenes Rechteck einer abgerundeten Fläche

3 Aufmaß und Abrechnung im Überblick

ATV DIN 18300 Erdarbeiten

Allgemeines

Worum geht es?	Wie wird gerechnet/ermittelt?	ATV
Ermittlung der Leistung	erfolgt nach Zeichnungen, wenn diese den ausgeführten Leistungen entsprechen, andernfalls nach Aufmaß	5
zugrunde gelegt werden gleichgültig, ob die Leistungsermittlung nach Zeichnung oder Aufmaß erfolgt	Maße der Erdbauwerke	5.1

Ermittlung der Maße/Mengen

Worum geht es?	Wie wird gerechnet/ermittelt?	ATV
Mengenermittlung 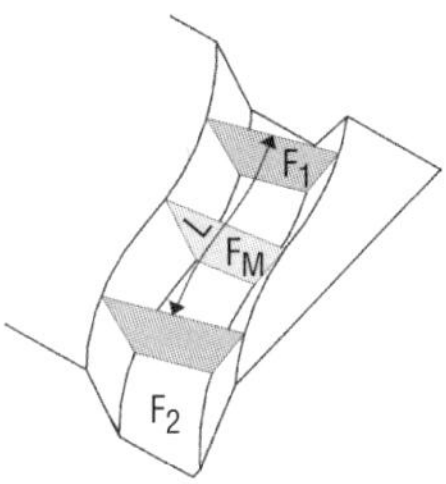	Näherungsverfahren dürfen verwendet werden. **Tipp:** *Wenn im Leistungsverzeichnis keine Verfahren vorgeschrieben sind, sind anerkannte Verfahren aus der Geometrie zur näherungsweisen Ermittlung des Rauminhalts oder der Oberfläche von unregelmäßigen Körpern anzuwenden.*	5.2.1
Ermittlung der entnommenen Mengen	an der Entnahmestelle im Abtrag	5.2.2

Worum geht es?	**Wie wird gerechnet/ermittelt?**	**ATV**
Ermittlung eingebauter Mengen	im fertigen Zustand im Auftrag **Tipp:** *Bei Abrechnung nach Raummaß ist das Volumen maßgebend, das durch den verdichteten Einbau gefüllt werden soll – und nicht das Volumen des Materials vor dem Einbau.*	5.2.3
Länge des Förderwegs 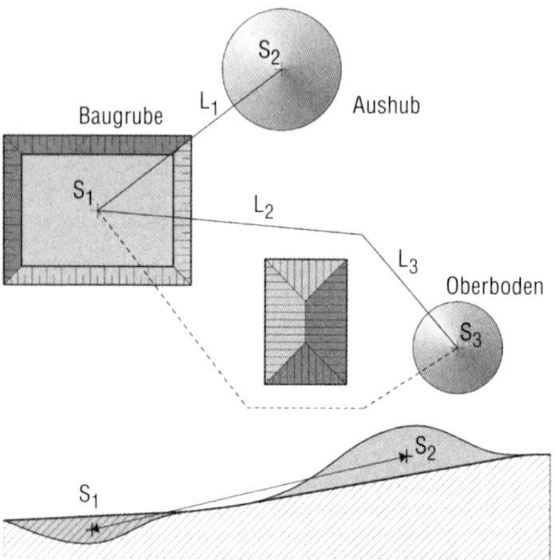 	kürzeste zumutbare Entfernung zwischen den Schwerpunkten der Auftrags- und Abtragskörper messen **Tipp:** *Als Förderweg gilt auch ein Transportweg außerhalb der Baustelle.*	5.2.4
abgeböschte Baugruben und Gräben bei denen keine Vorgaben vorliegen 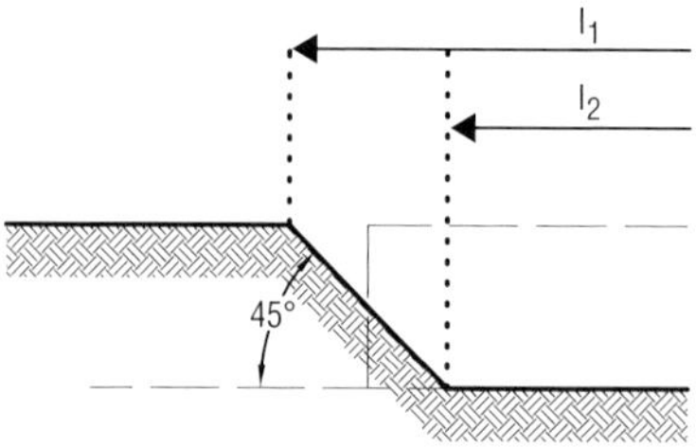 	für Böschungsraum Böschungswinkel von 45° ansetzen	5.2.5

Worum geht es?	Wie wird gerechnet/ermittelt?	ATV
abgeböschte Baugruben und Gräben bei denen keine Vorgaben vorliegen bei feinkörnigen Böden mit mindestens steifer Konsistenz 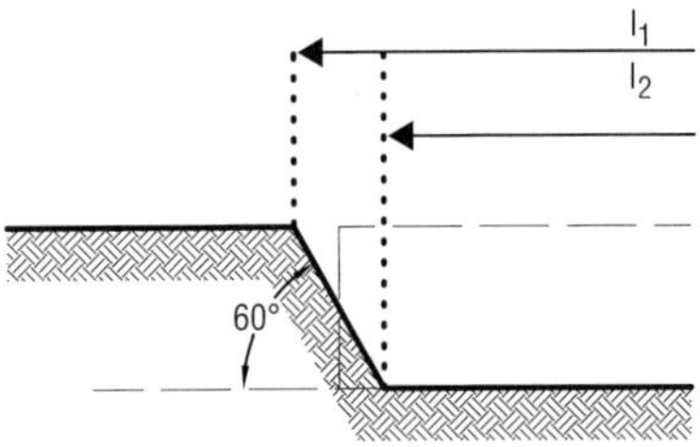 	für Böschungsraum Böschungswinkel von 60° ansetzen	5.2.5
abgeböschte Baugruben und Gräben bei denen keine Vorgaben vorliegen bei Fels 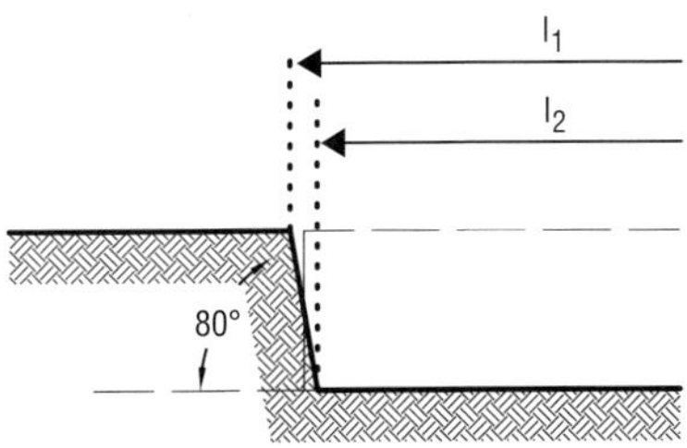 	für Böschungsraum Böschungswinkel von 80° ansetzen	5.2.5
Bermen die in Böschungen erforderlich sind 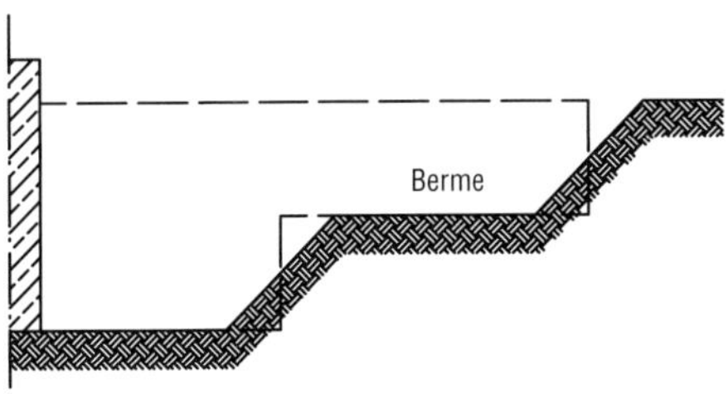 	bei der Ermittlung des Böschungsraums berücksichtigen	5.2.5

Worum geht es?	Wie wird gerechnet/ermittelt?	ATV
Maße der Baugrubensohle 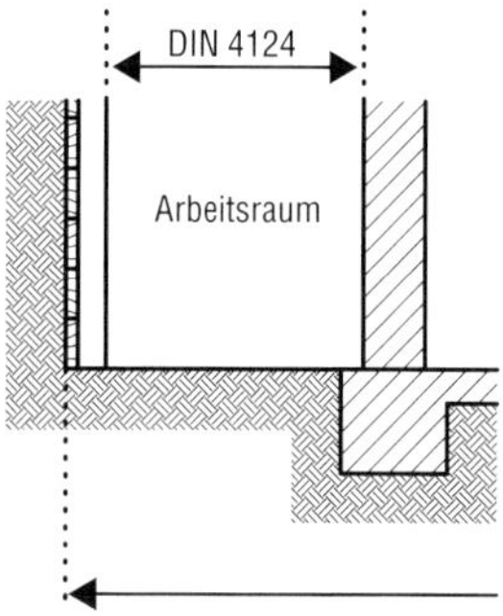	Außenabmessungen des Baukörpers rechnen, zuzüglich Mindestbreiten betretbarer Arbeitsräume gemäß DIN 4124 und der erforderlichen Maße für Schalungskonstruktionen	5.2.6
Verbau der im Zuge des Aushubs einzubringen ist	Maße der Verbaukonstruktion ergänzend berücksichtigen	5.2.7
Außenmaß von Spundwänden 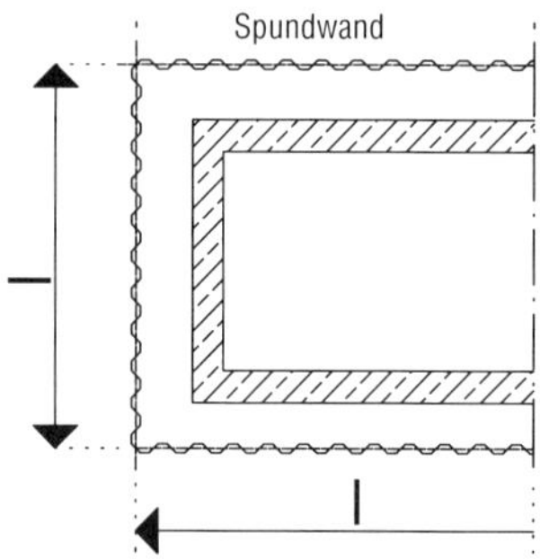	mittlere Achse ansetzen	5.2.7
Breite der Grabensohle Mindestbreite von Gräben für Entwässerungskanäle und -leitungen	gemäß DIN EN 1610 rechnen, zuzüglich der erforderlichen Maße für Schalungs- und Verbaukonstruktionen	5.2.8
Breite der Grabensohle Mindestbreite von sonstigen Gräben	gemäß DIN 4124 rechnen, zuzüglich der erforderlichen Maße für Schalungs- und Verbaukonstruktionen	5.2.8
Abrechnung von Reinigung freigelegter Bauteile und von freigelegtem Verbau	bearbeitete Fläche in der Abwicklung rechnen	5.2.9

Abrechnung nach Masse [kg]

Worum geht es?	Wie wird gerechnet/ermittelt?	ATV
Masse generell, außer bei Schiffsladungen	durch Wiegen nachweisen **Tipp:** *Ein rechnerischer Massennachweis ist nicht zulässig.*	5.2.10
Masse bei Schiffsladungen	durch Schiffseiche nachweisen	5.2.10

Abzugs- und Übermessungsregeln

Übermessungsregeln bei Abrechnung nach Raummaß [m³]

Worum geht es?	Wie wird gerechnet/ermittelt?	ATV
Baukörper	mit Einzelgrößen ≤ 1 m³ übermessen	5.3.1
Leitungen, Sickerkörper, Steinpackungen u.Ä. 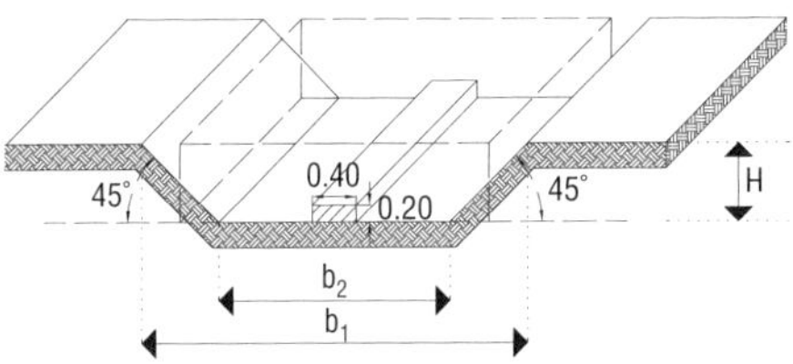 	mit einem äußeren Querschnitt ≤ 0,1 m² übermessen	5.3.1

Übermessungsregeln bei Abrechnung nach Flächenmaß [m²]

Worum geht es?	Wie wird gerechnet/ermittelt?	ATV
Durchdringungen und Einbauten	mit Einzelgrößen ≤ 1 m² übermessen	5.3.2

Einzelregelungen

Keine Regelungen

ATV DIN 18303 Verbauarbeiten

Allgemeines

Worum geht es?	Wie wird gerechnet/ermittelt?	ATV
Ermittlung der Leistung	erfolgt nach Zeichnungen, wenn diese den ausgeführten Leistungen entsprechen, andernfalls nach Aufmaß	5
keine Regelungen		5.1

Ermittlung der Maße/Mengen

Abrechnung nach Flächenmaß [m²]

Worum geht es?	Wie wird gerechnet/ermittelt?	ATV
Fläche	aus den Längen und Tiefen des Verbaus berechnen	5.2.1
Länge des Verbaus 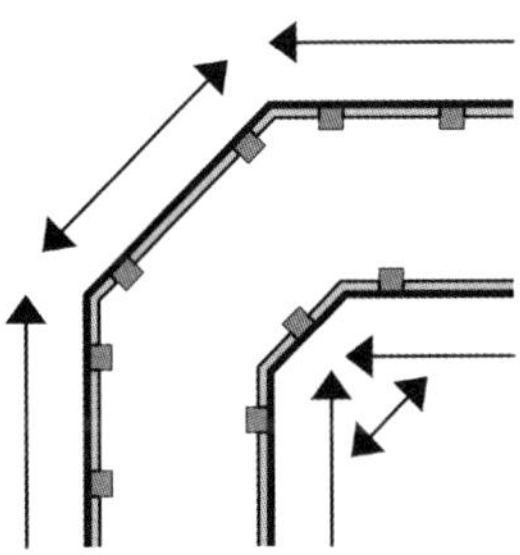	in der Verbauachse ermitteln **Tipp:** *Die Verbauachse ist die Achse des Verbaus selber und nicht z.B. die Grabenachse bei beidseitigem Grabenverbau.*	5.2.1
Höhe des Grabenverbaus nach DIN 4102:2012-01, Abschnitt 5 bis 7	von der planmäßigen Grabensohle am Verbau bis zur vorgegebenen Oberseite des Verbaus rechnen	5.2.1
Höhe des Grabenverbaus nach DIN 4102:2012-01, Abschnitt 5 bis 7 bei teilweisem Grabenverbau	von der Unterseite des Verbaus bis zur planmäßigen Oberseite des Verbaus rechnen	5.2.1
einbindender Kanaldielenverbau	bis zur statisch erforderlichen Einbindetiefe rechnen	5.2.1

Worum geht es?	Wie wird gerechnet/ermittelt?	ATV
Höhe von Spundwänden, überschnittenen und tangierenden Bohrpfahlwänden 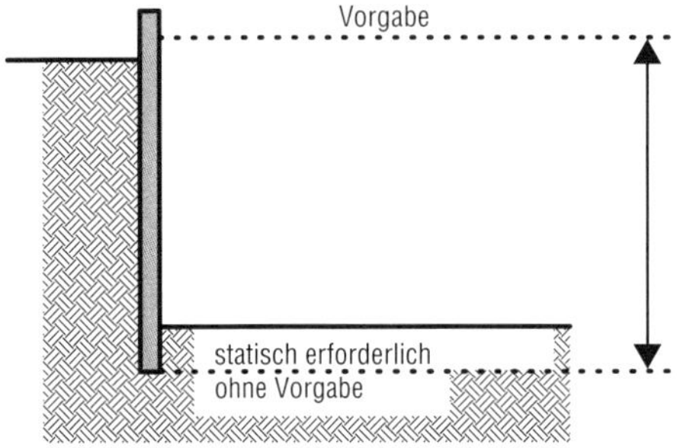	von der Unterseite der statisch erforderlichen oder vorgegebenen Einbindetiefe bis zur vorgegebenen Oberseite des Verbaus rechnen	5.2.1
Höhe von Ausfachungen von Trägerbohlwänden, aufgelösten Pfahlwänden und Nagelwänden	von der vorgegebenen Baugrubensohle als tiefstem Punkt des jeweiligen Verbaufelds bis zur vorgegebenen Oberseite des Verbaus rechnen	5.2.1
bei fehlenden Höhenvorgaben für die Oberseite	Für die Lage des oberen Verbaurands gelten die Vorgaben gemäß DIN 4124.	5.2.1

Abrechnung nach Längenmaß [m]

Worum geht es?	Wie wird gerechnet/ermittelt?	ATV
Abrechnung von vertikalen Einzelelementen nach Längenmaß [m]	Höhe von Trägerbohlwänden und aufgelösten Pfahlwänden von der Unterseite der statisch erforderlichen oder vorgegebenen Einbindetiefe bis zur vorgegebenen Oberseite des Verbaus rechnen	5.2.2
bei fehlenden Höhenvorgaben für die Oberseite	Für die Lage des oberen Verbaurands gelten die Vorgaben gemäß DIN 4124:2012-01, Abschnitt 4.3.1.	5.2.2
Längen von Gurtungen und Aussteifungen	deren Achsmaß ansetzen	5.2.2

Worum geht es?	Wie wird gerechnet/ermittelt?	ATV
Länge von Verbauankern und Erdnägeln	von den erdseitigen Enden bis zur jeweiligen Unterfläche der Anker- oder Nagelplatte rechnen	5.2.2

Abrechnung nach Masse [kg]

Worum geht es?	Wie wird gerechnet/ermittelt?	ATV
zugrunde gelegt wird	die errechnete Masse der Stahlbauteile	5.2.3
bei genormten Profilen	nach Angaben aus DIN-Normen	5.2.3
bei anderen Profilen	nach Herstellerangaben in den Profilhandbüchern	5.2.3

Abrechnung nach Zeit

Worum geht es?	Wie wird gerechnet/ermittelt?	ATV
Vorhaltung des Verbaus	für jeden Bauabschnitt getrennt rechnen	5.2.4
Vorhaltung des Verbaus Beginn Vorhaltezeit	ab dem Tag nach dem Einbau des letzten vertikalen Tragelements	5.2.4
Vorhaltung von Grabenverbaugeräten Beginn Vorhaltezeit	ab Tag nach deren Einbau	5.2.4
Vorhaltung von Gurtungen und Aussteifungen	je Ebene im betreffenden Bauabschnitt	5.2.4
Vorhaltung von Gurtungen und Aussteifungen Beginn Vorhaltezeit	ab Fertigstellung der Gurtungen oder Aussteifungen	5.2.4
Ende Vorhaltezeit generell	festgesetzter Zeitpunkt zum Rückbau durch den Auftraggeber jedoch frühestens drei Werktage nach Eingang der Freigabemitteilung beim Auftragnehmer	5.2.4

Abzugs- und Übermessungsregeln

Übermessungsregeln bei Abrechnung nach Flächenmaß [m²]

Worum geht es?	Wie wird gerechnet/ermittelt?	ATV
Aussparungen für Leitungen u.Ä.	bis 1 m^2 übermessen	5.3
bei der Längenermittlung in der Verbauachse	Träger, Pfähle u.Ä. übermessen	5.3

Einzelregelungen

Keine Regelungen

ATV DIN 18305 Wasserhaltungsarbeiten

Allgemeines

Worum geht es?	Wie wird gerechnet/ermittelt?	ATV
Ermittlung der Leistung	erfolgt nach Zeichnungen, wenn diese den ausgeführten Leistungen entsprechen, andernfalls nach Aufmaß	5
keine Regelungen		5.1

Ermittlung der Maße/Mengen

Abrechnung nach Längenmaß [m]

Worum geht es?	Wie wird gerechnet/ermittelt?	ATV
Rohrleitungen einschließlich Zubehör (Bögen, Form-, Pass- und Verbindungsstücke etc.) 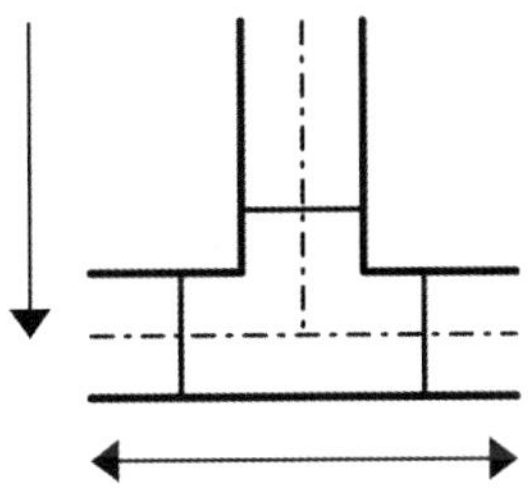	in der Mittelachse messen **Tipp:** *Eine gesonderte Abrechnung von Zubehör ist nicht vorgesehen.*	5.2.1
aufgeständerte Rohrleitungen	inklusive Steig- und Fallleitungen rechnen	5.2.2

Übermessungsregeln

Worum geht es?	Wie wird gerechnet/ermittelt?	ATV
Rohrverbindungen, Formstücke und Armaturen	übermessen	5.3

Einzelregelungen

Abrechnung nach Zeit

Worum geht es?	Wie wird gerechnet/ermittelt?	ATV
angefangene Tage	immer als volle Tage rechnen	5.4
angefangene Stunden	immer als volle Stunden rechnen	5.4
bei Abrechnung nach Wochen	angefangene Tage einer weiteren Woche als 1/7 Woche rechnen	5.4

ATV DIN 18308 Drän- und Versickerarbeiten

Allgemeines

Worum geht es?	Wie wird gerechnet/ermittelt?	ATV
Ermittlung der Leistung	erfolgt nach Zeichnungen, wenn diese den ausgeführten Leistungen entsprechen, andernfalls nach Aufmaß	5
keine Regelungen		5.1

Ermittlung der Maße/Mengen

Abrechnung nach Längenmaß [m]

Worum geht es?	Wie wird gerechnet/ermittelt?	ATV
Drän- und Versickerungsanlagen 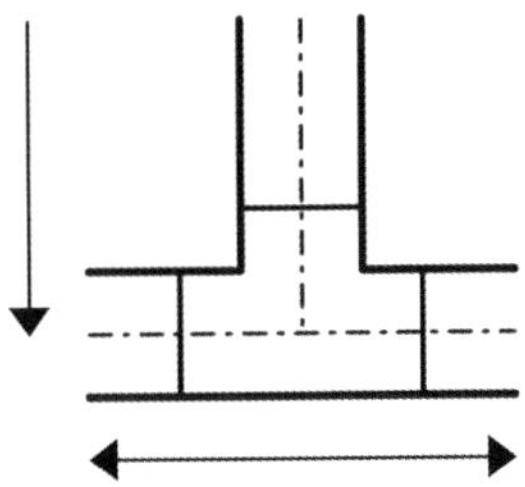	Längen entlang der Mittelachse der Bauteile messen, dabei Formstücke übermessen und separat rechnen	5.2

Abzugs- und Übermessungsregeln

Übermessungsregeln bei Abrechnung nach Raummaß [m^3]

Worum geht es?	Wie wird gerechnet/ermittelt?	ATV
Rohre und Bauteile	mit einer mittleren Querschnittsfläche von bis einschließlich 0,1 m^2 übermessen	5.3.1

Übermessungsregeln bei Abrechnung nach Flächenmaß [m²]

Um was geht es?	Wie wird gerechnet/ermittelt?	ATV
Aussparungen aufgrund von Einbauten u.Ä.	mit Einzelgrößen ≤ 1 m² übermessen	5.3.2

Übermessungsregeln bei Abrechnung nach Längenmaß [m]

Worum geht es?	Wie wird gerechnet/ermittelt?	ATV
Schächte 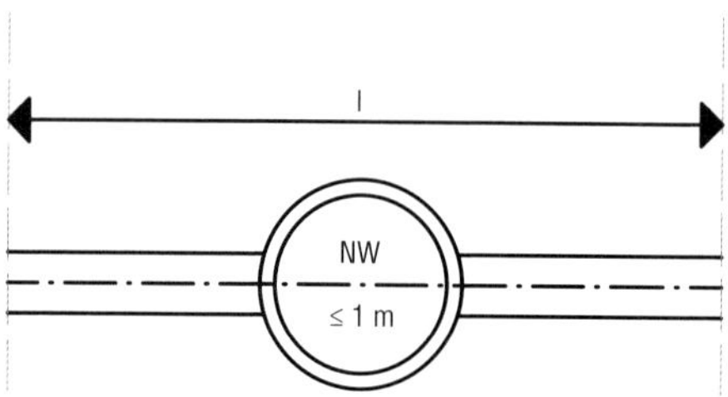	mit Nennweiten von ≤ 1 m übermessen	5.3.3

Einzelregelungen

Keine Regelungen

ATV DIN 18318 Pflasterdecken und Plattenbeläge, Einfassungen

Allgemeines

Worum geht es?	Wie wird gerechnet/ermittelt?	ATV
Ermittlung der Leistung	erfolgt nach Zeichnungen, wenn diese den ausgeführten Leistungen entsprechen, andernfalls nach Aufmaß	5
Allgemeines	keine Regelungen	5.1

Ermittlung der Maße/Mengen

Abrechnung nach Flächenmaß [m²]

Worum geht es?	Wie wird gerechnet/ermittelt?	ATV
Fugenverguss und Fugenfüllung von Pflasterdecken und Plattenbelägen 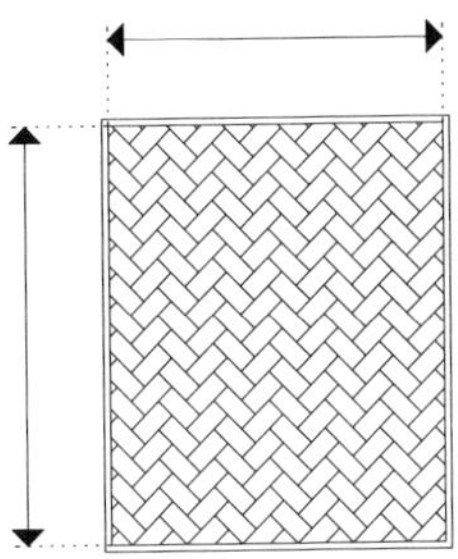	nach der Fläche des Belags oder der Decke abrechnen	5.2.2

Abrechnung nach Längenmaß [m]

Worum geht es?	**Wie wird gerechnet/ermittelt?**	**ATV**
Zuarbeiten, Verhau oder Schneiden von Platten und Pflastersteinen 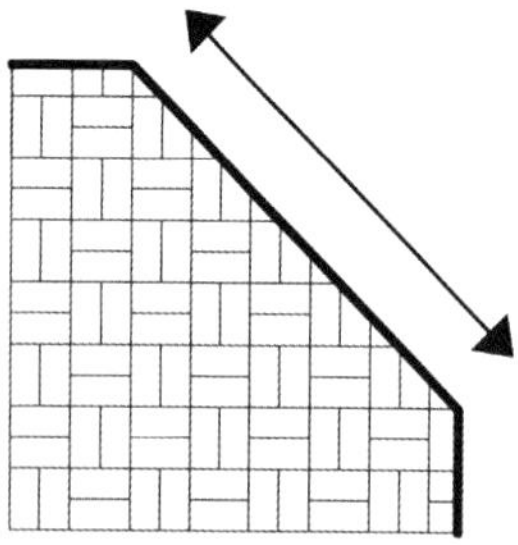	nach der Länge der Fuge zwischen Belag oder Decke und angrenzenden Flächen, Bauteilen oder Einfassung abrechnen	5.2.1
Länge von Einfassungen 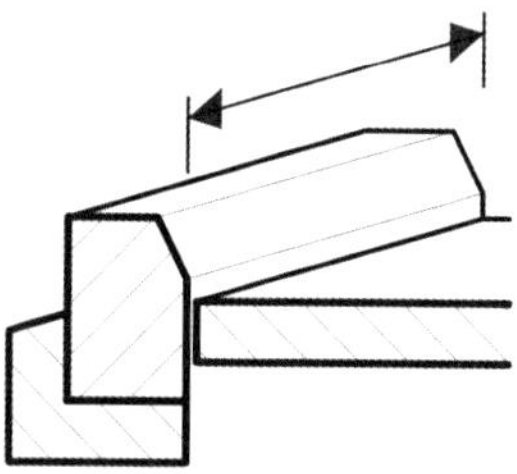	an Vorderseite der Bord- oder Einfassungssteine messen **Tipp:** *Als Vorderseite bei Bordsteinen gilt die der Verkehrsfläche, bei Einfassungen die der befestigten Fläche zugewandte Seite.*	5.2.3
Länge von Fundamenten mit und ohne Rückenstütze	an Vorderseite der Bord- oder Einfassungssteine messen	5.2.3
Nacharbeiten von Schnurkanten, Nach- oder Aufarbeiten von vorhandenen Anläufen (Fasen) oder Trittflächen von Bord- oder Einfassungssteinen	nach der bearbeiteten Länge abrechnen	5.2.4

Abzugs- und Übermessungsregeln

Übermessungsregeln bei Abrechnung nach Flächenmaß [m^2]

Worum geht es?	Wie wird gerechnet/ermittelt?	ATV
Fugen als Randfugen zwischen Pflasterdecke oder Plattenbelag und Einfassung, z.B. Bordstein, Schiene 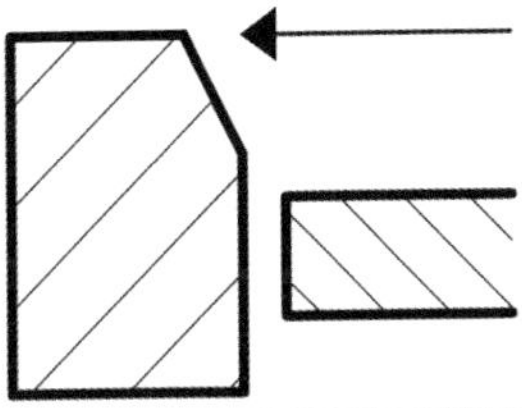	übermessen	5.3.1.1
Fugen innerhalb der Pflasterdecke oder des Plattenbelags zwischen den einzelnen Bord- oder Einfassungssteinen	übermessen	5.3.1.1
Aussparungen oder Einbauten, die in der befestigten Fläche liegen oder in sie anteilig hineinragen z.B. Schächte, Schieber, Maste, Stufen 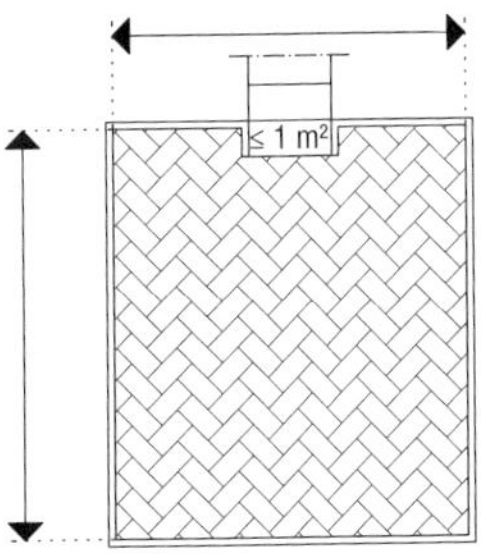	bis einschließlich 1 m² Einzelgröße übermessen	5.3.1.2

Worum geht es?	Wie wird gerechnet/ermittelt?	ATV
Schienen wenn beidseits der Schienen eine gleichartige Befestigung herangeführt ist 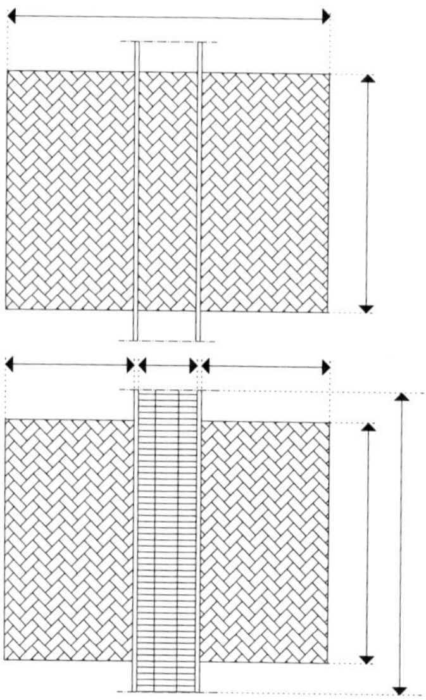	übermessen	5.3.1.2
Unterbrechungen z.B. durch Rinnen, Pflasterbänder u.Ä.	mit Einzelbreiten von bis zu einschließlich 30 cm übermessen **Tipp:** *Die kleinsten Maße der Unterbrechung sind bei der Ermittlung der jeweiligen Einzelgröße zugrunde zu legen.*	5.3.1.3

Übermessungsregeln bei Abrechnung nach Längenmaß [m]

Worum geht es?	Wie wird gerechnet/ermittelt?	ATV
Fugen als Stoßfugen zwischen Bordsteinen oder Einfassungssteinen	übermessen	5.3.2

Worum geht es?	Wie wird gerechnet/ermittelt?	ATV
Unterbrechungen, Aussparungen oder Einbauten 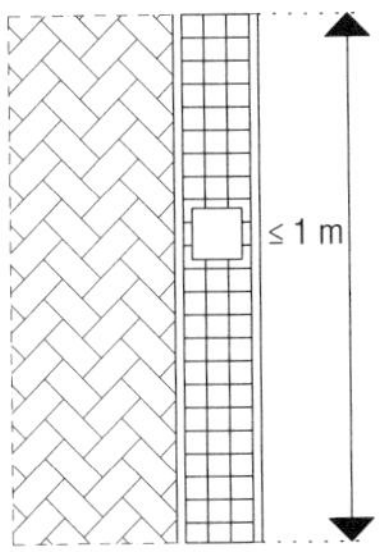	mit einer Einzellänge ≤ 1 m übermessen	5.3.2

Einzelregelungen

Worum geht es?	Wie wird gerechnet/ermittelt?	ATV
Einzelflächen unter 0,5 m²	mit der Menge 0,5 m² abrechnen	5.4

ATV DIN 18320 Landschaftsbauarbeiten

Allgemeines

Worum geht es?	Wie wird gerechnet/ermittelt?	ATV
Ermittlung der Leistung	erfolgt nach Zeichnungen, wenn diese den ausgeführten Leistungen entspricht, andernfalls nach Aufmaß	5
zugrunde gelegt werden gleichgültig, ob die Leistungsermittlung nach Zeichnung oder Aufmaß erfolgt	Maße der bearbeiteten oder hergestellten Flächen	5.1.1
vereinfachende Regeln Übermessungs- und Einzelregelungen	bei der Ermittlung der Leistungen anwenden	5.1.1

Ermittlung der Maße/Mengen

Abrechnung nach Längenmaß [m], Flächenmaß [m^2] und Raummaß [m^3]

Worum geht es?	Wie wird gerechnet/ermittelt?	ATV
Maßermittlung	größte Bauteilmaße rechnen, ggf. in der Abwicklung	5.2.1
Mengenermittlung 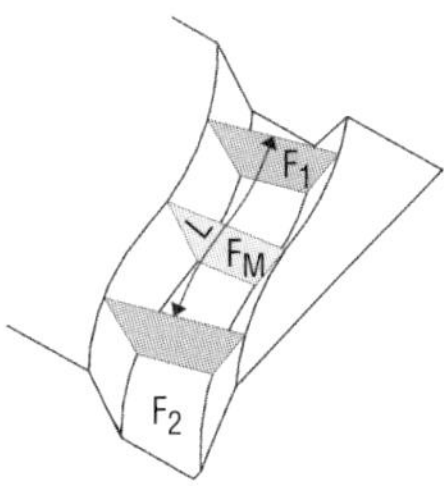 	Näherungsverfahren dürfen verwendet werden. **Tipp:** *Wenn im Leistungsverzeichnis keine Verfahren vorgeschrieben sind, sind anerkannte Verfahren aus der Geometrie zur näherungsweisen Ermittlung des Rauminhalts oder der Oberfläche von unregelmäßigen Körpern anzuwenden.*	5.2.2

Worum geht es?	Wie wird gerechnet/ermittelt?	ATV
bei Abrechnung von Pflegemaßnahmen an Dachbegrünungen 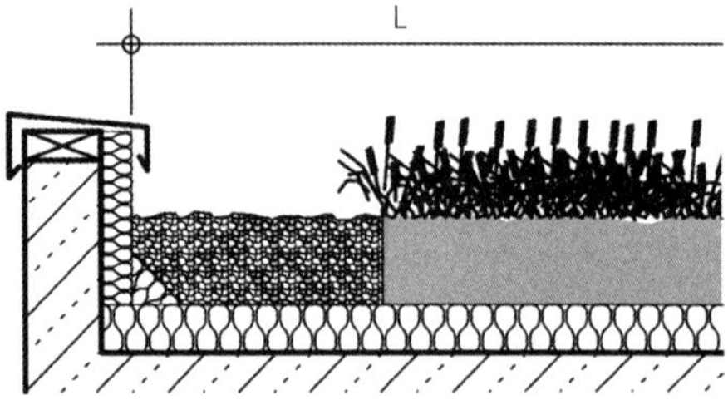	Vegetationsfläche einschließlich Randstreifen, falls vorhanden, rechnen	5.2.3
entnommene Mengen	an der Entnahmestelle ermitteln	5.2.4
Bodenlager	direkt nach Herstellung messen	5.2.5
eingebaute Mengen	immer im fertigen Zustand rechnen	5.2.6
zu rodende Gehölze	vor dem Roden ermitteln	5.2.8
zu fällende Gehölze	vor dem Fällen ermitteln	5.2.8
Sträucher 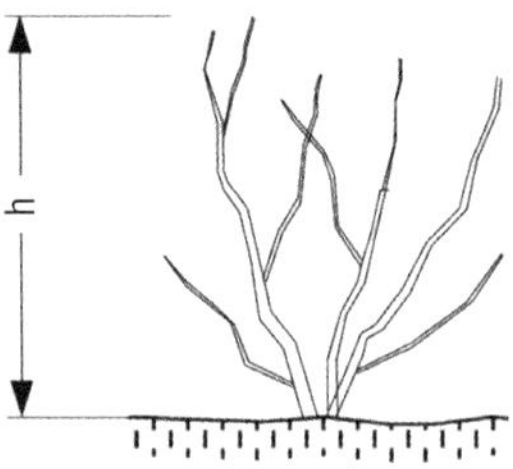	getrennt nach Höhe abrechnen	5.2.8
Bäume	getrennt nach Stammdurchmesser abrechnen, der in 1 m Höhe über dem Gelände ermittelt wird	5.2.8

Worum geht es?	Wie wird gerechnet/ermittelt?	ATV
Stammdurchmesser mehrstämmige Bäume 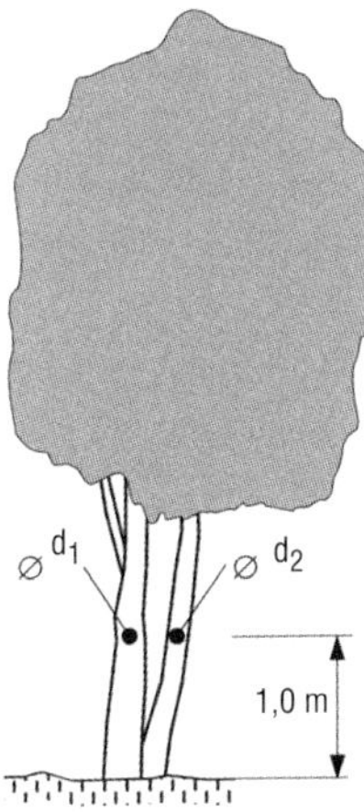	Summe der Durchmesser der einzelnen Stämme rechnen	5.2.8
Schnitt von Hecken 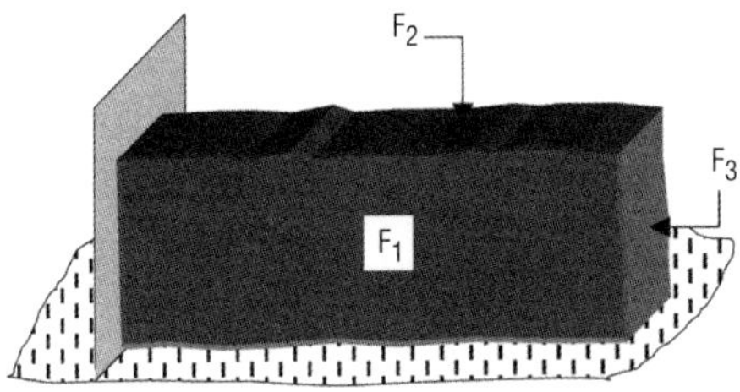	bearbeitete Fläche ermitteln **Tipp:** *Es gelten die Flächen nach dem Schnitt.*	5.2.9

Abrechnung nach Masse [kg]

Worum geht es?	Wie wird gerechnet/ermittelt?	ATV
Masse generell, außer bei Schiffsladungen	durch Wiegen ermitteln	5.2.7
Masse bei Schiffsladungen	durch Schiffseiche ermitteln	5.2.7

Abzugs- und Übermessungsregeln

Übermessungsregeln bei Abrechnung nach Raummaß [m^3]

Worum geht es?	Wie wird gerechnet/ermittelt?	ATV
Raumkörper z.B. Wurzelballen, Lichtschächte o.Ä.	≤ 0,5 m^3 Einzelgröße übermessen	5.3.1

Übermessungsregeln bei Abrechnung nach Flächenmaß [m^2]

Worum geht es?	Wie wird gerechnet/ermittelt?	ATV
Aussparungen bei Nass- und Trockensaaten nach DIN 18918 z.B. Felsflächen, Bauwerke u.Ä. 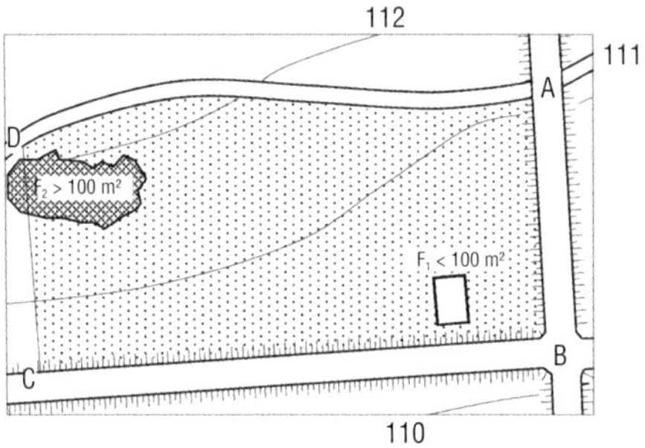	≤ 100 m^2 Einzelfläche übermessen	5.3.2
Aussparungen bei sonstigen Flächen z.B. Bäume, Baumscheiben, Stützen, Einläufe, Felsnasen, Schrittplatten 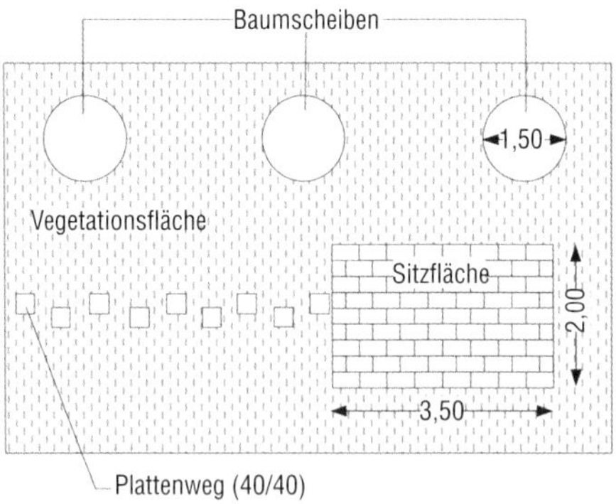	≤ 2,5 m^2 Einzelfläche übermessen	5.3.2

Worum geht es?	Wie wird gerechnet/ermittelt?	ATV
Schienen bei denen an beiden Seiten gleichartige Oberflächen vorliegen 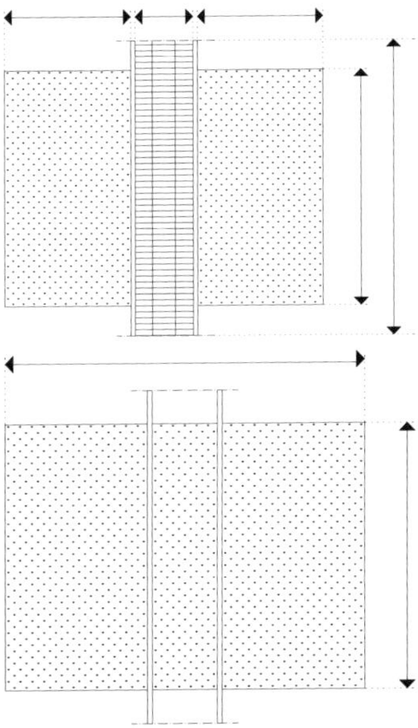	übermessen	5.3.2

Übermessungsregeln bei Abrechnung nach Längenmaß [m]

Worum geht es?	Wie wird gerechnet/ermittelt?	ATV
Unterbrechungen 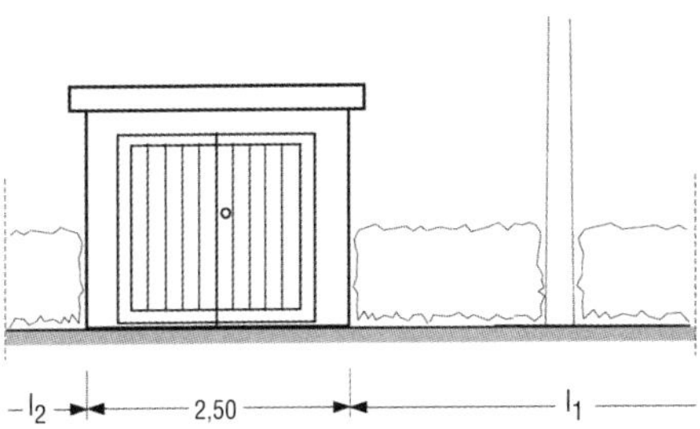	bis einschließlich 1 m Einzellänge übermessen	5.3.3

Übermessungsregeln bei Abrechnung nach Anzahl [St]

Worum geht es?	Wie wird gerechnet/ermittelt?	ATV
Ausfälle bei Flächenpflanzungen z.B. aus bodendeckenden Stauden und Gehölzen, leichten Sträuchern, Heistern u.Ä.	bis zu einschließlich 5 % übermessen	5.3.4

Einzelregelungen

Keine Regelungen

ATV DIN 18330 Mauerarbeiten

Allgemeines

Worum geht es?	Wie wird gerechnet/ermittelt?	ATV
Ermittlung der Leistung	erfolgt nach Zeichnungen, wenn diese den ausgeführten Leistungen entsprechen, andernfalls nach Aufmaß	5
zugrunde gelegt werden gleichgültig, ob die Leistungsermittlung nach Zeichnung oder Aufmaß erfolgt		5.1
bei Bauteilen aus Mauerwerk 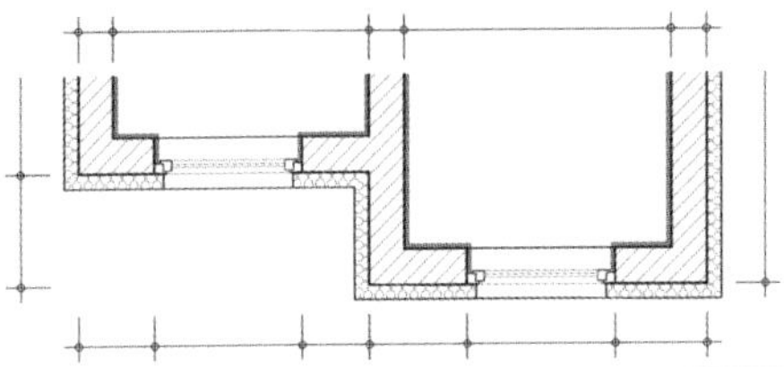	Maße des Mauerwerks	5.1
bei Fassaden mit mehrschaligem Aufbau sowohl für das Sicht- oder Verblendmauerwerk als auch für die Dämmschicht zwischen den Schalen 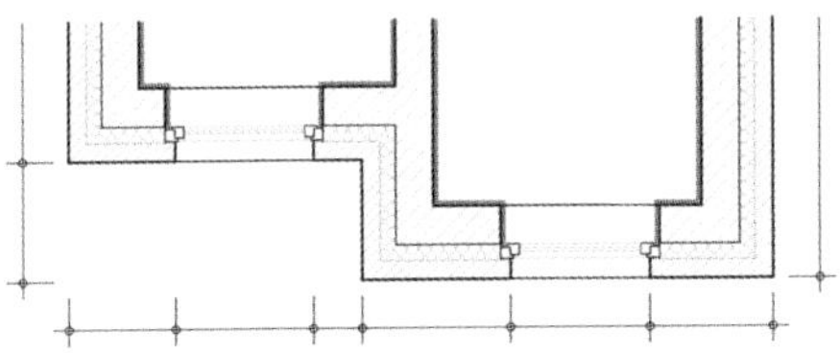	Maße der Außenseite der Außenschale	5.1

Worum geht es?	Wie wird gerechnet/ermittelt?	ATV
bei nachträglicher Verfugung 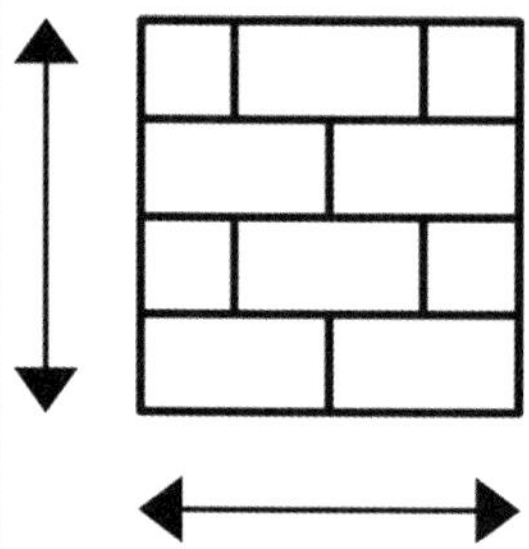	Maße der zu verfugenden Fläche	5.1
bei Bodenbelägen 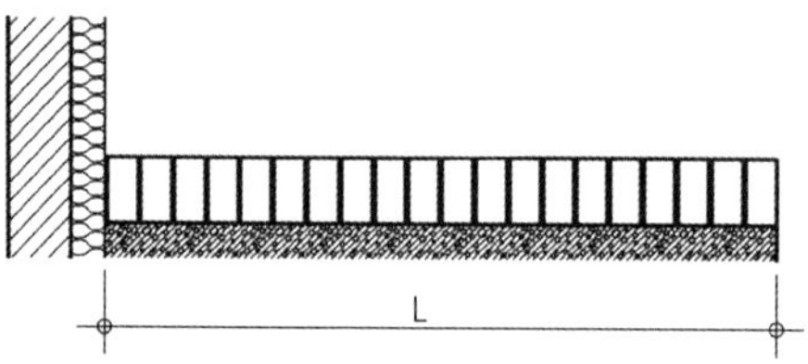	Maße der Bodenbeläge	5.1
vereinfachende Regeln Übermessungs- und Einzelregelungen	bei der Ermittlung der Leistungen anwenden	5.1

Ermittlung der Maße/Mengen

Abrechnung nach Flächenmaß [m²]

Worum geht es?	Wie wird gerechnet/ermittelt?	ATV
Wandmauerwerk 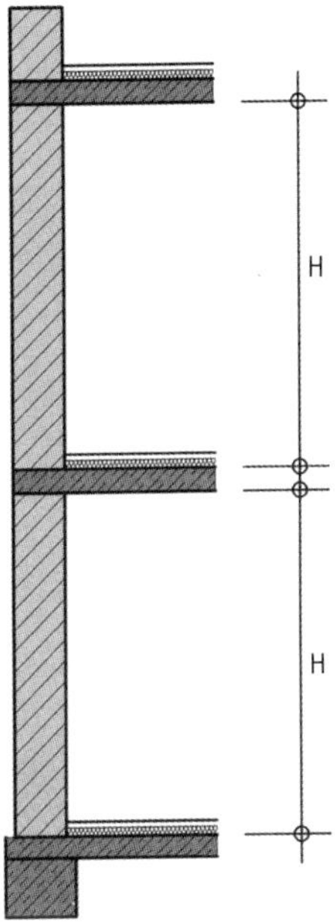	von Oberseite Rohdecke bis Unterseite Rohdecke rechnen	5.2.1

Worum geht es?	**Wie wird gerechnet/ermittelt?**	**ATV**
Höhe von Mauerwerk mit oben abgeschrägtem Querschnitt 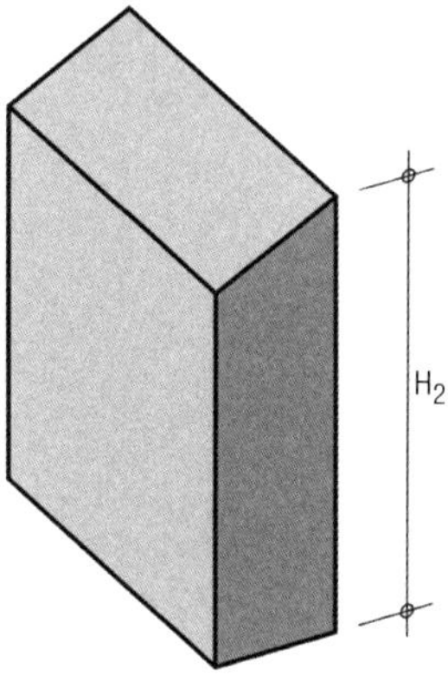 	auf der höheren Seite messen	5.2.2
Wanddurchdringungen mit gleicher Wandstärke 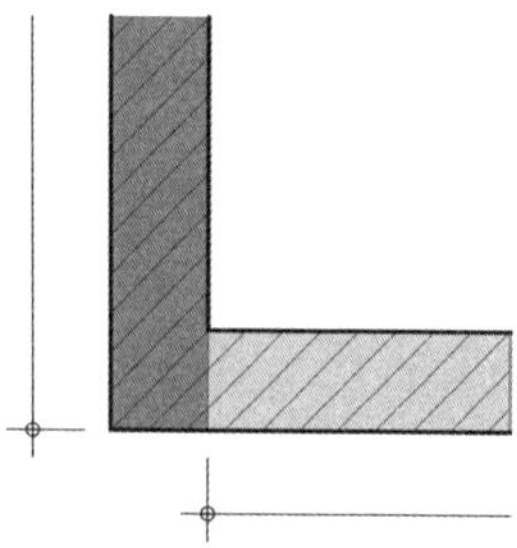	nur eine Wand durchgehend berücksichtigen	5.2.3

Worum geht es?	Wie wird gerechnet/ermittelt?	ATV
mit ungleicher Wandstärke 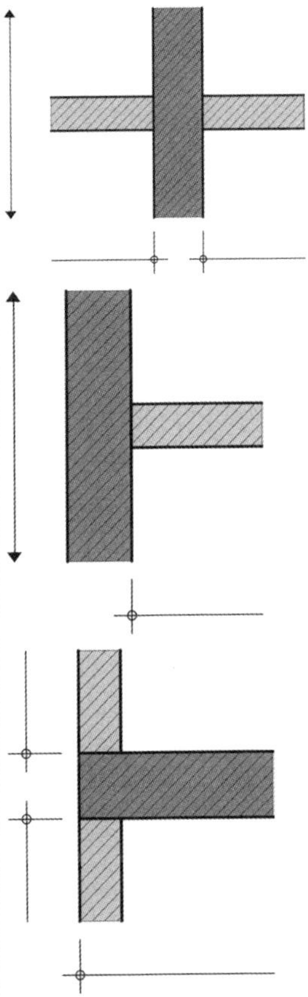	nur dickere Wand durchgehend berücksichtigen	5.2.3

Worum geht es?	Wie wird gerechnet/ermittelt?	ATV
Gewölbe 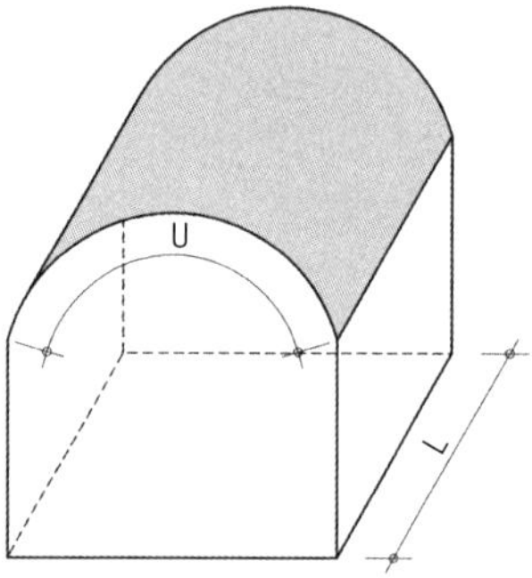	Abwicklung der Gewölbeuntersicht ermitteln	5.2.4
Schornsteine 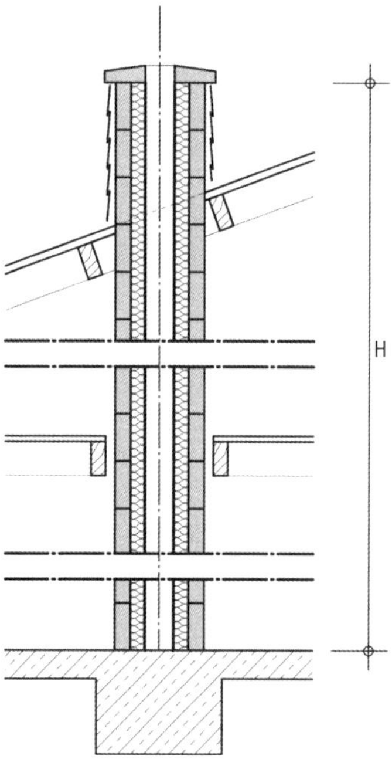	in ihrer Achse messen	5.2.6

Worum geht es?	Wie wird gerechnet/ermittelt?	ATV
Aussparung die anteilig in angrenzende, getrennt zu rechnende Flächen einbindet 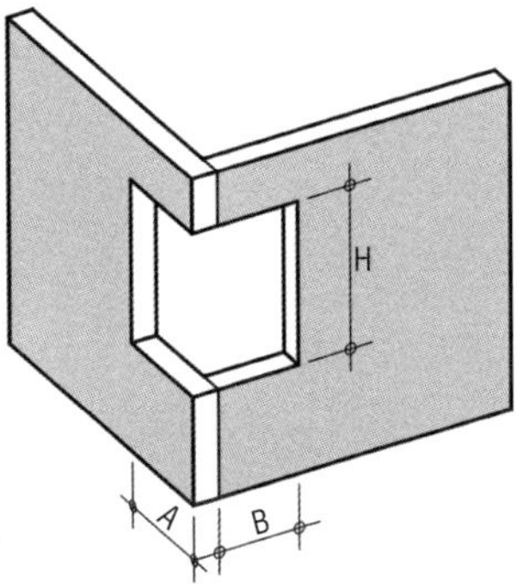 	die jeweils anteilige Aussparungsfläche rechnen	5.2.7
unmittelbar zusammenhängende, verschiedenartige Aussparungen z.B. Öffnung mit angrenzender Nische 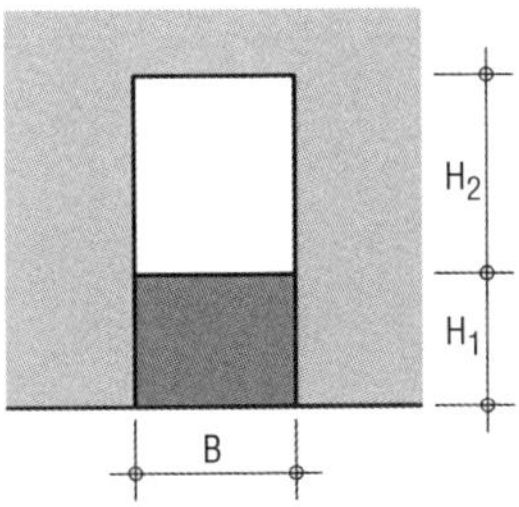 	getrennt rechnen	5.2.8

Abrechnung nach Längenmaß [m]

Worum geht es?	Wie wird gerechnet/ermittelt?	ATV
– Laibungen bei Sicht- und Verblendmauerwerk – Sohlbänke, Gesimse – Bänder – Stürze, Überwölbungen, Entlastungsbögen  – Auskragungen – Rollschichten, Mauerwerksschrägen gemauerte Stufen u.Ä.	in der größten Länge des Bauteils messen	5.2.5
Abfangungen für Mauerwerksschalen 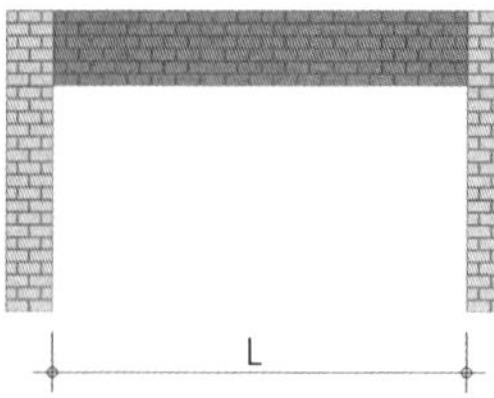 	in der größten Länge des (abgefangenen) Bauteils messen	5.2.5

Abzugs- und Übermessungsregeln

Übermessungsregeln bei Abrechnung nach Flächenmaß [m²]

Worum geht es?	Wie wird gerechnet/ermittelt?	ATV
Fugen	übermessen **Tipp:** *Ausgenommen davon ist die nachträgliche Verfugung, s.o.*	5.3.1
Stürze, Rollladenkästen, Überwölbungen und Entlastungsbögen	übermessen	5.3.1
Aussparungen wie Öffnungen, Nischen und Durchdringungen, auch raumhoch z.B. von Decken- und Kragplatten 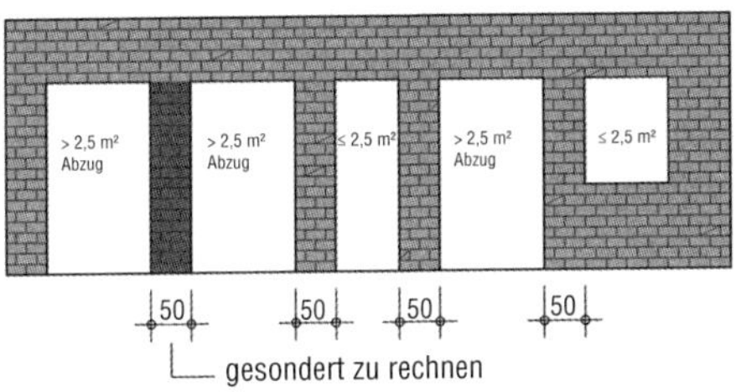	≤ 2,5 m² Einzelgröße übermessen, es gelten die jeweils kleinsten Maße der Aussparung	5.3.1
Aussparungen in Bodenbelägen aus Flach- oder Rollschichten	≤ 0,5 m² Einzelgröße übermessen	5.3.1
Unterbrechungen der Mauerwerksfläche durch stabartige Bauteile, z.B. Stützen, Fachwerkteile, Vorlagen 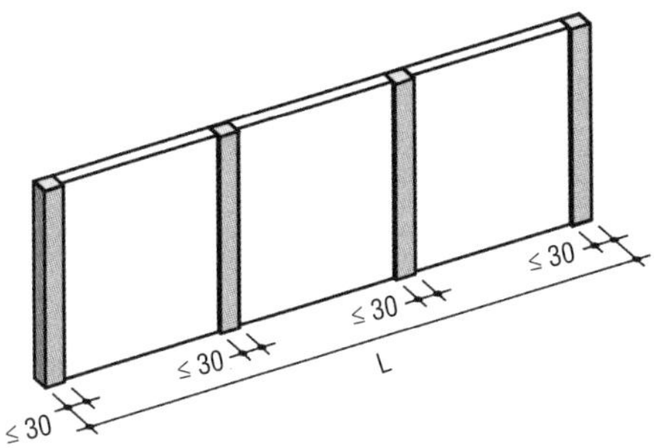	≤ 30 cm Einzelbreite übermessen	5.3.1

Übermessungsregeln bei Abrechnung nach Längenmaß [m]

Worum geht es?	Wie wird gerechnet/ermittelt?	ATV
Unterbrechungen	≤ 1 m Einzellänge übermessen	5.3.2

Einzelregelungen

<table>
<tr><th>Worum geht es?</th><th>Wie wird gerechnet/ermittelt?</th><th>ATV</th></tr>
<tr><td>Bewehrungsstahl,
generell</td><td>Masse nach Stahllisten abrechnen</td><td>5.4.1</td></tr>
<tr><td>Bewehrungsstahl, genormte Profilstähle</td><td>Masse nach DIN-Normen ermitteln</td><td>5.4.1</td></tr>
<tr><td>Bewehrungsstahl, andere Stähle</td><td>Masse nach Profilbuch des Herstellers ermitteln</td><td>5.4.1</td></tr>
<tr><td>Tür- und Fensterpfeiler im Wandmauerwerk ≤ 50 cm Breite und wenn beide Öffnungen, die durch den Pfeiler getrennt werden, nach Abschnitt 5.3.1 nicht übermessen werden
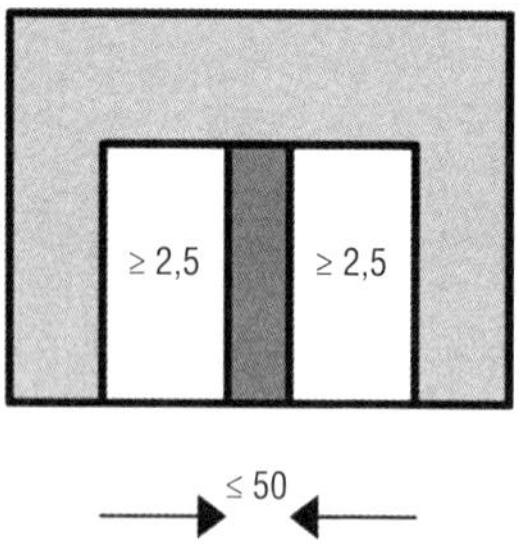
</td><td>gesondert rechnen
Tipp:
Wenn ein Pfeiler gesondert abgerechnet wird, soll dadurch der Mehraufwand des Pfeilers gegenüber dem Mauern der Wandfläche vergütet werden. Wenn mindestens eine der Öffnungen übermessen wird, erfolgt keine gesonderte Abrechnung.</td><td>5.4.2</td></tr>
<tr><td>ab 50 cm Breite</td><td>als Wandmauerwerk rechnen</td><td>5.4.2</td></tr>
</table>

ATV DIN 18331 Betonarbeiten

Allgemeines

Worum geht es?	Wie wird gerechnet/ermittelt?	ATV
Ermittlung der Leistung	erfolgt nach Zeichnungen, wenn diese den ausgeführten Leistungen entsprechen, andernfalls nach Aufmaß	5
zugrunde gelegt werden bei Betonarbeiten gleichgültig, ob die Leistungsermittlung nach Zeichnung oder Aufmaß erfolgt		5.1.1
bei Bauteilen aus Beton 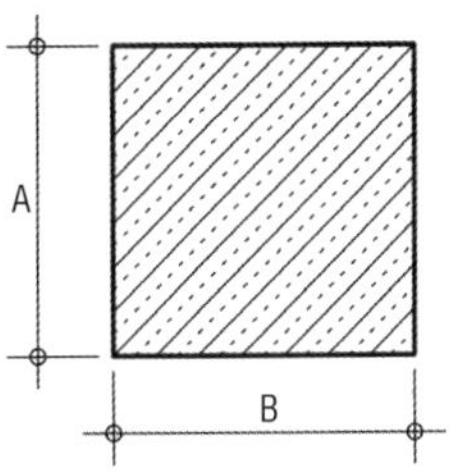	Maße dieser Bauteile	5.1.1
bei Bauteilen mit werksteinmäßiger Bearbeitung 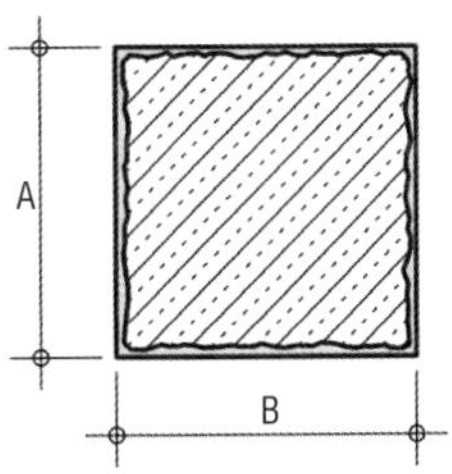	Maße der Bauteile vor der Bearbeitung **Tipp:** *Maße des Rohblocks*	5.1.1

Worum geht es?	**Wie wird gerechnet/ermittelt?**	**ATV**
bei Oberflächen die besonders bearbeitet oder strukturiert werden 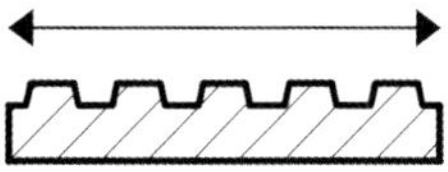	Maße der besonders bearbeiteten Flächen	5.1.1
vereinfachende Regeln Übermessungs- und Einzelregelungen	bei der Ermittlung der Leistungen anwenden	5.1.1
Ermittlung der Leistung	erfolgt gemäß Bauteildefinitionen nach Tabelle A.1 Bild A.1 bis A.3 der Norm	5.1.1
Definition Balken und Platten gemäß Bild 1 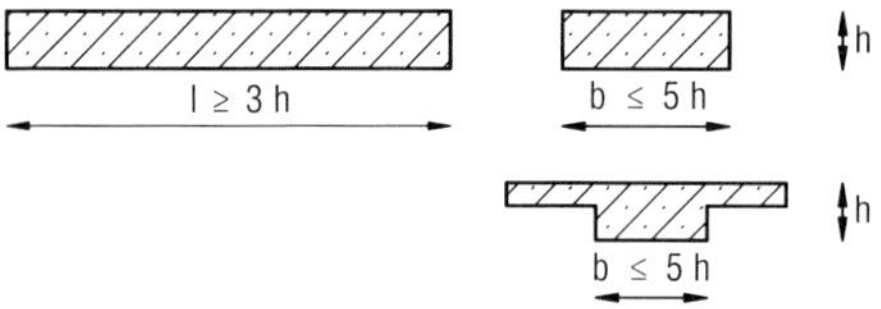 	Balken sind stabförmige Bauteile, die vorwiegend auf Biegung beansprucht werden. Stützweite: mindestens dreifache Querschnittshöhe, Querschnittshöhe bzw. Stegbreite: höchstens fünffache Querschnittshöhe. Bei größeren Breiten spricht man von Platten.	5.1.1 bzw. Tab. A.1, Bild A.1
Definition Stützen und Wände gemäß Bild 2 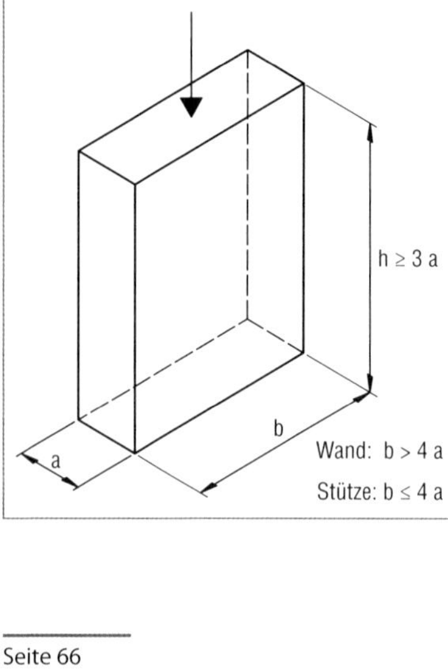 	Stützen sind stabförmige Druckglieder, bei denen die größte Querschnittsabmessung das Vierfache der kleineren nicht übersteigen darf. Zusätzlich muss die Gesamthöhe mindestens das Dreifache der kleineren Querschnittsabmessung betragen. Bei größeren Breiten spricht man von Wänden.	5.1.1 bzw. Tab. A.1, Bild A.2

Worum geht es?	Wie wird gerechnet/ermittelt?	ATV
Definition wandartige Träger gemäß Bild 3 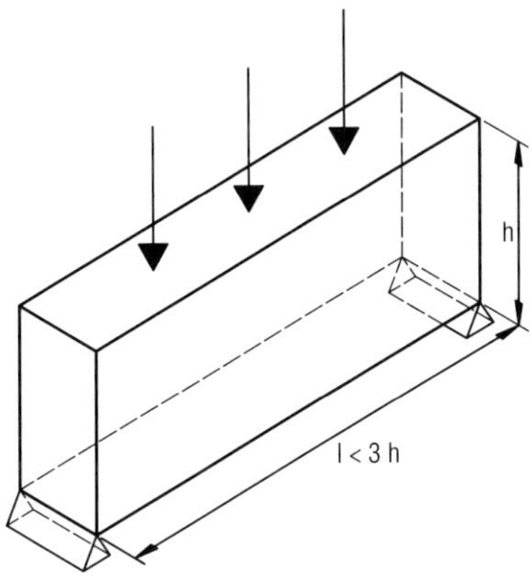	Wandartige Träger sind ebene, scheibenartige Bauteile, die vorwiegend durch Kräfte parallel zur Mittelachse auf Biegung beansprucht werden. Die Stützweite muss weniger als das Dreifache der Querschnittshöhe betragen.	5.1.1 bzw. Tab. A.1, Bild A.3

Ermittlung der Maße/Mengen

Abrechnung von Betonarbeiten

Worum geht es?	Wie wird gerechnet/ermittelt?	ATV
Bauteile mit abgeschrägter oder profilierter Kopffläche (Stirnfläche) im Querschnitt z.B. Bauteile mit Ausklinkungen für Deckenauflager, Attiken mit geneigter Oberseite u.Ä. 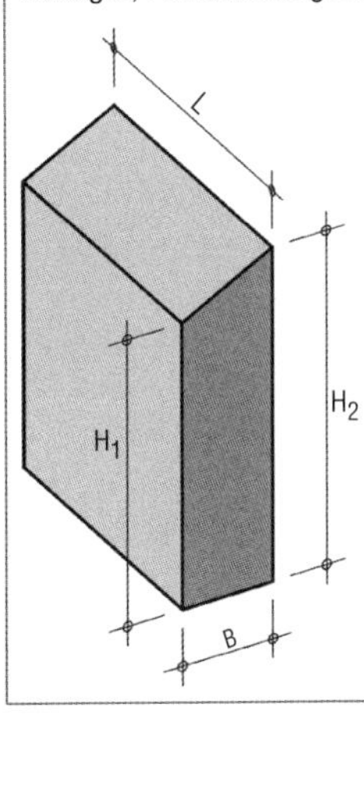	mit den Maßen ihrer größeren Ansichtsfläche rechnen	5.1.2.1

Worum geht es?	**Wie wird gerechnet/ermittelt?**	**ATV**
geneigt liegende oder gebogene Decken 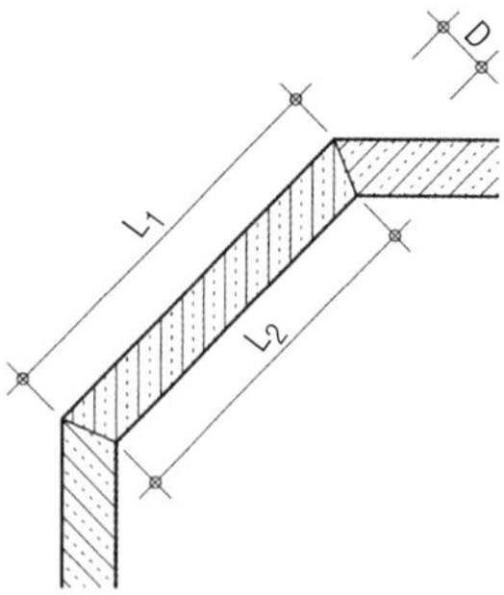 	mit ihren tatsächlichen Maßen abrechnen	5.1.2.2
Decken und Auskragungen 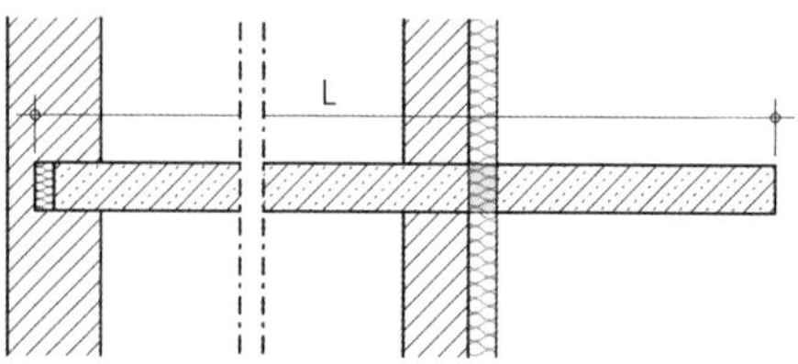 	zwischen den äußeren Begrenzungsflächen der Decken abrechnen	5.1.2.3
Betonbauteile die durch planmäßige Betonfugen oder in anderer Art baulich voneinander getrennt sind 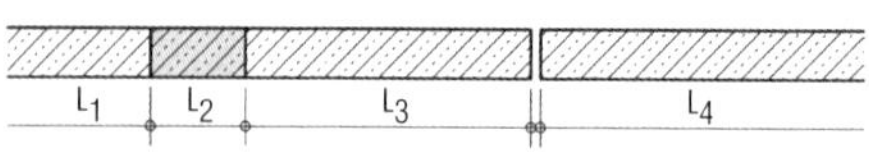 	jedes Bauteil mit den tatsächlichen Maßen abrechnen **Tipp:** *gilt auch bei Bauteilen unterschiedlicher Betongüte*	5.1.2.4
Durchdringungen bei Wänden gleicher Dicke 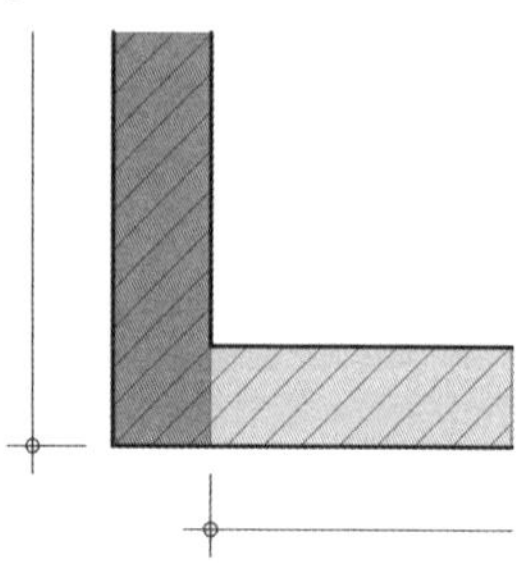	nur eine Wand durchrechnen	5.1.2.5

Worum geht es?	Wie wird gerechnet/ermittelt?	ATV
Durchdringungen bei Wänden ungleicher Dicke 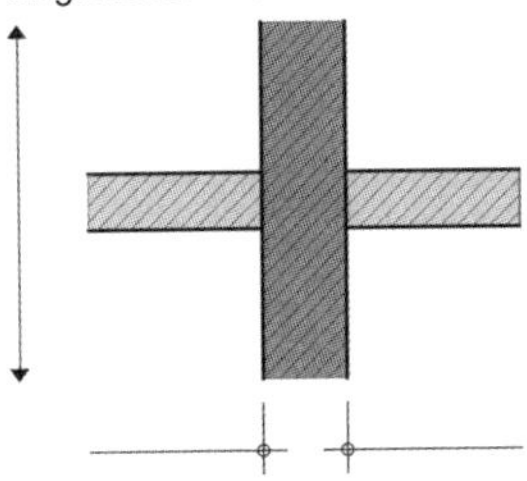	dickere Wand durchrechnen	5.1.2.5
Durchdringungen bei Unterzügen und Balken	nur einen Unterzug bzw. Balken durchrechnen	5.1.2.5
Durchdringungen bei Unterzügen und Balken bei ungleicher Höhe 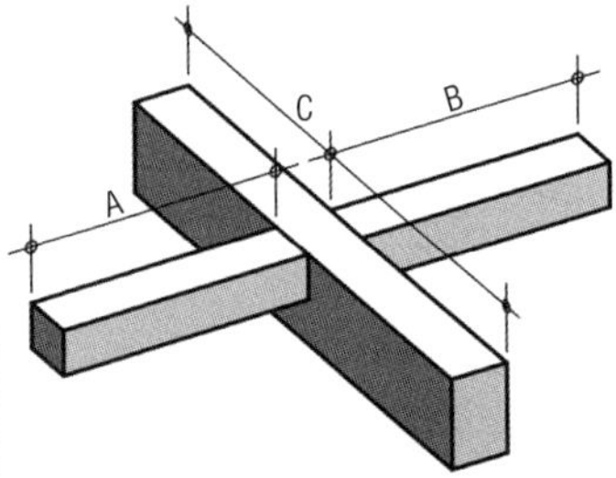	höheren durchrechnen	5.1.2.5
Durchdringungen bei Unterzügen und Balken bei gleicher Höhe 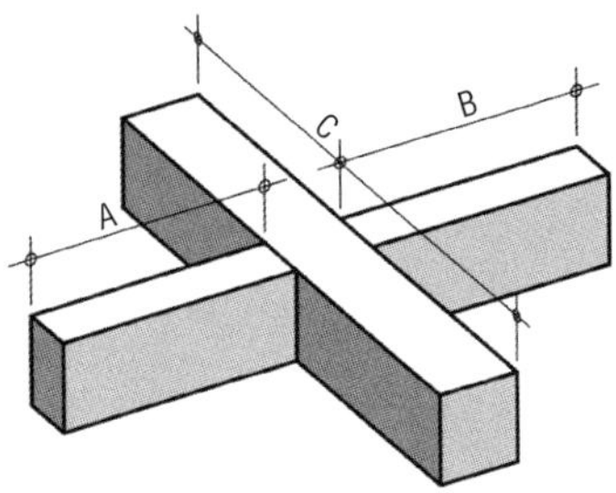	breiteren durchrechnen	5.1.2.5

Worum geht es?	**Wie wird gerechnet/ermittelt?**	**ATV**
Einbindungen bei Wänden, Pfeilervorlagen und Stützen in Decken 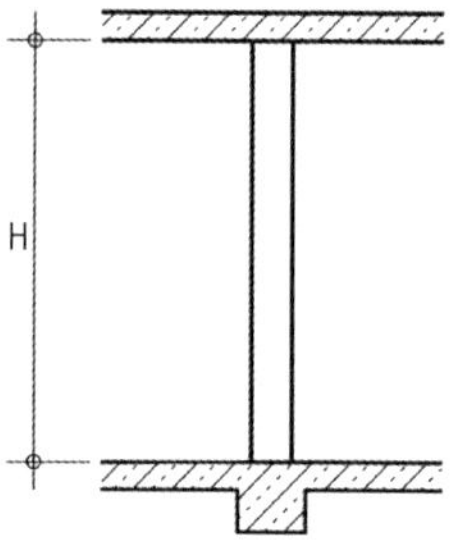	Höhe jeweils von Oberseite Rohdecke (oder Fundament) bis Unterseite der darüberliegenden Rohdecke rechnen	5.1.2.6
Einbindungen von Unterzügen oder Balken in Wände 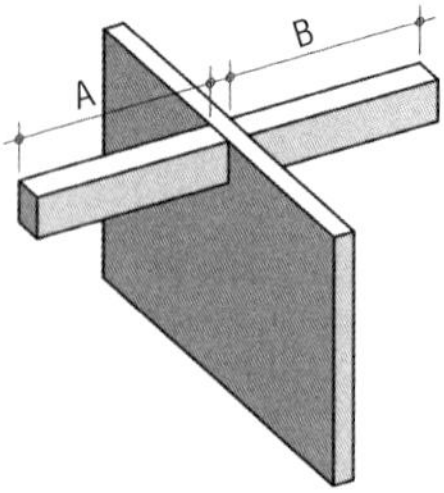	Wände durchrechnen	5.1.2.6
Einbindungen von Stützen in Unterzüge oder Balken 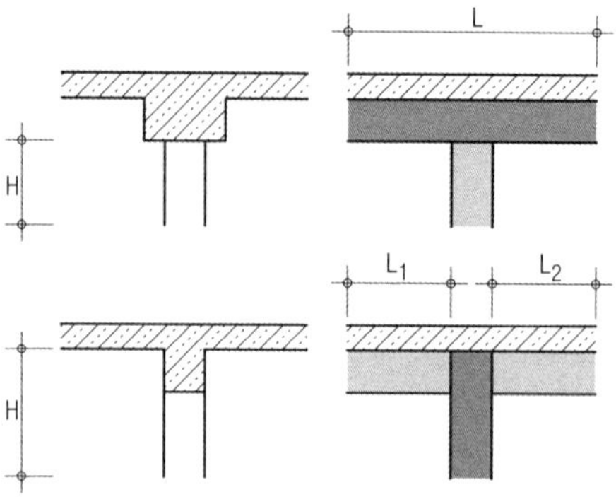	Unterzüge und Balken durchrechnen, wenn sie breiter als die Stützen sind; trifft dies zu, Stützen dann bis Unterseite Unterzug oder Balken rechnen	5.1.2.6

Worum geht es?	Wie wird gerechnet/ermittelt?	ATV
Stürze und Unterzüge 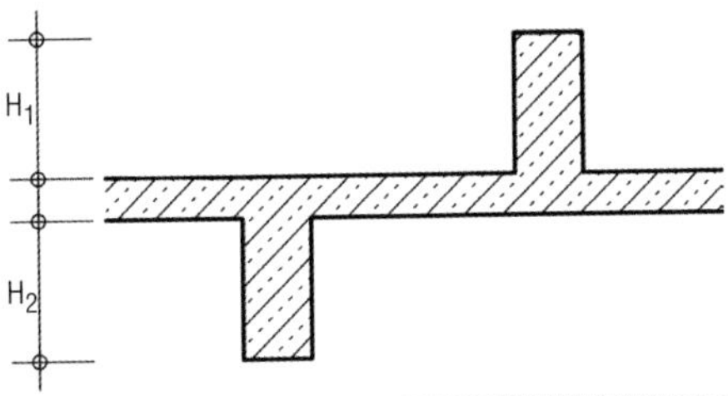 	Höhe jeweils von deren Unterseite bis Unterseite Deckenplatte rechnen	5.1.2.7
Überzüge	Höhe jeweils von Oberseite Deckenplatte bis Oberseite Überzug rechnen	5.1.2.7
Bauteile, die konstruktiv wie Unter- oder Überzüge ausgebildet sind im Bereich von Deckenversprüngen 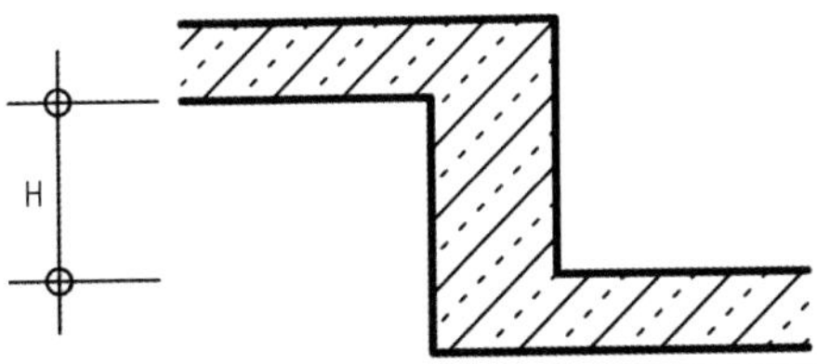 	Teile auch wie diese Bauteile (Unter- bzw. Überzüge) rechnen	5.1.2.8
Überschneidungsflächen zwischen Unter- und Überzügen	jeweils nur einmal abrechnen	5.1.2.8
Fugenbänder und -bleche u.Ä. z.B. bei Schrägschnitten, Gehrungen u.Ä. 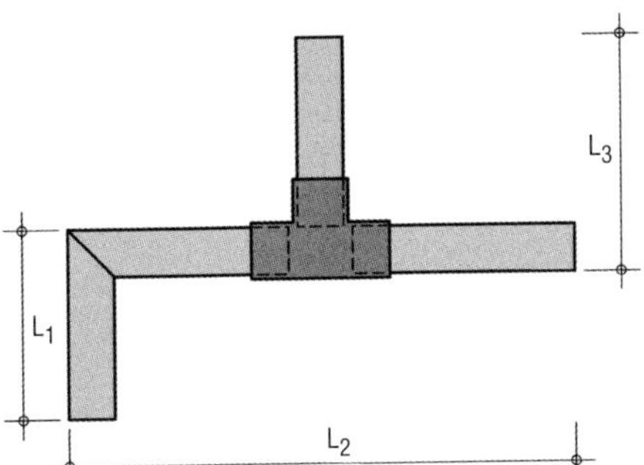 	nach ihrer größten Länge rechnen	5.1.2.9

Worum geht es?	Wie wird gerechnet/ermittelt?	ATV
Formteile	dabei nach Anzahl (Stück) abrechnen	5.1.2.9
Pfähle als Betonfertigteile 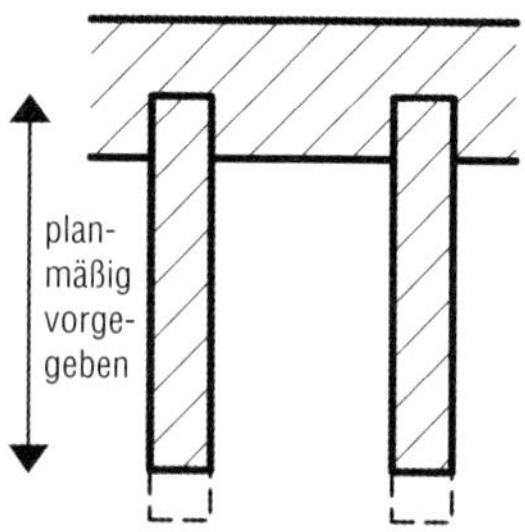	von planmäßiger Oberseite Pfahlkopf bis zur vorgegebenen, also planmäßigen Unterseite Pfahlfuß bzw. Pfahlspitze rechnen **Tipp:** *Es gelten nur Maße der Planvorgabe, nicht die davon evtl. abweichend ausgeführten Maße, außer wenn diese vom Auftraggeber gefordert wurden.*	5.1.2.10
Pfähle aus Ortbeton	von der Oberseite nach Bearbeitung bis zur planmäßigen Unterseite Pfahlfuß bzw. Pfahlspitze rechnen Mehrmengen des Betons bis zu 10 % über die theoretische Menge hinaus bleiben dabei unberücksichtigt.	5.1.2.10

Abrechnung von Schalungen

Worum geht es?	Wie wird gerechnet/ermittelt?	ATV
Zugrunde gelegt werden bei Schalungsarbeiten gleichgültig, ob die Leistungsermittlung nach Zeichnung oder Aufmaß erfolgt		5.2.1

Worum geht es?	Wie wird gerechnet/ermittelt?	ATV
Schalungen von Bauteilen ausgenommen Deckenschalungen 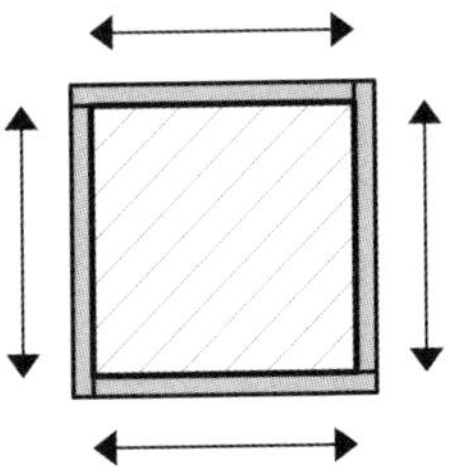	in der Abwicklung der geschalten Flächen rechnen	5.2.1
vereinfachende Regeln Übermessungs- und Einzelregelungen	bei der Ermittlung der Leistungen anwenden	5.2.1
Deckenschalung 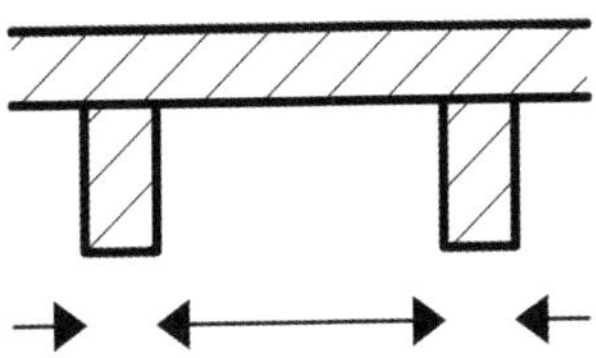	zwischen begrenzenden Bauteilen, z.B. Wänden und Unterzügen oder Balken nach den geschalten Deckenflächen abrechnen	5.2.2.1
Deckenschalung Schalung frei liegender Begrenzungsseiten von Deckenplatten	dabei immer gesondert rechnen	5.2.2.1
Schalung für Aussparungen und Profilierungen bei Abrechnung nach Flächenmaß	in der Abwicklung der geschalten Betonflächen rechnen	5.2.2.2

Abrechnung von Bewehrungen nach Masse [kg, t]

Worum geht es?	Wie wird gerechnet/ermittelt?	ATV
Masse der Bewehrung	nach Stahllisten abrechnen	5.3.1.1

Worum geht es?	Wie wird gerechnet/ermittelt?	ATV
zur Masse der Bewehrung gehören	– Betonstabstahl – Bewehrungsmatten – Unterstützungen (Stahlböcke, Abstandhalter aus Stahl) – Gitterträger bei Verbundbauteilen – Steckbügel – Lagesicherung bei Innenwänden (S-Haken u.Ä.) – Spiralbewehrungen – Verspannungen – Auswechslungen – Montageeisen u.Ä.	5.3.1.1
zur Bewehrung gehört **nicht**	Zubehör zur Spannbewehrung nach Abschnitt 4.1.10	5.3.1.1
zugrunde gelegt wird	die errechnete Masse der Bewehrung	5.3.1.2
bei genormten Stählen	nach Angaben in DIN-Normen rechnen	5.3.1.2
bei anderen Stählen	nach Angaben im Profilbuch des Herstellers rechnen	5.3.1.2
Bindedraht, Walztoleranzen und Verschnitt bei der Ermittlung des Abrechnungsgewichts	nicht berücksichtigen	5.3.1.3
Verschnitt von Betonstahlmatten dessen Masse über 10 % der Masse je Mattentyp der eingebauten Betonstahlmatten liegt	zusätzlich rechnen, wenn der Auftragnehmer den Verschnitt nicht zu vertreten hat	5.3.1.3

Abzugs- und Übermessungsregeln

Übermessungsregeln bei Abrechnung von Betonarbeiten

Worum geht es?	Wie wird gerechnet/ermittelt?	ATV
durch Bewehrung verdrängte Betonmengen z.B. Betonstabstähle, Profilstähle, Spannbetonbewehrungen mit Zubehör, Ankerschienen, Formteile, Fugenbänder	nicht abziehen	5.1.3.1

Worum geht es?	Wie wird gerechnet/ermittelt?	ATV
einbetonierte Pfahlköpfe, Walzprofile und Spundwände	nicht abziehen	5.1.3.1

Übermessungsregeln bei Abrechnung von Betonarbeiten nach Raummaß [m³]

Worum geht es?	Wie wird gerechnet/ermittelt?	ATV
Aussparungen, Kassetten, Hohlkörper u.Ä. 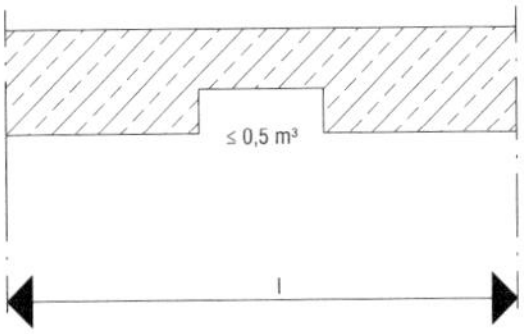	≤ 0,5 m³ Einzelgröße übermessen	5.1.3.2
Schlitze, Kanäle, Profilierungen u.Ä. 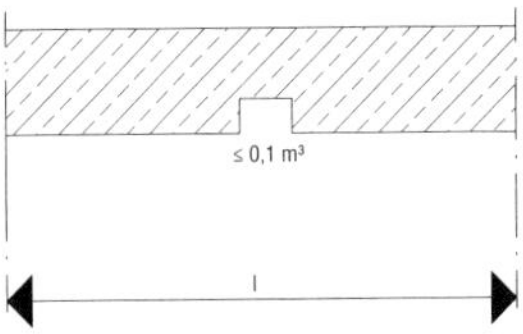	≤ 0,1 m³ je 1,0 m Länge übermessen	5.1.3.2
durchdringende oder einbindende Bauteile z.B. Einzelbalken, Balkenstege bei Plattenbalkendecken, Stützen, Einbauteile, Betonfertigteile, Rollladenkästen, Rohre 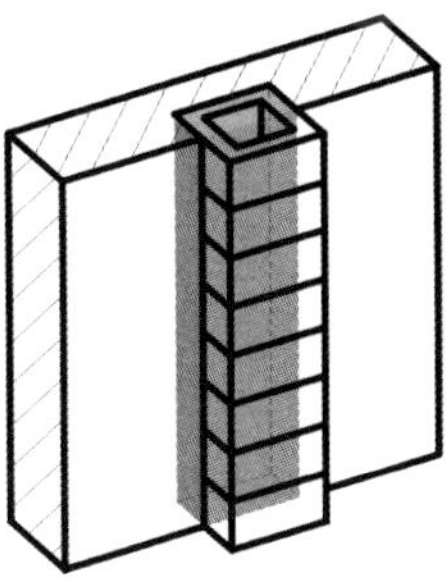	≤ 0,5 m³ Einzelgröße übermessen, wenn sie durch vorgegebene Betonierfugen oder sonst wie baulich abgegrenzt sind. Als Bauteil gilt dabei auch jedes aus Einzelteilen zusammengesetzte Bauteil, z.B. Fenster- und Türumrahmungen, Fenster- und Türstürze, Gesimse.	5.1.3.2
eingebaute Dämmstoffstreifen	übermessen	5.1.3.2

Übermessungsregeln bei Abrechnung von Betonarbeiten nach Flächenmaß [m^2]

Worum geht es?	Wie wird gerechnet/ermittelt?	ATV
Aussparungen	≤ 2,5 m^2 Einzelgröße übermessen, dabei die jeweils kleinsten Maße der Aussparungen ansetzen	5.1.3.3
Fugen, eingebaute Dämmstoffschichten u.Ä.	übermessen	5.1.3.3

Übermessungsregeln bei Abrechnung von Betonarbeiten nach Längenmaß [m]

Worum geht es?	Wie wird gerechnet/ermittelt?	ATV
Formteile, Fugenbleche, Ecken von Fugenbändern, vorkonfektionierte Knoten u.Ä.	übermessen	5.1.3.4

Übermessungsregeln bei Abrechnung von Schalungen nach Flächenmaß [m^2]

Worum geht es?	Wie wird gerechnet/ermittelt?	ATV
Aussparungen in Schalungen, Anschlüsse von Bauteilen u.Ä.	≤ 2,5 m^2 Einzelgröße übermessen, dabei die kleinsten Maße der Aussparung in Ansatz bringen	5.2.3
Fugen, eingebaute Dämmstoffschichten u.Ä.	übermessen	5.2.3

Einzelregelungen

Keine Regelungen

ATV DIN 18332 Naturwerksteinarbeiten

Allgemeines

Worum geht es?	Wie wird gerechnet/ermittelt?	ATV
Ermittlung der Leistung	erfolgt nach Zeichnungen, wenn diese den ausgeführten Leistungen entsprechen, andernfalls nach Aufmaß	5
zugrunde gelegt werden gleichgültig, ob die Leistungsermittlung nach Zeichnung oder Aufmaß erfolgt 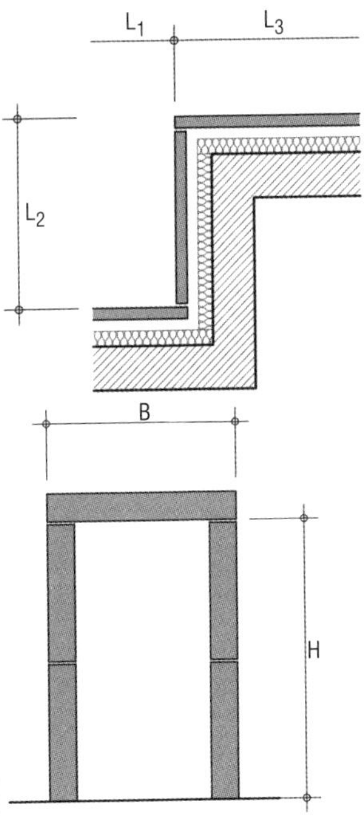	Maße: – der hergestellten Bekleidungen oder Beläge – des hergestellten Natursteinmauerwerks – der behandelten Flächen	5.1

Worum geht es?	Wie wird gerechnet/ermittelt?	ATV
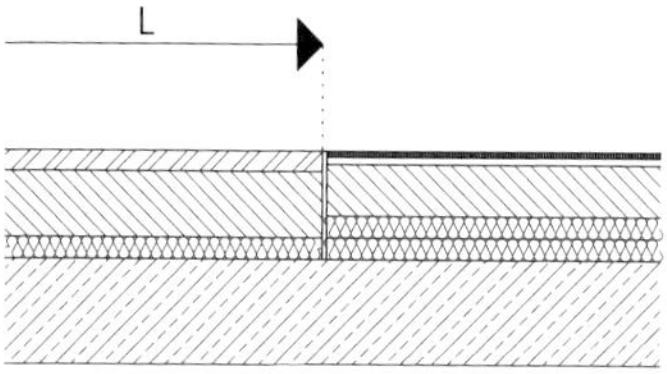		
vereinfachende Regeln Übermessungs- und Einzelregelungen	bei der Ermittlung der Leistungen anwenden	5.1

Ermittlung der Maße/Mengen

Abrechnung nach Längenmaß [m]

Worum geht es?	Wie wird gerechnet/ermittelt?	ATV
bei Bauteilen oder Werkstücken	größte Kantenlänge rechnen	5.2.3
schräge Sockelplatten (Bischofsmützen) 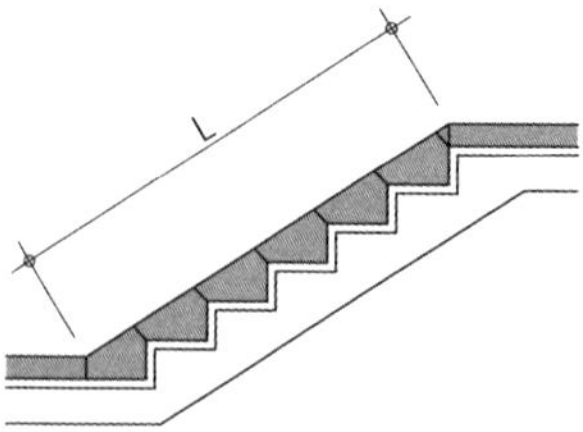	an der Oberkante messen	5.2.3
abgetreppte Sockelplatten 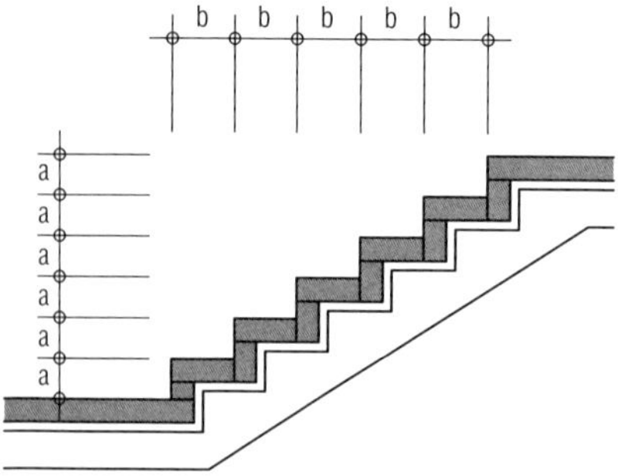	abgewickelt messen	5.2.3

Abrechnung nach Flächenmaß [m²]

Worum geht es?	Wie wird gerechnet/ermittelt?	ATV
bei Abrechnung von: – Ausgleichs-, Trenn- und Dämmschichten – Unterböden – Bewehrungen – Trag- und Unterkonstruktionen	Maße der hergestellten Bekleidungen oder Beläge rechnen	5.2.1
beliebig geformte Einzelflächen 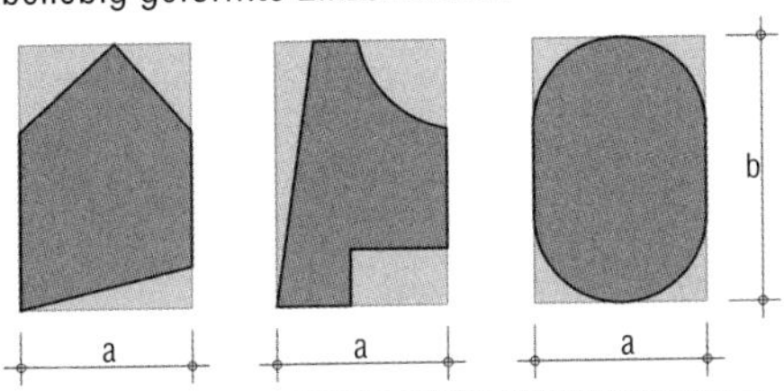	kleinstes umschreibendes Rechteck rechnen	5.2.2
bearbeitete Laibungen und Stirnflächen 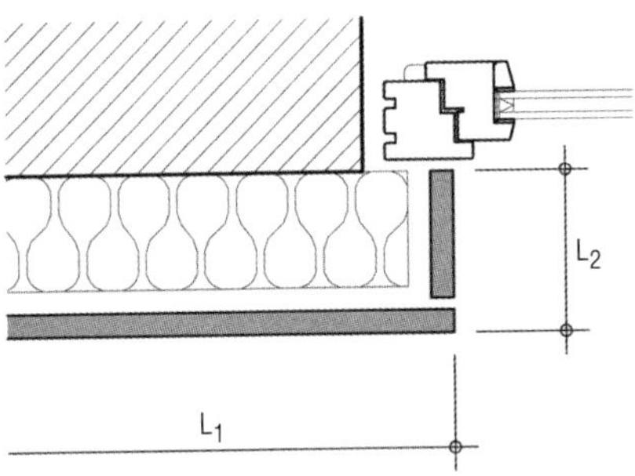	mitrechnen	5.2.4

Worum geht es?	Wie wird gerechnet/ermittelt?	ATV
sichtbare profilierte Flächen 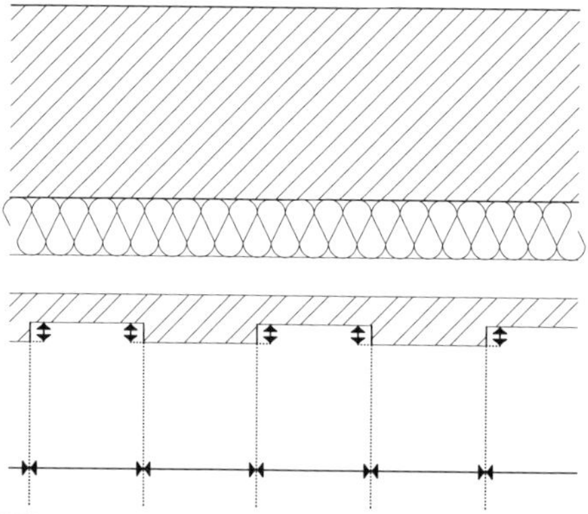	abgewickelt messen	5.2.4

Abzugs- und Übermessungsregeln

Übermessungsregeln bei Abrechnung nach Raummaß [m³]

Worum geht es?	Wie wird gerechnet/ermittelt?	ATV
Fugen	übermessen	5.3.1
Schlitze 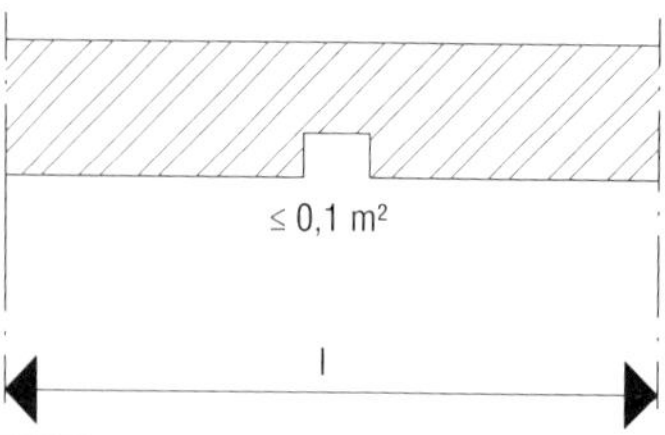	mit einer Querschnittsfläche von bis zu einschließlich 0,1 m² übermessen	5.3.1
Öffnungen, Aussparungen, Nischen	mit einer Einzelgröße von bis zu einschließlich 0,5 m³ übermessen	5.3.1

Worum geht es?	Wie wird gerechnet/ermittelt?	ATV
Zwischenschichten 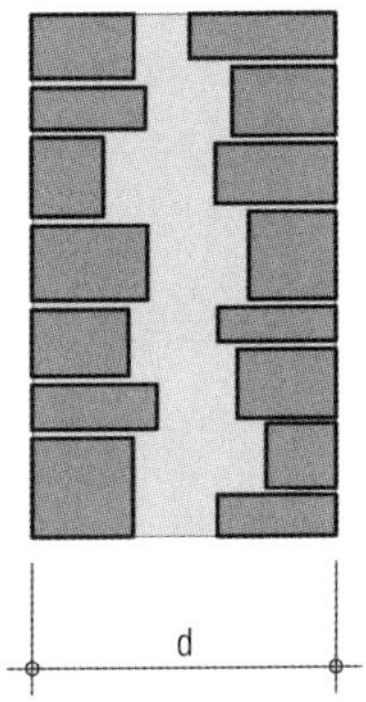	bei Werkstücken, die zusammengesetzt sind, und bei zweihäuptigem Mauerwerk übermessen	5.3.1

Übermessungsregeln bei Abrechnung nach Flächenmaß [m²]

Worum geht es?	Wie wird gerechnet/ermittelt?	ATV
Fugen	übermessen	5.3.2
Aussparungen allgemein	mit einer Einzelgröße von bis zu einschließlich 2,5 m² übermessen	5.3.2
Aussparungen in Böden 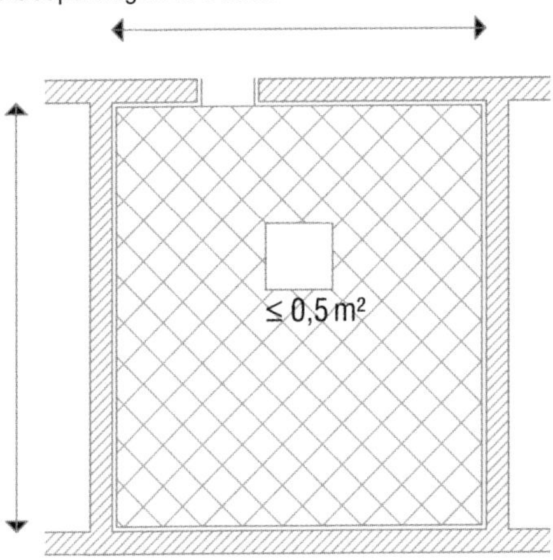	mit einer Einzelgröße von bis zu einschließlich 0,5 m² übermessen	5.3.2

Worum geht es?	Wie wird gerechnet/ermittelt?	ATV
Unterbrechungen	mit einer Einzelbreite von bis zu einschließlich 30 cm übermessen	5.3.2

Übermessungsregeln bei Abrechnung nach Längenmaß [m]

Worum geht es?	Wie wird gerechnet/ermittelt?	ATV
Fugen	übermessen	5.3.3
Unterbrechungen	mit einer Einzellänge von bis zu einschließlich 1 m übermessen	5.3.3

Einzelregelungen

Einzelregelungen bei Abrechnung nach Raummaß [m³]

Worum geht es?	Wie wird gerechnet/ermittelt?	ATV
bei Werkstücken 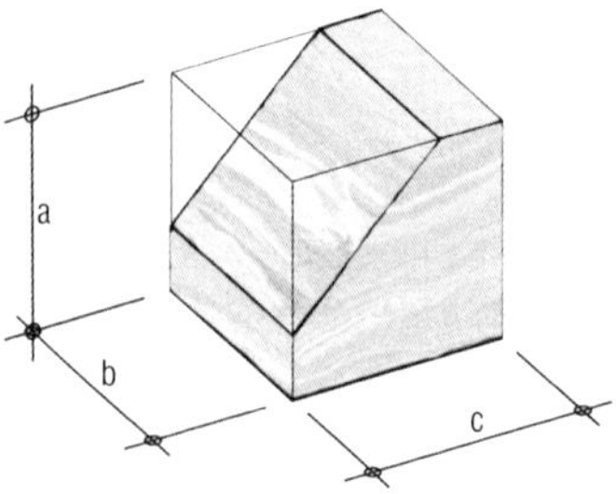 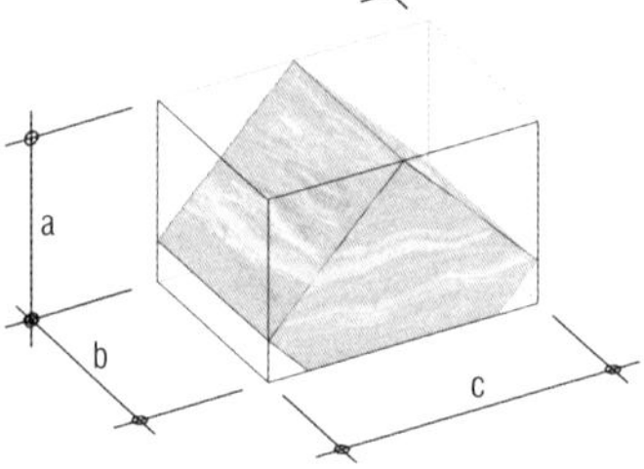	kleinste umschriebene rechtwinklige Körper rechnen	5.4.1
Raummaße < 0,03 m^3	mit 0,03 m^3 abrechnen	5.4.1

Einzelregelungen bei Abrechnung nach Flächenmaß [m²]

Worum geht es?	Wie wird gerechnet/ermittelt?	ATV
Flächenmaße < 0,25 m^2	mit 0,25 m^2 abrechnen	5.4.2
Einzelstücke mit einer Breite < 20 cm Fensterbänke, Abdeckungen usw.	mit Breite 0,20 cm abrechnen	5.4.2
Einzelstücke mit ausgeklinkten Flächen	mit den Maßen des kleinsten umschriebenen Rechtecks rechnen	5.4.2
Einzelstücke mit nicht rechtwinkligen Flächen	mit den Maßen des kleinsten umschriebenen Rechtecks rechnen	5.4.2

Einzelregelungen bei Abrechnung nach Längenmaß [m]

Worum geht es?	Wie wird gerechnet/ermittelt?	ATV
Längen < 1 m	mit 1 m abrechnen Bei zusammenhängenden Einzellängen gilt das Gesamtmaß aller einzelnen Längen, z.B. bei Fugenausbildungen.	5.4.3

Einzelregelungen bei Einzelplatten und Einzelwerkstücken

Worum geht es?	Wie wird gerechnet/ermittelt?	ATV
Aussparungen bei Einzelplatten und Einzelwerkstücken	übermessen	5.4.4

ATV DIN 18333 Betonwerksteinarbeiten

Allgemeines

Worum geht es?	Wie wird gerechnet/ermittelt?	ATV
Ermittlung der Leistung	erfolgt nach Zeichnungen, wenn diese den ausgeführten Leistungen entsprechen, andernfalls nach Aufmaß	5
zugrunde gelegt werden gleichgültig, ob die Leistungsermittlung nach Zeichnung oder Aufmaß erfolgt 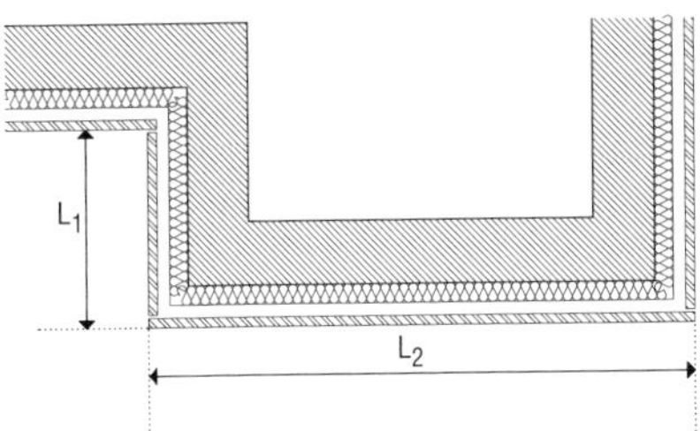 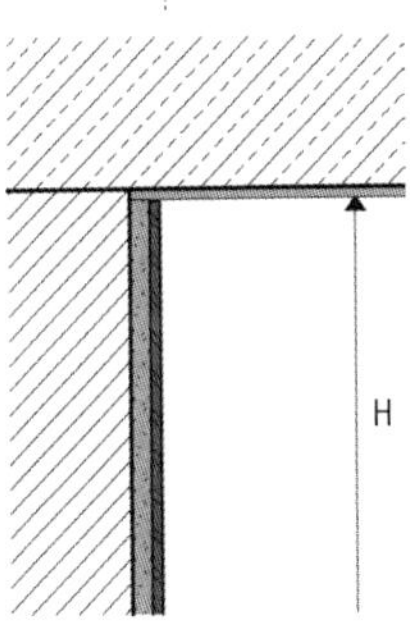 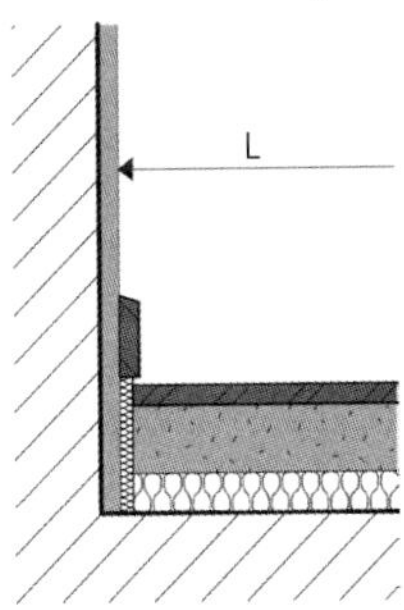 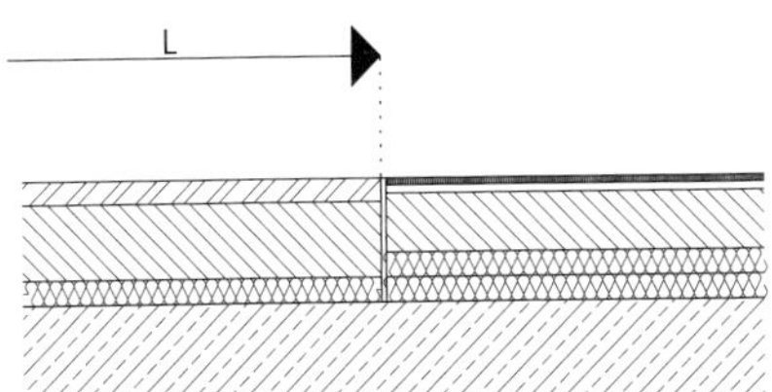	Maße der hergestellten oder bearbeiteten Bauteile, Bekleidungen und Beläge	5.1.1

Ermittlung der Maße/Mengen

Ermittlung der Maße

Worum geht es?	Wie wird gerechnet/ermittelt?	ATV
bei der Maßermittlung 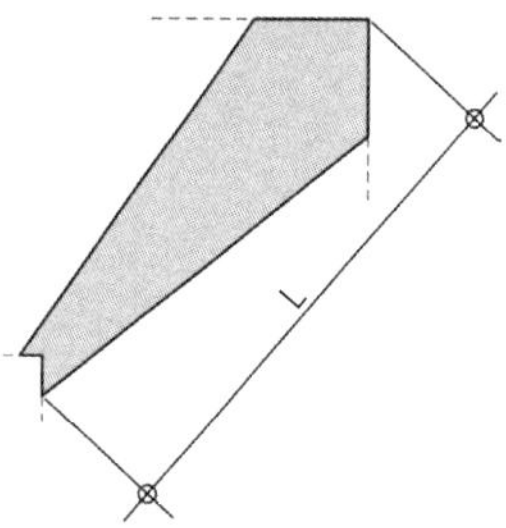	größtes Bauteilmaß rechnen, evtl. auch in der Abwicklung	5.1.2
Fugen	dabei übermessen	5.1.2
bei zusammengesetzten Werkstücken 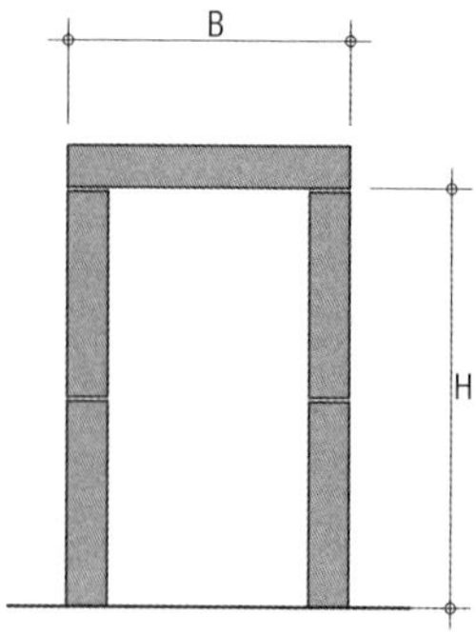 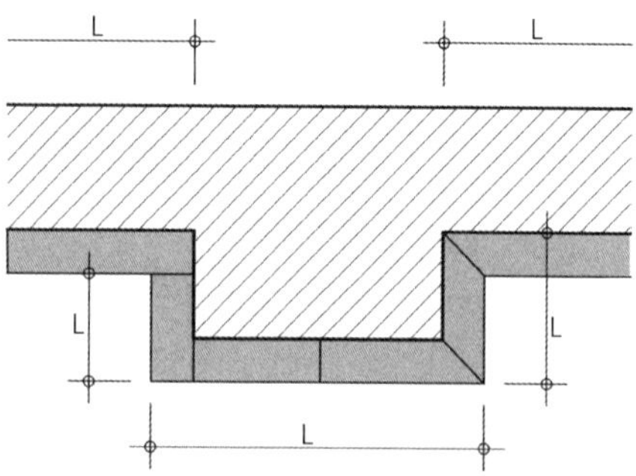	Gesamtlänge ergibt sich aus der Summe der Längen der einzelnen Werkstücke einschließlich der Fugenbreiten	5.1.2

Worum geht es?	Wie wird gerechnet/ermittelt?	ATV
bearbeitete Köpfe von Werkstücken 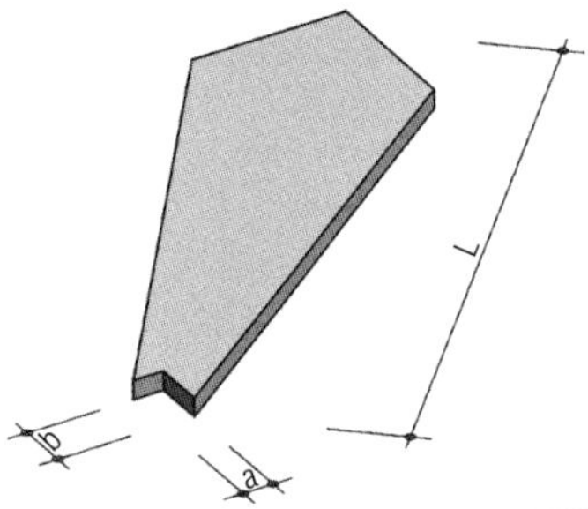	der Werkstücklänge hinzurechnen	5.1.2

Abrechnung nach Flächenmaß [m^2]

Worum geht es?	Wie wird gerechnet/ermittelt?	ATV
bei nicht rechteckigen Einzelflächen 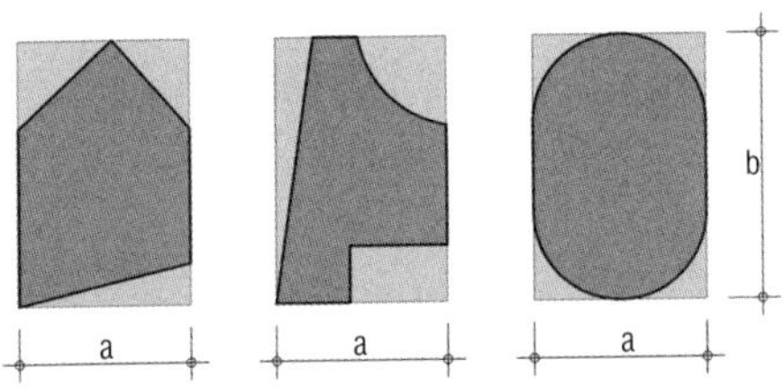	kleinstes umschreibendes Rechteck rechnen	5.1.3

Abzugs- und Übermessungsregeln

Abzug bei Abrechnung nach Flächenmaß [m²]

Worum geht es?	Wie wird gerechnet/ermittelt?	ATV
Aussparungen z.B. Öffnungen in Bekleidungen und Belägen 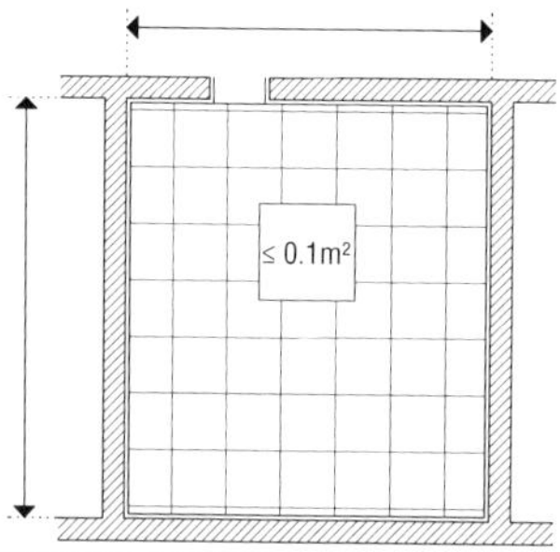	über 0,1 m² Einzelgröße abziehen	5.2.1

Abzug bei Abrechnung nach Längenmaß [m]

Worum geht es?	Wie wird gerechnet/ermittelt?	ATV
Unterbrechungen	über 1 m Einzellänge abziehen	5.2.2

Einzelregelungen

Keine Regelungen

ATV DIN 18334 Zimmer- und Holzbauarbeiten

Allgemeines

Worum geht es?	Wie wird gerechnet/ermittelt?	ATV
Ermittlung der Leistung	erfolgt nach Zeichnungen, wenn diese den ausgeführten Leistungen entsprechen, andernfalls nach Aufmaß	5
zugrunde gelegt werden gleichgültig, ob die Leistungsermittlung nach Zeichnung oder Aufmaß erfolgt 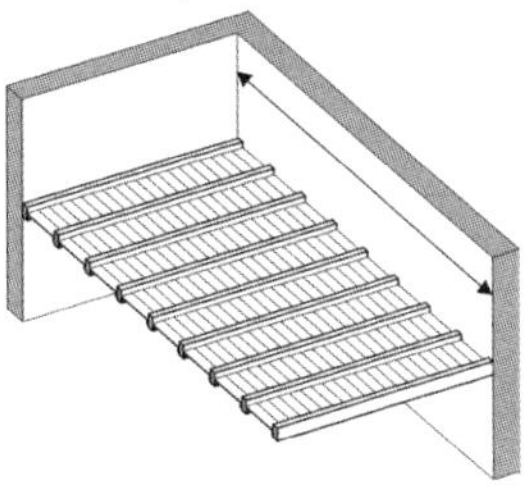	Maße der – hergestellten Bekleidungen, Deckungen und Beläge – hergestellten Bauteile – behandelten Bauteilabschnitte	
vereinfachende Regeln Übermessungs- und Einzelregelungen	bei der Ermittlung der Leistungen anwenden	5.1

Ermittlung der Maße/Mengen

Abrechnung nach Raummaß [m^3]

Worum geht es?	Wie wird gerechnet/ermittelt?	ATV
für verzimmerte Hölzer und Brettschichthölzer generell 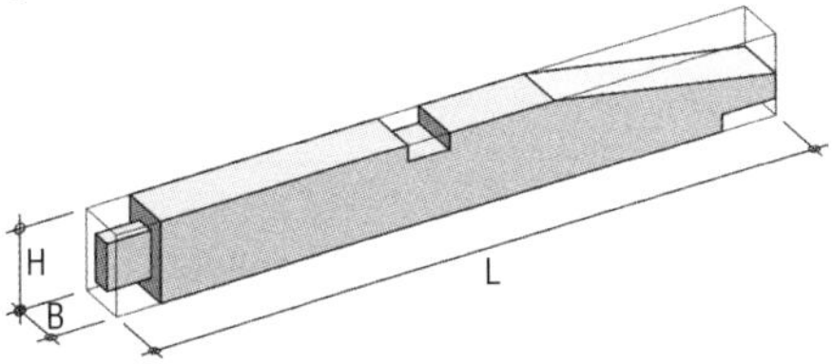	immer größte Länge rechnen, einschließlich Holzverbindungen, z.B. Zapfen u.Ä.	5.2.1

Worum geht es?	Wie wird gerechnet/ermittelt?	ATV
bei gehobelten Konstruktionen und Bauteilen 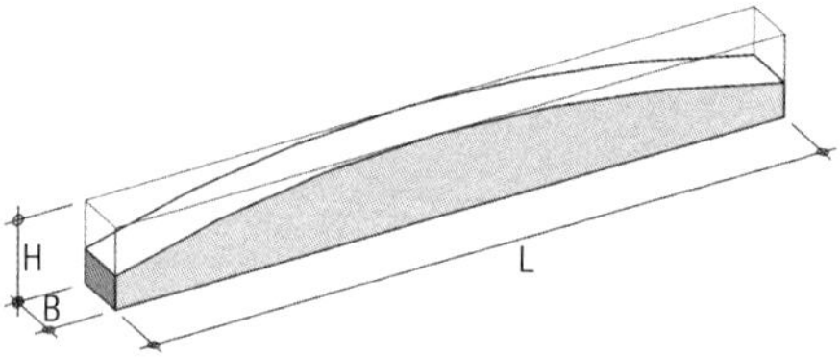	Einbauquerschnitt immer vollen Querschnitt rechnen ohne Abzug z.B. von Aussparungen, Ausklinkungen, Abschrägungen, Querschnittsschwächungen u.Ä. **Tipp:** *Der Materialverlust durch die Oberflächenbearbeitung, z.B. Hobeln, ist bei der Kalkulation dieser Besonderen Leistung zu berücksichtigen.*	5.2.1
bei bekämpfendem Holzschutz durch Heißluft oder Begasung 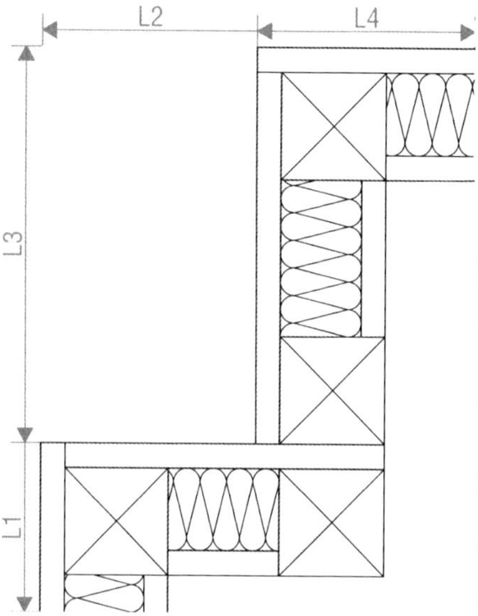	immer äußere Abmessungen der Gebäudehülle bzw. der zu behandelnden Gebäudeteile, einschließlich auskragender Bauteile, wie z.B. Dachüberstände oder Erker rechnen	5.2.1

Worum geht es?	Wie wird gerechnet/ermittelt?	ATV
bei bekämpfendem Holzschutz durch Heißluft oder Begasung von einzelnen Bauteilen 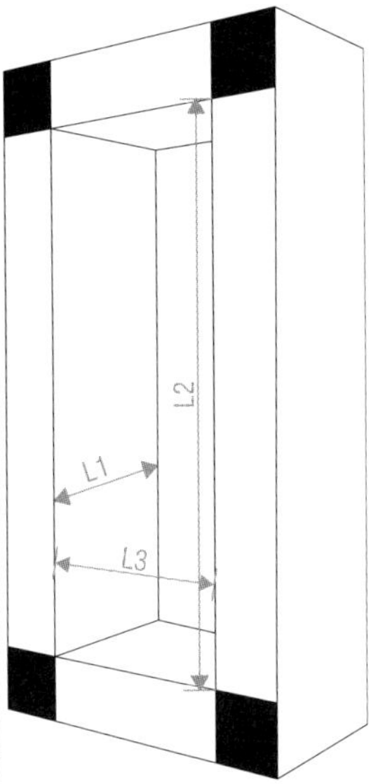	immer die Abmessungen der zu begasenden oder zu erhitzenden Räume, einschließlich der sie begrenzenden Bauteile rechnen	5.2.1

Abrechnung nach Flächenmaß [m²]

Worum geht es?	Wie wird gerechnet/ermittelt?	ATV
bei Flächen ohne begrenzende Bauteile 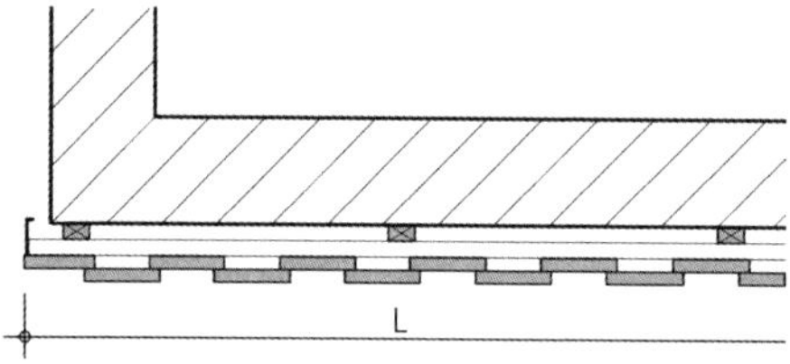 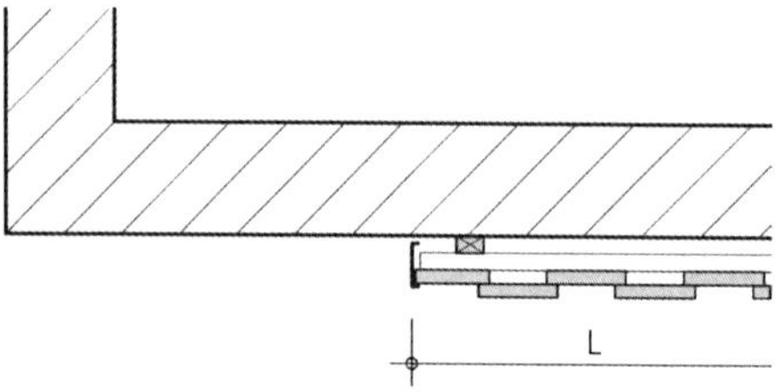	Maße der Flächen rechnen, z.B. von Schalungen, Dämmungen, Bekleidungen u.Ä.	5.2.2

Worum geht es?	Wie wird gerechnet/ermittelt?	ATV
bei Flächen mit begrenzenden Bauteilen 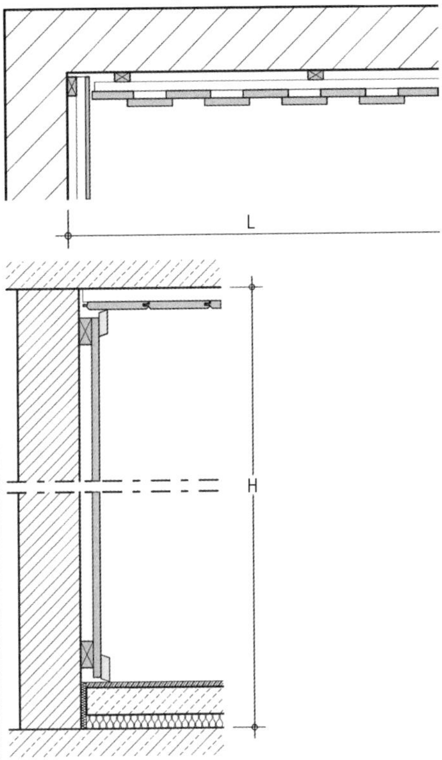	Maße der zu belegenden Flächen rechnen, und zwar bis zu den sie begrenzenden, ungeputzten, ungedämmten, unbekleideten Bauteilen	5.2.2

Worum geht es?	Wie wird gerechnet/ermittelt?	ATV
bei abgewinkelten Flächen 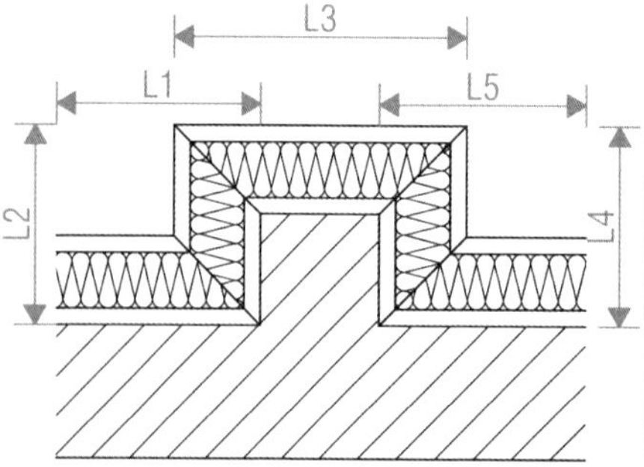	die größte abgewickelte Bauteillänge rechnen	5.2.2
bei Decken und Wänden für alle Schichten z.B. Dämmung, Unterkonstruktion, Bekleidung und dergleichen 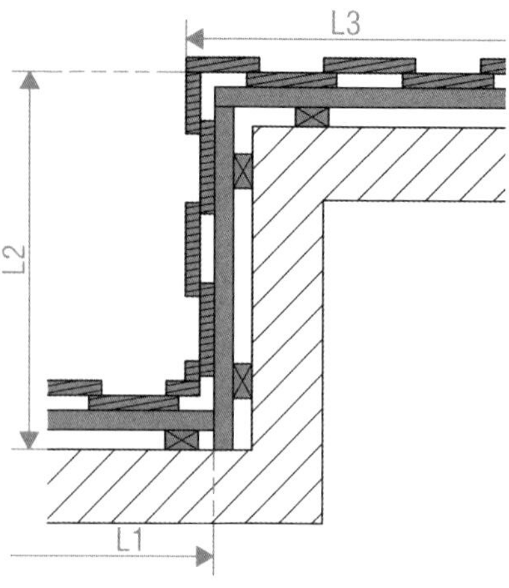	die größten Maße des Gesamtbauteils rechnen	5.2.2

Worum geht es?	Wie wird gerechnet/ermittelt?	ATV
bei Fassadenbekleidung für alle Schichten z.B. Dämmung, Unterkonstruktion, Bekleidung und dergleichen 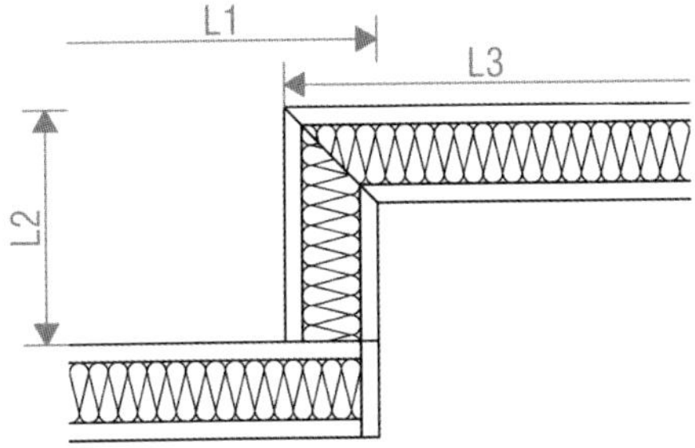	die größten Maße der Bekleidung rechnen	5.2.2
bei Wänden in Holzbauweise an Wanddurchdringungen 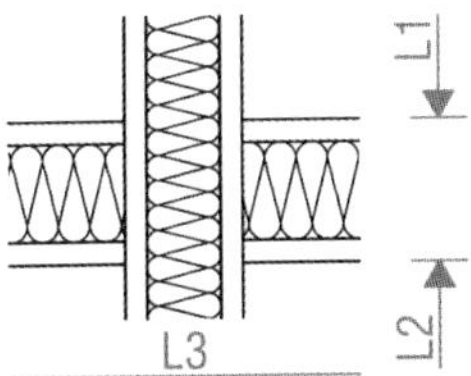	nur eine Wand durchgehend, bei Wänden ungleicher Dicke die dickere Wand rechnen	5.2.2
Rückflächen von Nischen 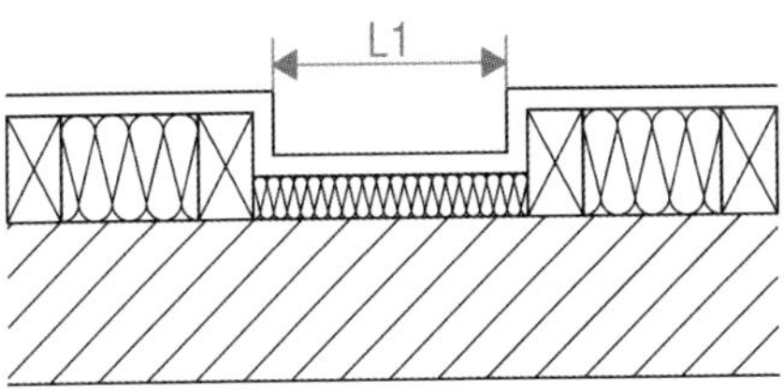	werden gesondert berechnet	5.2.2

Worum geht es?	Wie wird gerechnet/ermittelt?	ATV
Flächen, die sich nicht durch die Anwendung einfacher mathematischer Formeln (z.B. für Rechtecke, Dreiecke, Trapeze, Rauten) ermitteln lassen 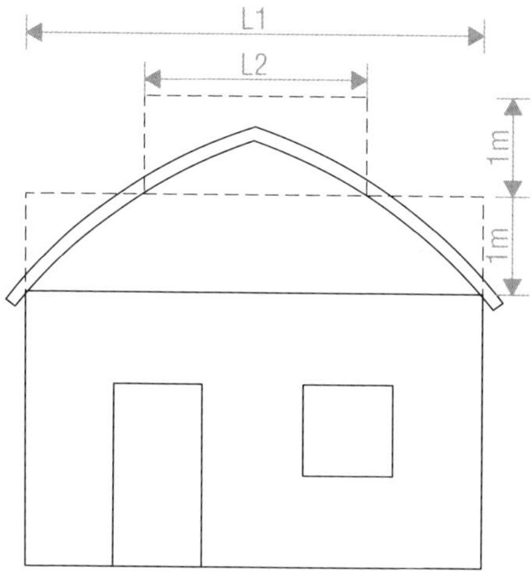	werden durch Aufteilung in umschriebene Rechtecke mit einer jeweiligen Breite von 1 m ermittelt	5.2.2

Abrechnung nach Längenmaß [m]

Worum geht es?	Wie wird gerechnet/ermittelt?	ATV
für verzimmerte Hölzer 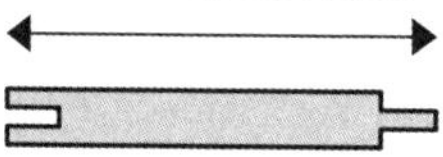	größte Länge einschließlich Holzverbindungen rechnen	5.2.3

Worum geht es?	Wie wird gerechnet/ermittelt?	ATV
sonstige Bauteile z.B. Sockelleisten, Handläufe oder die zusätzliche Bearbeitung von verzimmerten Hölzern	größte Bauteilmaße rechnen, evtl. auch abgewickelte Bauteillängen	5.2.3

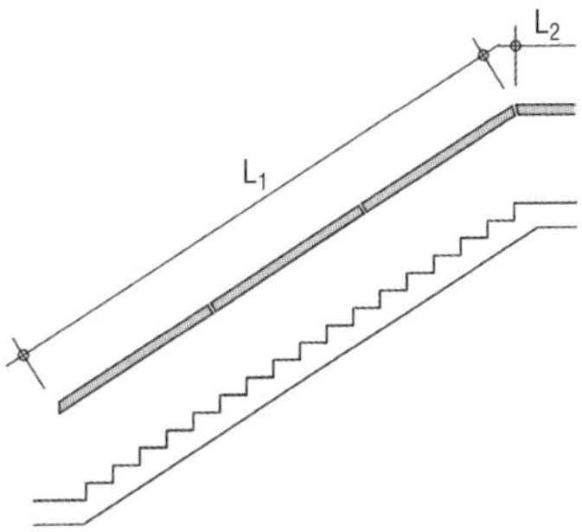

Abrechnung nach Stück [St]

Worum geht es?	Wie wird gerechnet/ermittelt?	ATV
Anzahl der Verbindungsmittel wie Schrauben, Stabdübel, Dübel besonderer Bauart, Bolzen, Verbindungsmittel zur Windsogsicherung, vergütete Verbindungsmittel (z.B. aus nichtrostendem Stahl), besonders geformte Verbindungselemente (z.B. Winkelverbinder, Balkenschuhe)	werden nach Art und Maßen gesondert gerechnet, ausgenommen Verbindungselemente nach Abschnitt 4.1.3	5.2.4
Anzahl der statisch und konstruktiv erforderlichen Bauteile z.B. Dübel, Bolzen, Anker, Verbindungselemente, Abhänger, Abstandshalter, Konsolen, Stahlblechformteile, Bauteile zur Windsogsicherung	werden nach Art und Maßen gesondert gerechnet	5.2.4
Anzahl der statisch nachzuweisenden und konstruktiv erforderlichen Bauteile aus Stahl, Profilstahl oder aus anderen Metallen allseits bis einschließlich 2 m, z.B. Knotenbleche	werden nach Art und Maßen gesondert gerechnet	5.2.4
Anzahl der Aussparungen	werden nach Stück gerechnet	5.2.4

Abrechnung nach Masse [kg, t]

Worum geht es?	Wie wird gerechnet/ermittelt?	ATV
bei statisch nachzuweisenden und konstruktiv erforderlichen Stahlteilen mit Ausnahme von Stahlteilen nach Abschnitt 5.2.4:		5.2.5
genormte Profile	Masse nach Angaben in DIN-Normen ermitteln	5.2.5
sonstige Profile	Masse nach Angaben der Hersteller (Profilbücher) ermitteln	5.2.5
Stahlbleche und -bänder	7,85 kg/m² Fläche und 1 mm Dicke zugrunde legen	5.2.5
Bleche und Bänder aus nichtrostendem Stahl	7,9 kg/m² Fläche und 1 mm Dicke zugrunde legen	5.2.5
Kleineisenteile bis 15 kg Einzelgewicht	Massenermittlung kann durch Wiegen erfolgen	5.2.5
verzinkte Stahlkonstruktionen	Zuschlag für die Verzinkung: 5 % auf die ermittelte Masse	5.2.5

Abzugs- und Übermessungsregeln

Übermessungsregeln bei Abrechnung nach Flächenmaß [m²]

Worum geht es?	Wie wird gerechnet/ermittelt?	ATV
bindet eine Aussparung anteilig in angrenzende, getrennt zu rechnende Flächen ein 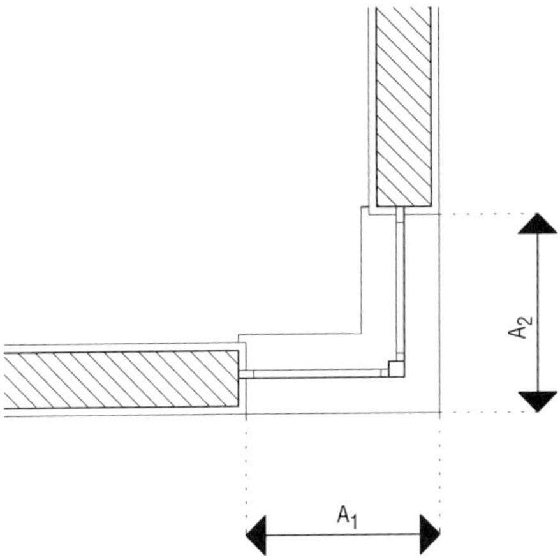	zur Ermittlung der Übermessungsgrößewird die jeweils anteilige Aussparungsfläche gerechnet	5.2.6
unmittelbar zusammenhängende, verschiedenartige Aussparungen z.B. Öffnungen mit angrenzenden Nischen 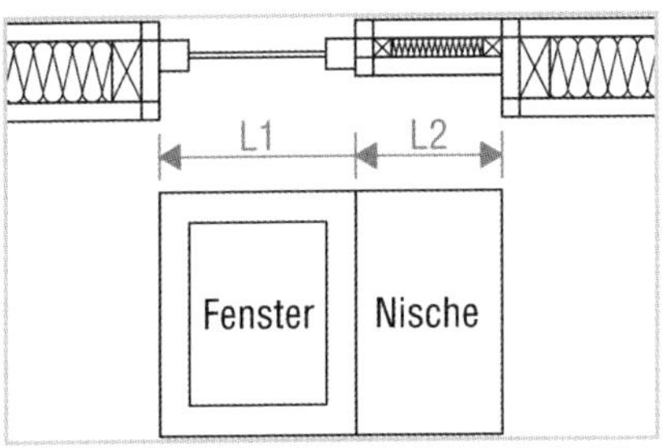	werden getrennt gerechnet	5.2.7

Worum geht es?	Wie wird gerechnet/ermittelt?	ATV
Aussparungen z.B. in Decken, Wänden, Dächern, Schalungen, Wand- und Deckenbekleidungen, Vorsatzschalen, Dämmstoff-, Trenn- und Schutzschichten, Dampfbremsen, Abdichtungen sowie Außenwandbekleidungen 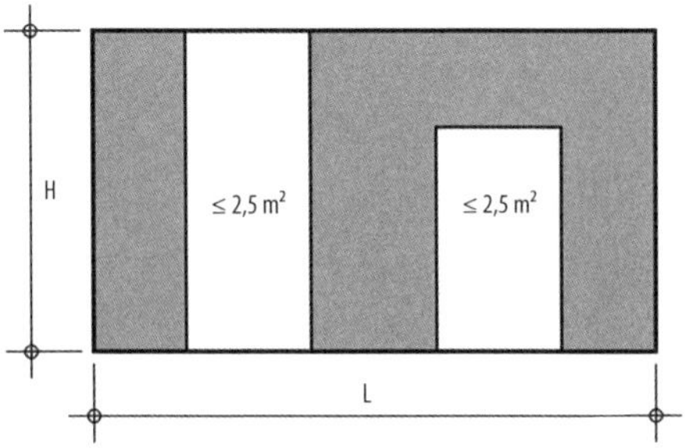 	mit einer Einzelgröße bis einschließlich 2,5 m² werden übermessen	5.3.1
Aussparungen in Böden und den dazugehörigen Dämmstoff-, Trenn- und Schutzschichten, Schüttungen, Dampfbremsen und Abdichtungen, z.B. für Pfeilervorlagen, Kamine, Rohrdurchführungen 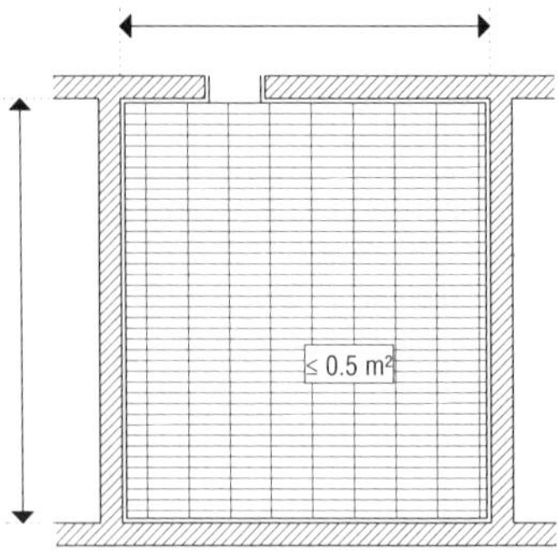 	mit einer Einzelgröße bis einschließlich 0,5 m² werden übermessen	5.3.1

<table>
<tr><th>Worum geht es?</th><th>Wie wird gerechnet/ermittelt?</th><th>ATV</th></tr>
<tr><td>Unterbrechungen in der zu bearbeitenden Fläche durch Bauteile wie z.B. Fachwerkteile, Stützen, Unterzüge, Vorlagen, Sparren, Unterkonstruktionen u.Ä.
bei Zwischenböden, Dämmstoff-, Trenn- und Schutzschichten, Schüttungen, Dampfbremsen, Abdichtungen, Schalungen, Bekleidungen
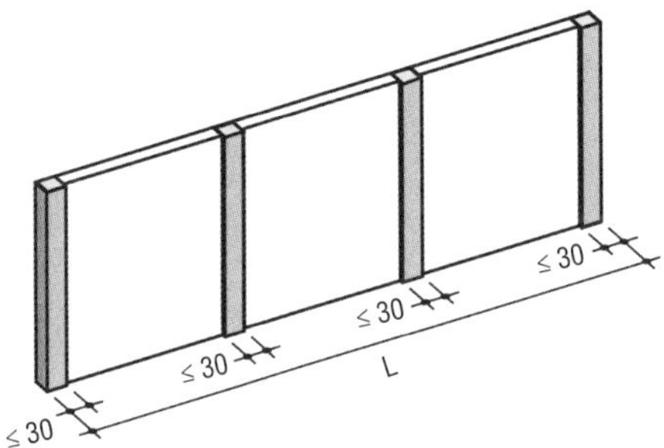
</td><td>mit einer Einzelbreite bis einschließlich 30 cm werden übermessen</td><td>5.3.1</td></tr>
<tr><td>Zwischenräume
bei Lattungen, Sparschalung, Blindböden, Verschlägen und Bekleidungen aus Latten, Brettern, Paneelen, Lamellen und dergleichen
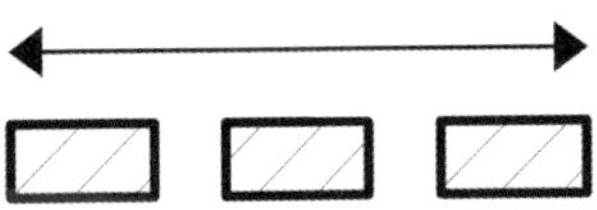</td><td>werden übermessen</td><td>5.3.1</td></tr>
<tr><td>bei der Ermittlung der Einzelgröße</td><td>sind die kleinsten Maße der Aussparung zugrunde zu legen</td><td>5.3.3</td></tr>
</table>

Übermessungsregeln bei Abrechnung nach Längenmaß [m]

Worum geht es?	Wie wird gerechnet/ermittelt?	ATV
Unterbrechungen	mit Einzellänge von bis zu einschließlich 1 m übermessen	5.3.2
Fugen	übermessen	5.3.2
bei der Ermittlung der Einzelgröße	sind die kleinsten Maße der Unterbrechung zugrunde zu legen	5.3.3

Einzelregelungen

Worum geht es?	Wie wird gerechnet/ermittelt?	ATV
Rückflächen von Nischen und Laibungen	immer mit ihren Maßen gesondert rechnen, und zwar unabhängig von den Einzelgrößen **Tipp:** *gilt auch, wenn Nische übermessen wird*	5.4.1
Herstellung von Aussparungen für Leuchten, Lichtbänder und -kuppeln, Revisionsöffnungen, Rohr- und Kabeldurchführungen, Luftauslässe, Stützen, Pfeilervorlagen, Installationsdosen etc.	immer getrennt und nach deren Maßen gesondert rechnen	5.4.2
Bohrlochtränkung 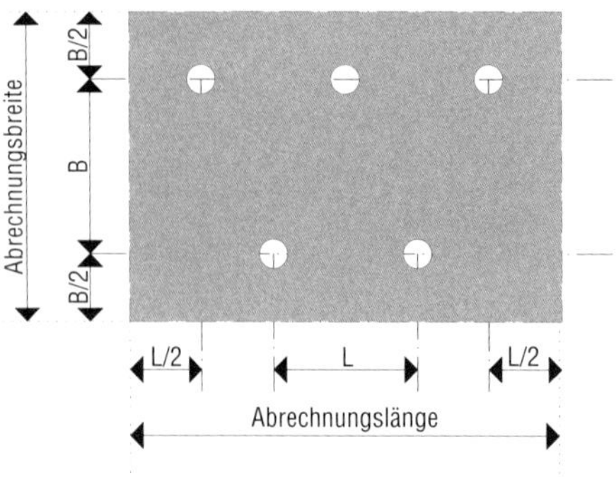 	Abstand der äußersten Bohrlöcher in Länge und Breite messen: Dabei wird den ermittelten Maßen jeweils pro Bauabschnitt ein Bohrlochabstand hinzugerechnet. Dies dient der Berücksichtigung des Einflussbereichs von Schutzmitteln an den Randzonen.	5.4.3

ATV DIN 18335 Stahlbauarbeiten

Allgemeines

Worum geht es?	Wie wird gerechnet/ermittelt?	ATV
Ermittlung der Leistung	erfolgt nach Zeichnungen, wenn diese den ausgeführten Leistungen entsprechen, andernfalls nach Aufmaß **Tipp:** *Dieser Abrechnungsgrundsatz lässt sich auf die übliche Abrechnungsart nach Gewicht nicht anwenden.*	5
zugrunde gelegt werden gleichgültig, ob die Leistungsermittlung nach Zeichnung oder Aufmaß erfolgt	Maße der hergestellten Bauteile	5.1
grundsätzlich wird	das gesamte eingebaute Material abgerechnet und vergütet	5.1
bei Abrechnung nach Masse	Masse durch Berechnen anhand von Zeichnungen und Stücklisten ermitteln	5.1
bei Formstücken z.B. Schmiede- oder Gussteile	Masse durch Wiegen ermitteln	5.1
vereinfachende Regeln Übermessungs- und Einzelregelungen	bei der Ermittlung der Leistungen anwenden	5.1

Ermittlung der Maße/Mengen

Masseermittlung durch Berechnung/Ermittlung der Maße

Worum geht es?	Wie wird gerechnet/ermittelt?	ATV
Maßermittlung bei Flachstählen bis 180 mm Breite 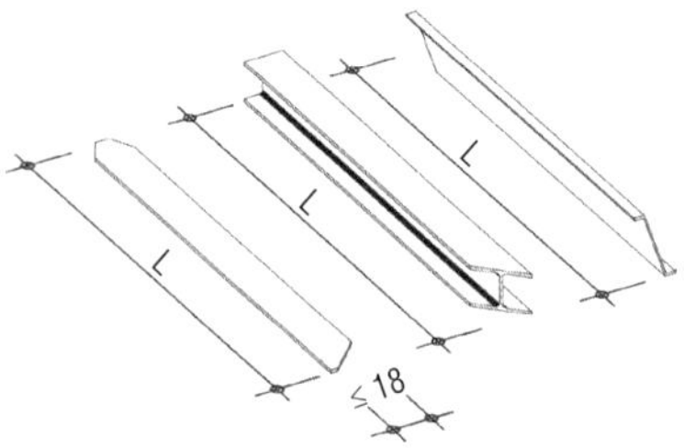	größte Länge und den vollen Querschnitt rechnen	5.2.1
Maßermittlung bei Flachstählen über 180 mm Breite 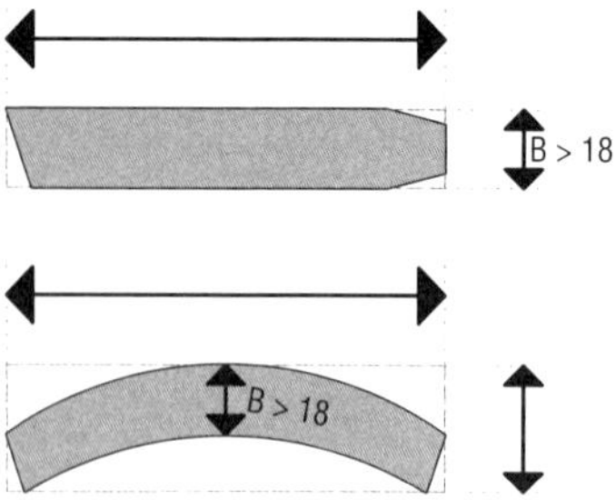	Fläche des kleinsten umschreibenden Rechtecks rechnen	5.2.1

Worum geht es?	Wie wird gerechnet/ermittelt?	ATV
Maßermittlung bei Form- und Stabstählen 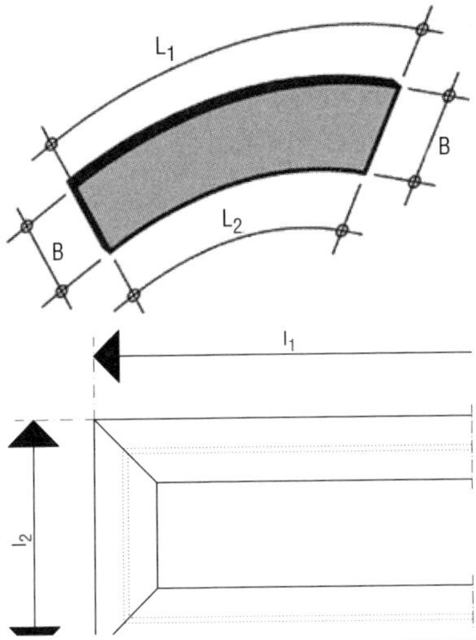	größte Länge und den vollen Querschnitt rechnen	5.2.1
Maßermittlung bei Blechen 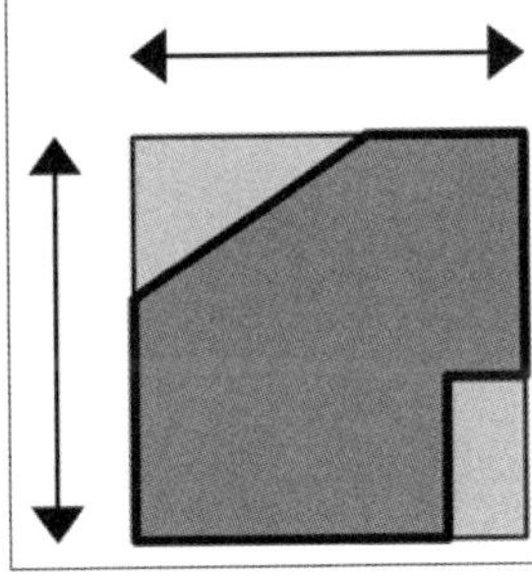	Fläche des kleinsten umschreibenden Rechtecks rechnen	5.2.1

Masseermittlung durch Berechnung/Ermittlung des Gewichts

Worum geht es?	Wie wird gerechnet/ermittelt?	ATV
genormte Profile	theoretische Masse nach Angaben in DIN-Normen ermitteln	5.2.2
andere Profile	nach Angaben der Hersteller (Profilbüchern) ermitteln	5.2.2

Worum geht es?	Wie wird gerechnet/ermittelt?	ATV
Bleche, Bandstähle und Breitflachstähle	7,85 kg je m^2 Fläche und 1 mm Dicke zugrunde legen	5.2.2
Formstücke aus Stahl oder Stahlguss	Dichte von 7,85 kg/dm^3 zugrunde legen	5.2.2
Formstücke aus Gusseisen (Grauguss)	Dichte von 7,25 kg/dm^3 zugrunde legen	5.2.2
Kleinteile	vorgenannte Abrechnungsgrundsätze anwenden	5.2.2
Verbindungsmittel z.B. Schrauben, Schweißgut, Nieten u.Ä.	nicht berücksichtigen	5.2.3

Abzugs- und Übermessungsregeln

Übermessungsregeln

Worum geht es?	Wie wird gerechnet/ermittelt?	ATV
Ausschnitte und einspringende Ecken bei der Maßermittlung für Massenermittlung durch Berechnen 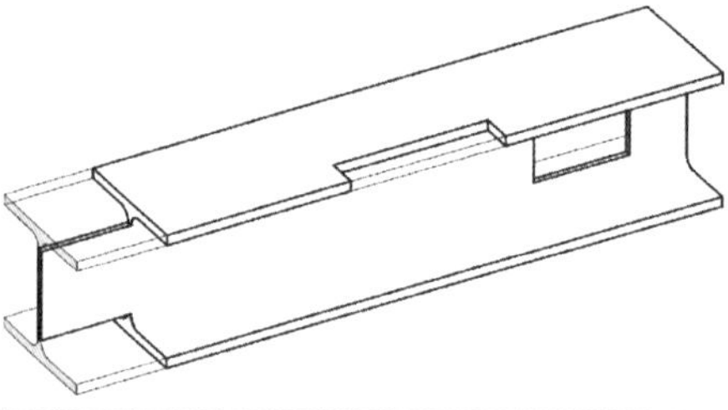	übermessen	5.3

Einzelregelungen

Worum geht es?	Wie wird gerechnet/ermittelt?	ATV
alle Bauteile	Gewicht durch Wiegen ermitteln	5.4.1

Worum geht es?	**Wie wird gerechnet/ermittelt?**	**ATV**
gleiche Bauteile z.B. identische Formstücke	nur zur Masseermittlung angemessene Anzahl (Stichproben) wiegen **Tipp:** *über die Stichprobenanzahl im Zweifelsfall Vereinbarungen treffen*	5.4.1
Kopfbolzendübel	nach Anzahl (Stück) abrechnen	5.4.2

ATV DIN 18336 Abdichtungsarbeiten

Allgemeines

Worum geht es?	Wie wird gerechnet/ermittelt?	ATV
Ermittlung der Leistung	erfolgt nach Zeichnungen, wenn diese den ausgeführten Leistungen entsprechen, andernfalls nach Aufmaß	5
zugrunde gelegt werden gleichgültig, ob die Leistungsermittlung nach Zeichnung oder Aufmaß erfolgt		5.1
bei behandelten Flächen, hergestellten Abdichtungen, Trenn-, Dampfsperr-, Dämmstoff- und Schutzschichten u.Ä. ohne begrenzende Bauteile 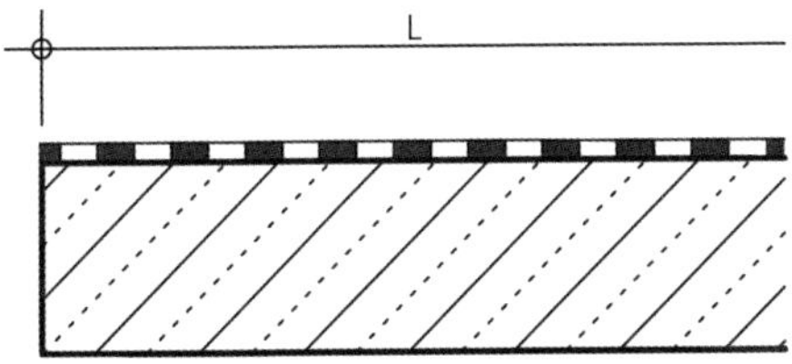 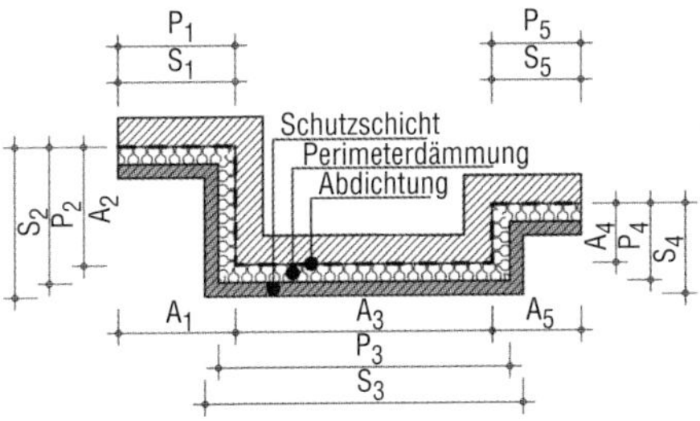	deren Maße rechnen	5.1

Worum geht es?	Wie wird gerechnet/ermittelt?	ATV
bei behandelten Flächen, hergestellten Abdichtungen, Trenn-, Dampfsperr-, Dämmstoff- und Schutzschichten u.Ä. mit begrenzenden Bauteilen 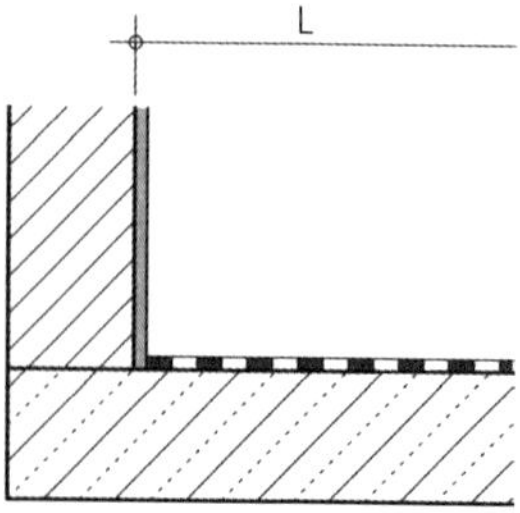	Fläche bis zu den begrenzenden, ungeputzten bzw. unbekleideten Bauteilen rechnen **Tipp:** *gilt auch, wenn z.B. Abdichtung nur bis gegen den Putz geführt wird*	5.1

Ermittlung der Maße/Mengen

Abrechnung nach Längenmaß [m]

Worum geht es?	Wie wird gerechnet/ermittelt?	ATV
Abdichtungen oder Abdichtungsverstärkungen über Fugen, an Übergängen, Durchdringungen, Anschlüssen, Kehranschlüssen, rückläufigen Stößen, Abschlüssen, Kanten u.Ä. 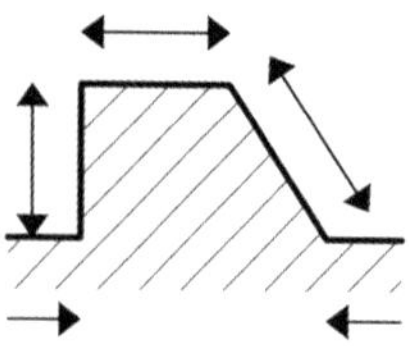 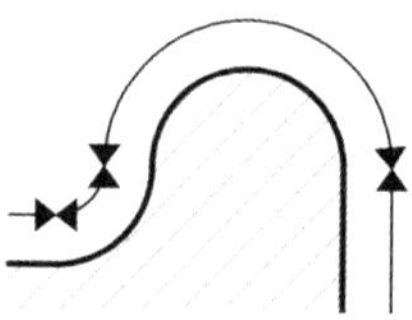 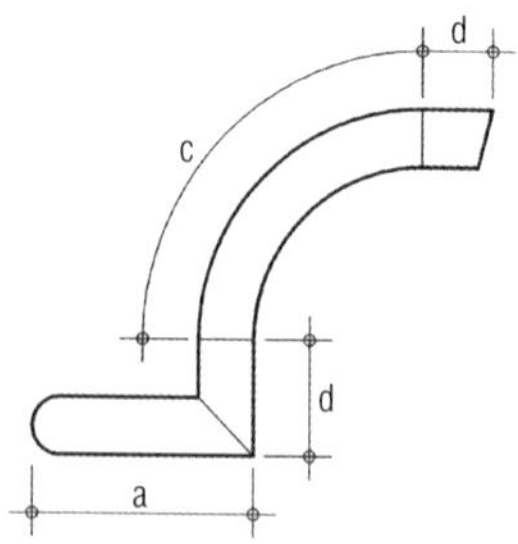	die größte Länge evtl. auch in der Bauteilabwicklung rechnen	5.2.1

Abrechnung nach Flächenmaß [m²]

Worum geht es?	Wie wird gerechnet/ermittelt?	ATV
bei rückläufigen Stößen 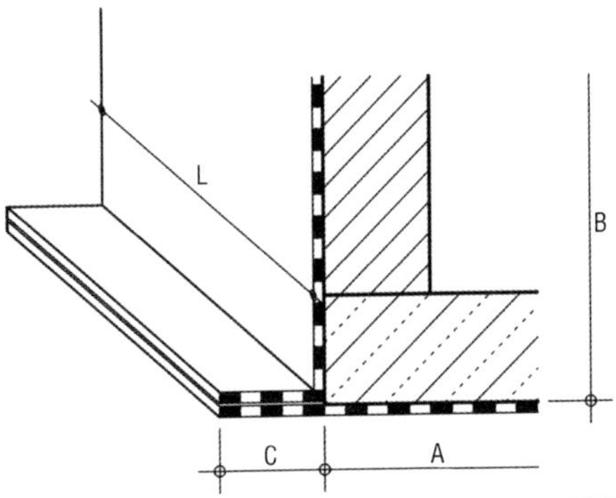	deren Flächen sowohl als Bodenplatten- als auch als Wandabdichtung rechnen, zusätzlich zu der Länge der Stöße **Tipp:** *für den Stoß zusätzlich zur Berücksichtigung bei den Flächen Abrechnung nach der Länge*	5.2.2
Aussparungen, die anteilig in angrenzende, getrennt zu rechnende Flächen einbinden, z.B. Schornstein im First 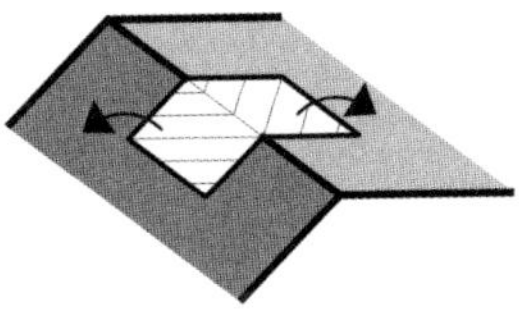	zur Ermittlung der Übermessungsgröße die jeweils anteilige Fläche rechnen	5.2.3

Abzugs- und Übermessungsregeln

Übermessungsregeln bei Abrechnung nach Flächenmaß (m^2)

Worum geht es?	Wie wird gerechnet/ermittelt?	ATV
Aussparungen, z.B. Öffnungen, Durchdringungen u.Ä. 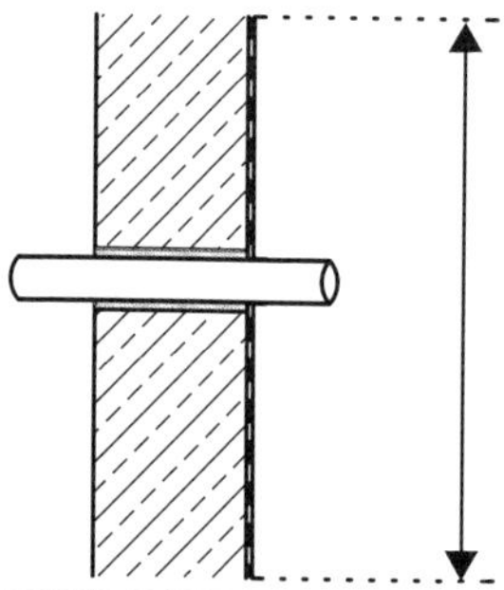	bis einschließlich 2,5 m^2 Einzelgröße übermessen	5.3.1
Konstruktionsteile in Dämmschichten, z.B. Bohlen, Randhölzer u.Ä. 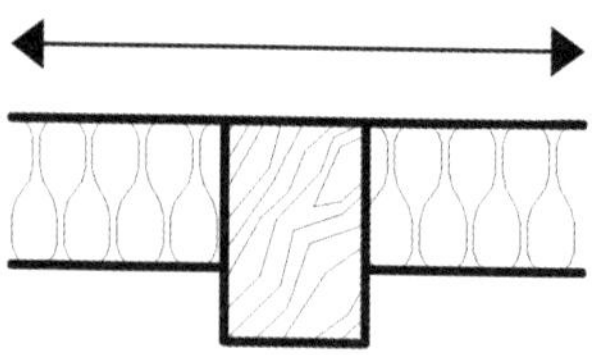	übermessen	5.3.1
Fugen 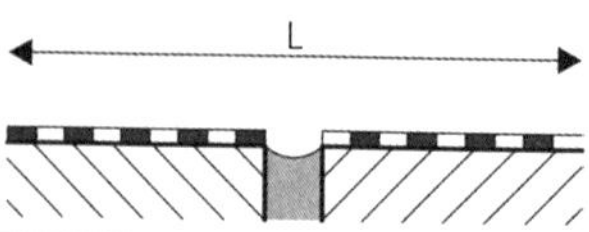 	übermessen	5.3.1

Übermessungsregeln bei Abrechnung nach Längenmaß [m]

Worum geht es?	Wie wird gerechnet/ermittelt?	ATV
Unterbrechungen	mit einer Einzellänge bis einschließlich 1 m übermessen	5.3.2

Einzelregelungen

Worum geht es?	Wie wird gerechnet/ermittelt?	ATV
Bohrlochtränkung und Injektionen von innen und außen 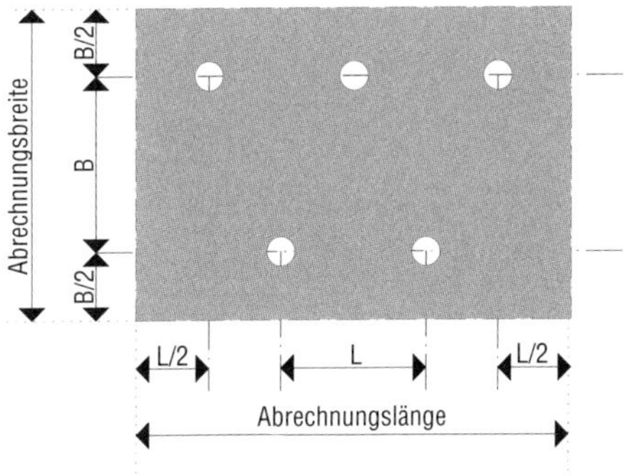	Abstand der äußersten Bohrlöcher in Länge und Breite messen: Dabei wird den ermittelten Maßen jeweils pro Bauabschnitt ein Bohrlochabstand hinzugerechnet. Dies dient der Berücksichtigung des Einflussbereichs von Schutzmitteln an den Randzonen.	5.4.1
Bohrlochtränkungen und Injektionen für Abdichtungen von Außenwänden	einbindende Innenwände übermessen	5.4.1
Trocknungsarbeiten	Dauer ab der vom Auftraggeber angezeigten Geräteaufstellung bis zur angezeigten Geräteabstellung rechnen	5.4.2
Abdichtungen von Firsten, Graten und Kehlen u.Ä.	Länge in der Mittelachse einfach rechnen	5.4.3
Dachabdichtungen, die an Firste, Grate, Kehlen u.Ä. anschließen	bis Mitte Grat, First oder Kehle rechnen	5.4.4
verschiedenartige, unmittelbar zusammenhängende Aussparungen bei Dachabdichtungen, für Einbauteile wie z.B. Dachfenster, dachintegrierte Solaranlagen u.Ä.	immer getrennt rechnen	5.4.5

ATV DIN 18338 Dachdeckungsarbeiten

Allgemeines

Worum geht es?	Wie wird gerechnet/ermittelt?	ATV
Ermittlung der Leistung	erfolgt nach Zeichnungen, wenn diese den ausgeführten Leistungen entsprechen, andernfalls nach Aufmaß	5
zugrunde gelegt werden gleichgültig, ob die Leistungsermittlung nach Zeichnung oder Aufmaß erfolgt	Maße der: – gedeckten Flächen – abgedichteten Flächen bei Unterdächern – bekleideten Flächen – belegten Flächen – hergestellten Bauteile – behandelten Flächen – Fugenlängen	5.1.1
vereinfachende Regeln Übermessungs- und Einzelregelungen	bei der Ermittlung der Leistungen anwenden	5.1.1

Ermittlung der Maße/Mengen

Worum geht es?	Wie wird gerechnet/ermittelt?	ATV
Maßermittlung für An- und Abschlüsse, Traufen, Ortgänge etc.	größtes Bauteilmaß rechnen, ggf. auch in der Abwicklung	5.2.1

Worum geht es?	Wie wird gerechnet/ermittelt?	ATV
Maßermittlung für Flächen mit begrenzenden Bauteilen, z.B. Attiken, Wänden u.Ä. bei: – Dachdeckungen – Bekleidungen – Dämmschichten 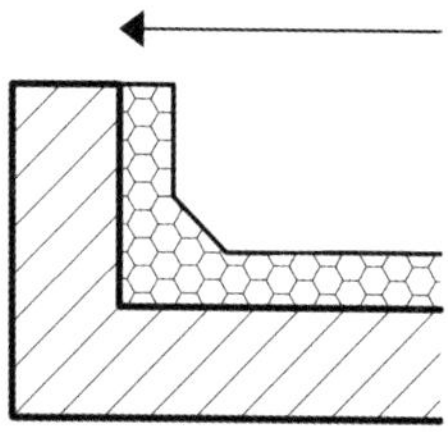 – Schutzlagen – Trenn-, Sperr- und Schutzschichten sowie – Kiesschüttungen, Plattenbelägen u.Ä.	Fläche bis zu den begrenzenden, ungeputzten bzw. unbekleideten Bauteilen rechnen	5.2.2
Maßermittlung für Flächen ohne begrenzende Bauteile bei: – Dachdeckungen 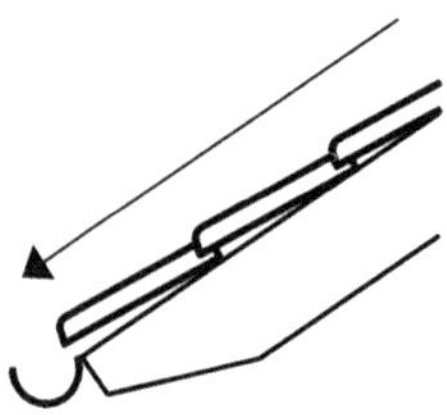 – Bekleidungen – Dämmschichten – Schutzlagen – Trenn-, Sperr- und Schutzschichten sowie – Kiesschüttungen, Plattenbelägen u.Ä.	Maße der Fläche der betreffenden Leistung rechnen	5.2.2
Deckungen von Firsten, Graten, Kehlen u.Ä.	Länge in der Mittelachse einfach messen	5.2.3

Worum geht es?	Wie wird gerechnet/ermittelt?	ATV
Deckungen, die an Firste, Grate und Kehlen anschließen 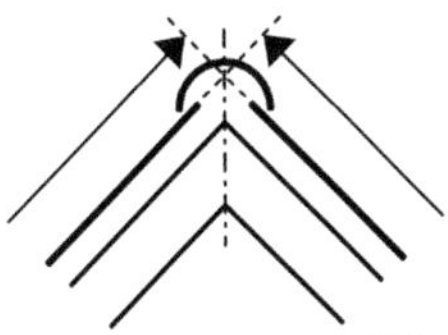	bis Mitte First, Grat oder Kehle rechnen	5.2.4
Bekleidungen von Außen- und Innenecken etc.	Länge in der Mittelachse einfach rechnen	5.2.5
Bekleidungen, die an Außen- und Innenecken anschließen	bis zur Mittellinie rechnen	5.2.6
Aussparungen die anteilig in angrenzende, getrennt zu rechnende Flächen einbinden, z.B. Schornsteine im First 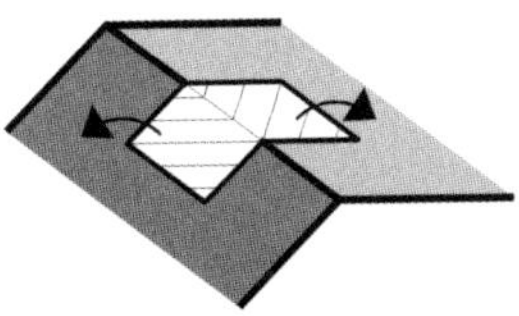	Übermessungsgröße durch Berechnung der jeweiligen Aussparungsanteile ermitteln	5.2.7
verschiedenartige Aussparungen, bei Dachdeckungen und Bekleidungen, die unmittelbar zusammenhängen, für Einbauteile, z.B. Dachflächenfenster und in die Dachfläche integrierte Solarelemente	immer getrennt rechnen	5.2.8
bekleidete Rückflächen von Nischen	unabhängig von der Übermessungsgröße mit ihren Flächenmaßen gesondert rechnen	5.2.9
bekleidete Laibungen	unabhängig von der Übermessungsgröße mit ihren Längenmaßen gesondert rechnen	5.2.10

Worum geht es?	Wie wird gerechnet/ermittelt?	ATV
Flächenermittlung bei Flächen, die nicht mittels einfacher mathematischer Formeln (z.B. Rechtecke, Dreiecke, Rauten, Trapeze u.Ä.) berechnet werden können 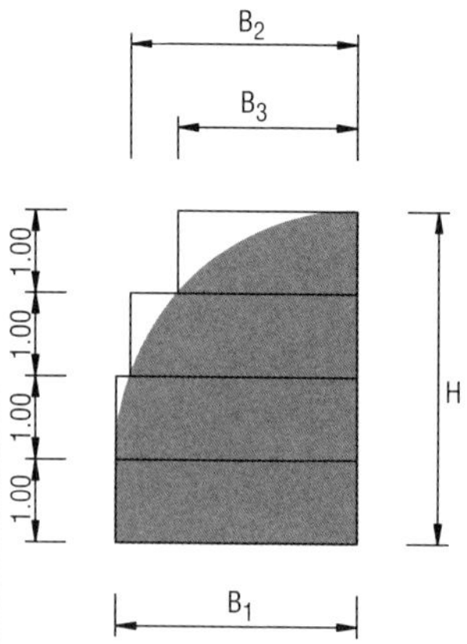	durch Unterteilung in umschriebene Rechtecke mit 1 m Breite je Rechteck rechnen	5.2.11
Maßermittlung bei Fugen	Länge in der Mittellinie rechnen	5.2.12

Abzugs- und Übermessungsregeln

Übermessungsregeln bei Abrechnung nach Flächenmaß [m²]

Worum geht es?	Wie wird gerechnet/ermittelt?	ATV
Fugen	übermessen	5.3.1
Aussparungen	mit bis zu einschließlich 2,5 m² Einzelgröße übermessen	5.3.1
eingebaute Formstücke z.B. Lüfterziegel, Einzelformziegel, Eckziegel, Glasformstücke u.Ä.	übermessen	5.3.1

Worum geht es?	Wie wird gerechnet/ermittelt?	ATV
bei Dämmschichten 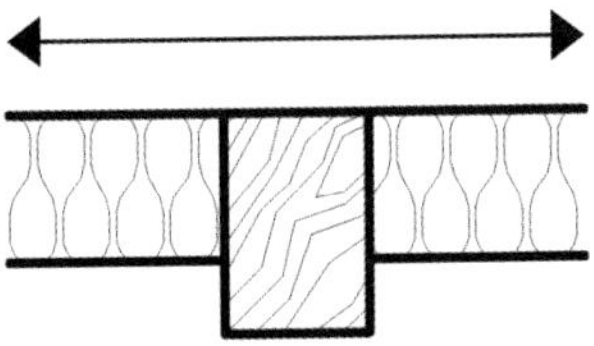	Konstruktionsteile, z.B. Bohlen, Sparren, Randhölzer u.Ä. übermessen	5.3.1

Übermessungsregeln bei Abrechnung nach Längenmaß [m]

Worum geht es?	Wie wird gerechnet/ermittelt?	ATV
Fugen	übermessen	5.3.1
Unterbrechungen	mit Einzellänge von bis zu einschließlich 1 m übermessen	5.3.2

Einzelregelungen

Keine Regelungen

ATV DIN 18339 Klempnerarbeiten

Allgemeines

Worum geht es?	Wie wird gerechnet/ermittelt?	ATV
Ermittlung der Leistung	erfolgt nach Zeichnungen, wenn diese den ausgeführten Leistungen entsprechen, andernfalls nach Aufmaß	5
zugrunde gelegt werden gleichgültig, ob die Leistungsermittlung nach Zeichnung oder Aufmaß erfolgt	Maße der hergestellten – Deckungen – Bekleidungen – Bauteile	5.1
vereinfachende Regeln Übermessungs- und Einzelregelungen	bei der Ermittlung der Leistungen anwenden	5.1

Ermittlung der Maße/Mengen

Abrechnung nach Flächenmaß [m^2]

Worum geht es?	Wie wird gerechnet/ermittelt?	ATV
Einzelelemente die nicht rechtwinklig sind oder ausgeklinkte Flächen haben 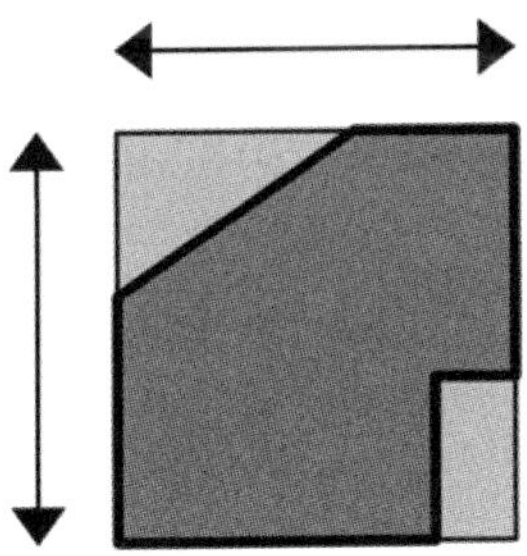	kleinstes umschriebenes Rechteck des Einzelteils rechnen **Tipp:** *gilt nicht bei Teilstücken von Flächen, z.B. Dachflächen, sondern ausschließlich bei Einzelstücken*	5.2.1

Abrechnung nach Längenmaß [m]

Worum geht es?	Wie wird gerechnet/ermittelt?	ATV
Dachrinnen und Traufbleche 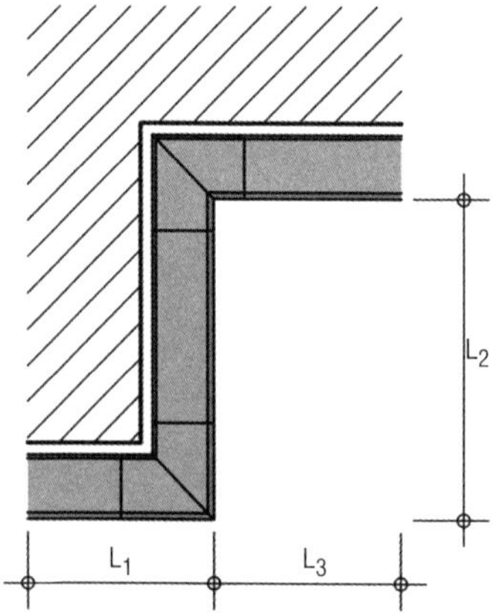	an den Vorderwulsten messen **Tipp:** *Rinnenwinkel, Rinnenböden, Rinnenstutzen, Bewegungsausgleicher u.Ä. werden übermessen und gesondert berechnet.*	5.2.2
Regenfallrohre 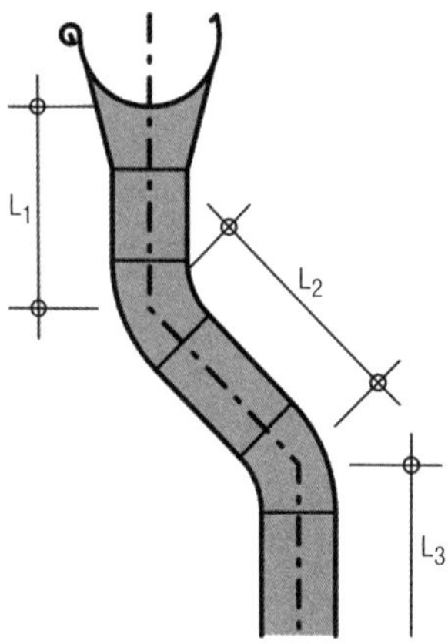	entlang ihrer Mittellinie messen	5.2.3

Abzugs- und Übermessungsregeln

Übermessungsregeln bei Abrechnung nach Flächenmaß [m²]

Worum geht es?	Wie wird gerechnet/ermittelt?	ATV
Aussparungen und Öffnungen z.B. Schornsteine, Fenster, Oberlichter, Entlüftungen u.Ä.	bis einschließlich 2,5 m² Einzelgröße übermessen	5.3.1
Bohlen, Sparren u.Ä. bei Trenn- und Dämmschichten 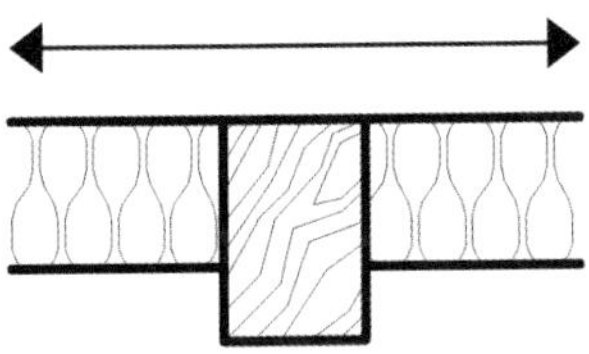	übermessen	5.3.1
unbekleidete Rahmen, Riegel, Ständer, Unterzüge, Vorlagen u.Ä. die in Flächen von Metall-Außenwandbekleidungen liegen 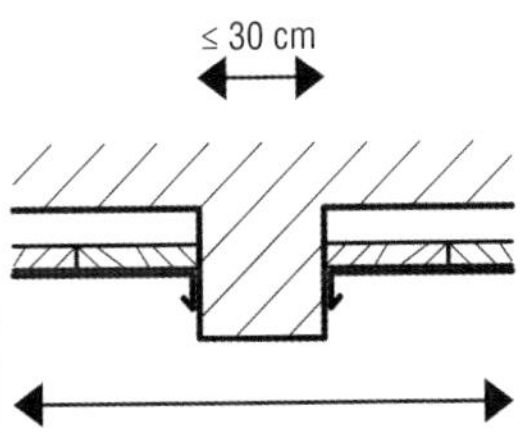	bis einschließlich 0,3 m Einzelbreite übermessen	5.3.1
Überdeckungen und Überfälzungen bei geformten Blechen und Blechprofilen 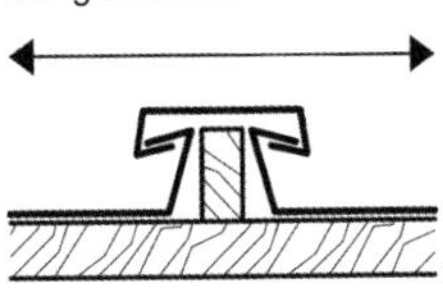	übermessen	5.3.1

Übermessungsregeln bei Abrechnung nach Längenmaß [m]

Worum geht es?	Wie wird gerechnet/ermittelt?	ATV
Unterbrechungen	bis einschließlich 1 m Einzellänge übermessen	5.3.2
Winkel, Bögen und Abzweige für Regenfallrohre	übermessen und gesondert rechnen	5.3.2
Überdeckungen und Überfälzungen bei geformten Blechen und Blechprofilen	übermessen	5.3.2
Rinnenwinkel, Rinnenböden, Rinnenstutzen und Bewegungsausgleicher	übermessen und gesondert rechnen	5.3.2

Einzelregelungen

Keine Regelungen

ATV DIN 18340 Trockenbauarbeiten

Allgemeines

Worum geht es?	Wie wird gerechnet/ermittelt?	ATV
Ermittlung der Leistung	erfolgt nach Zeichnung, wenn diese den ausgeführten Leistungen entspricht, andernfalls nach Aufmaß	5
zugrunde gelegt werden gleichgültig, ob die Leistungsermittlung nach Zeichnung oder Aufmaß erfolgt	Maße der – hergestellten Bekleidungen – bekleideten Flächen – hergestellten Beläge – hergestellten Bauteile	5.1
vereinfachende Regeln Übermessungs- und Einzelregelungen	bei der Ermittlung der Leistungen anwenden	5.1

Ermittlung der Maße/Mengen

Abrechnung nach Flächenmaß [m²]

Worum geht es?	Wie wird gerechnet/ermittelt?	ATV
für alle flächigen Bauteile des Trockenbaus, bei Flächen ohne begrenzende Bauteile z.B. Bekleidungen, Unterkonstruktionen, Dämmungen, Trenn- und Schutzschichten, Folien, Dampfbremsen, Schüttungen, Oberflächenbehandlungen, Haftbrücken u.Ä. 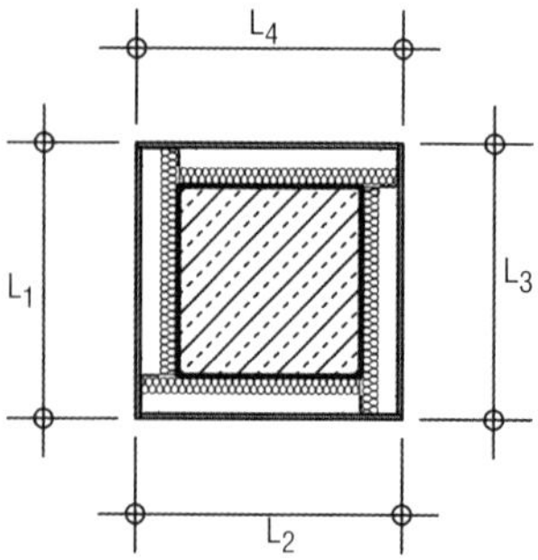 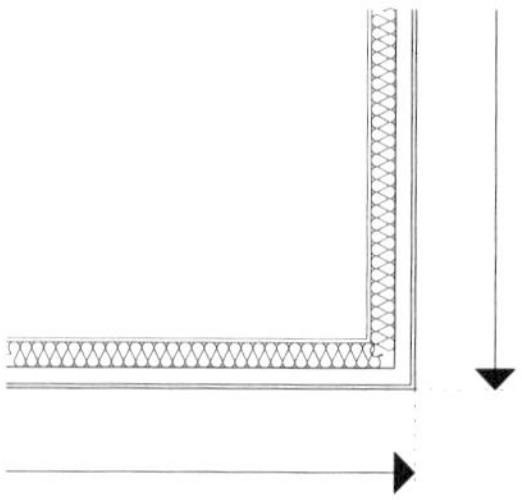	Maße der fertigen Bekleidung rechnen	5.2.1

Worum geht es?	Wie wird gerechnet/ermittelt?	ATV
für alle flächigen Bauteile des Trockenbaus, z.B. Bekleidungen bei Flächen mit begrenzenden Bauteilen 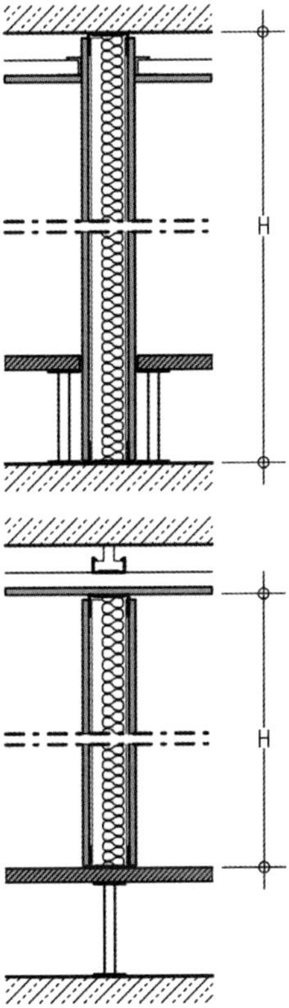	Maße bis zu den diese Flächen begrenzenden Bauteilen, und zwar ohne Berücksichtigung von Putz, Dämmung oder Bekleidung rechnen **Tipp:** *Begrenzende Bauteile sind z.B., jedoch nur, wenn ihre Oberflächen nicht durchdrungen werden:* – *Estriche* – *leichte Trennwände* – *Unterdecken, abgehängte Decken* – *raumbildende Systemböden, Trockenunterböden*	5.2.2

Worum geht es?	Wie wird gerechnet/ermittelt?	ATV
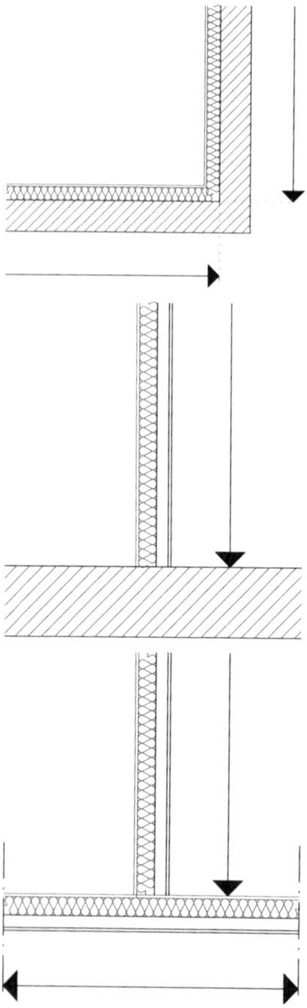		
Definition begrenzender Bauteile	Systemböden, Trockenunterböden, Estriche, leichte Trennwände, Unterdecken, abgehängte Decken u.Ä. gelten dabei als begrenzende Bauteile, sofern ihre Oberflächen nicht durchdrungen werden.	5.2.2

Worum geht es?	Wie wird gerechnet/ermittelt?	ATV
bei der Ermittlung von Maßen z.B. bei: – Gewölben 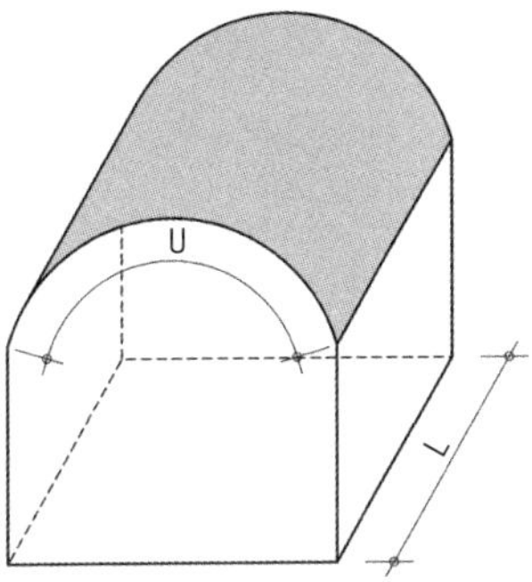 – Teilbeplankungen, Wandanschlüssen, Wandecken, Wandeinbindungen und -abzweigungen 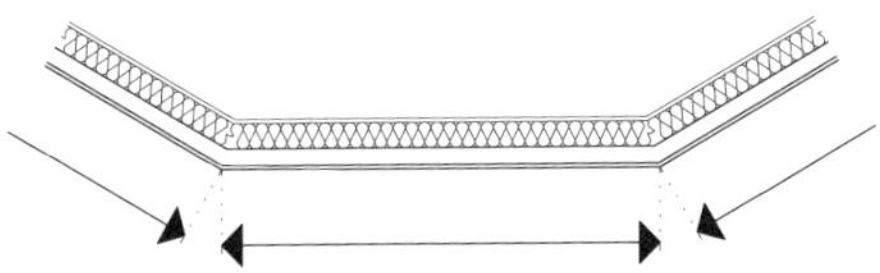 – umlaufenden Friesen 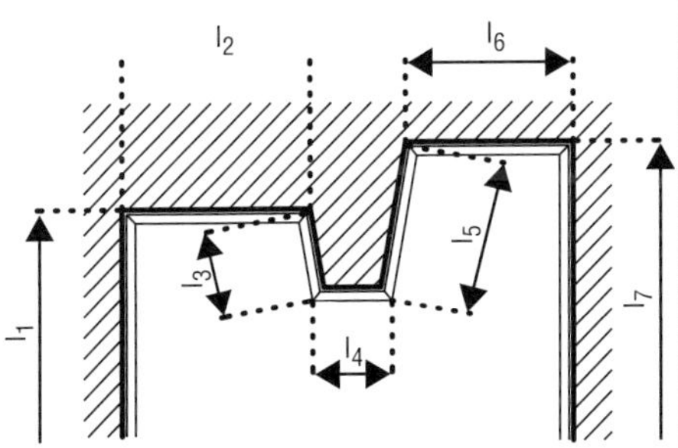 – Anarbeitungen an vorhandene oder – Einarbeitungen von vorhandenen Bauteilen – Einbauteilen u.Ä	gilt immer das größte Maß, bei gebogenen oder abgewinkelten Bauteilen das abgewickelte Bauteilmaß	5.2.3

Worum geht es?	Wie wird gerechnet/ermittelt?	ATV
verschiedenartige Aussparungen, die unmittelbar zusammenhängen z.B. Öffnungen mit angrenzender Nische 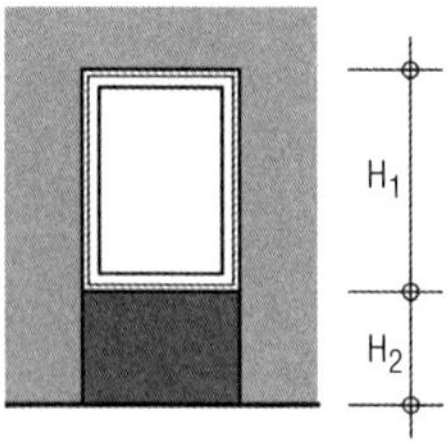 	getrennt rechnen	5.2.4
gleichartige Aussparungen, die durch konstruktive Elemente getrennt werden z.B. Rasterdecke mit durchlaufenden, tragenden Rasterprofilen	auch getrennt rechnen	5.2.4
Aussparung, die anteilig in angrenzende, getrennt abzurechnende Flächen einbindet 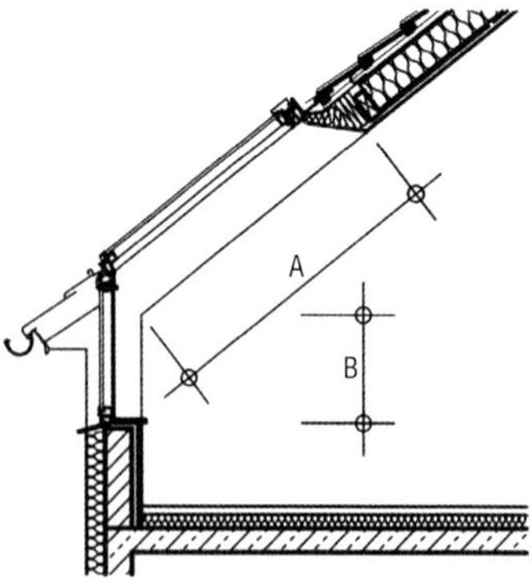 	zur Ermittlung der Übermessungsgröße nur den jeweiligen Anteil rechnen, der in der betreffenden Fläche liegt	5.2.5

Worum geht es?	Wie wird gerechnet/ermittelt?	ATV
– Laibungen – Rückflächen von Nischen 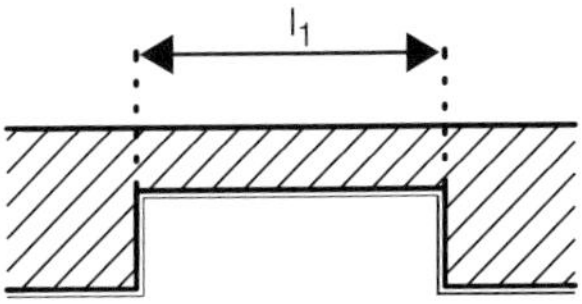 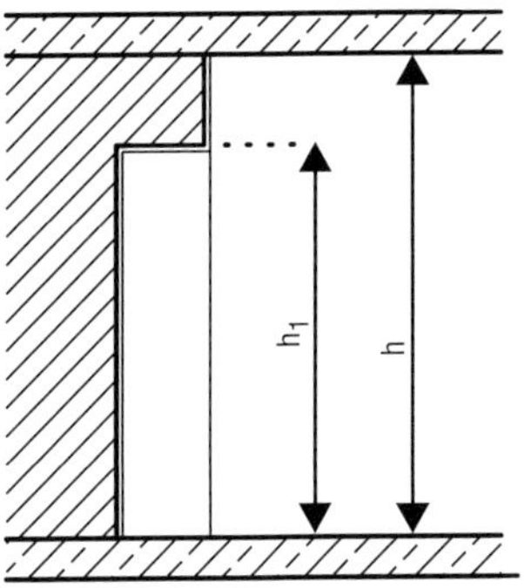 – freie Wandenden, die ganz oder teilweise bekleidet sind – Wandoberseiten – Schmalseiten von Schürzen u.Ä. 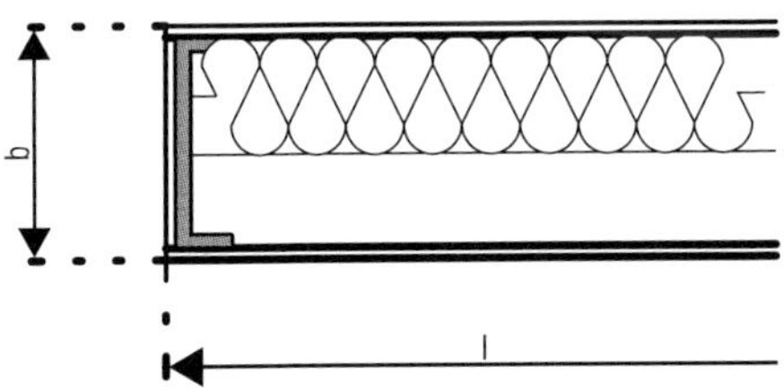	mit ihren Maßen gesondert rechnen, und zwar unabhängig davon, ob sie aufgrund ihrer Einzelgrößen übermessen oder abgezogen werden **Tipp:** *Laibungsbekleidungen mit einer Tiefe ≤ 1 m sind nach 0.5.2 nach Längenmaß abzurechnen, Bekleidungen und Vorsatzschalen mit einer Fläche ≤ 5 m² sind nach 0.5.3 nach Anzahl abzurechnen.*	5.2.6

<table>
<tr><th>Worum geht es?</th><th>Wie wird gerechnet/ermittelt?</th><th>ATV</th></tr>
<tr><td>Flächenermittlung
bei Flächen, die nicht mittels einfacher mathematischer Formeln (z.B. Rechtecke, Dreiecke, Rauten, Trapeze u.Ä.) berechnet werden können

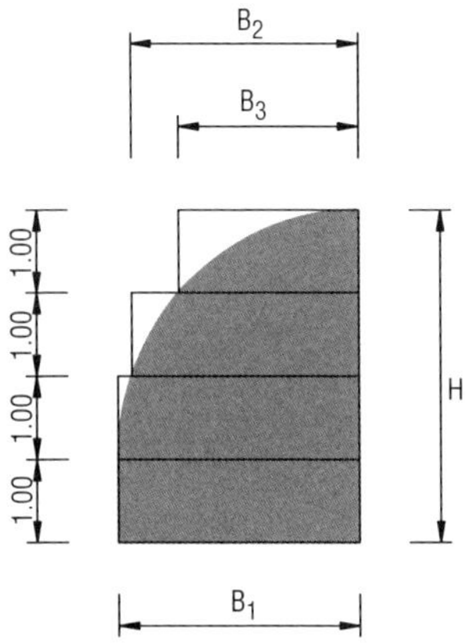

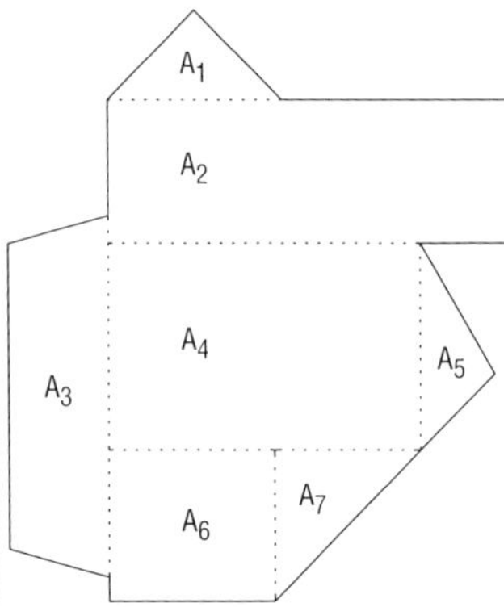

</td><td>durch Unterteilung in umschriebene Rechtecke mit 1 m Breite je Rechteck rechnen</td><td>5.2.7</td></tr>
</table>

Abzugs- und Übermessungsregeln

Übermessungsregeln bei Abrechnung nach Flächenmaß [m²]

Worum geht es?	Wie wird gerechnet/ermittelt?	ATV
Aussparungen, z.B. Öffnungen, auch raumhoch, und Nischen, generell, außer in Böden 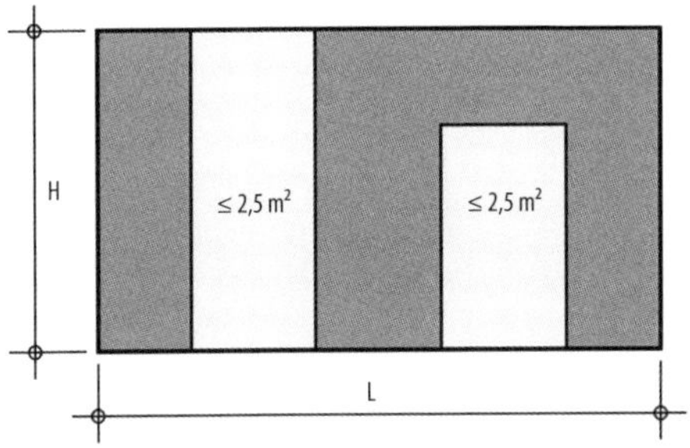	≤ 2,5 m² Einzelgröße übermessen **Tipp:** *Basis für die Ermittlung von Abzugsmaßen sind bei Aussparungen stets deren kleinste Abmessungen.*	5.3.1
Aussparungen, in Böden 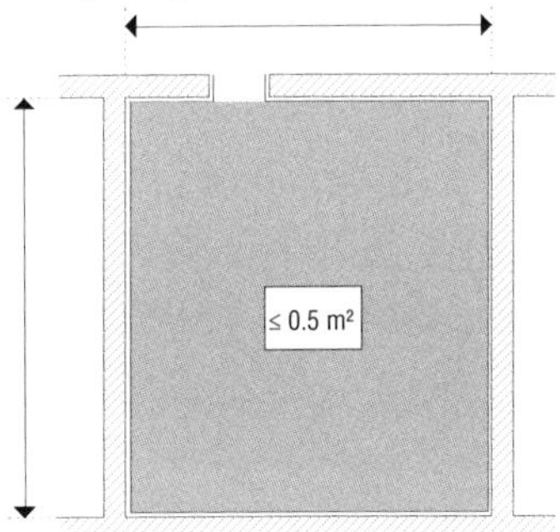	≤ 0,5 m² Einzelgröße übermessen	5.3.1
Fugen	übermessen	5.3.1

Worum geht es?	Wie wird gerechnet/ermittelt?	ATV
Unterbrechungen in der zu bearbeitenden Fläche oder der Bekleidung durch Bauteile wie z.B. Fachwerkteile, Träger, Stützen, Unterzüge, Vorlagen, Lichtbänder, Einbauteile u.Ä. 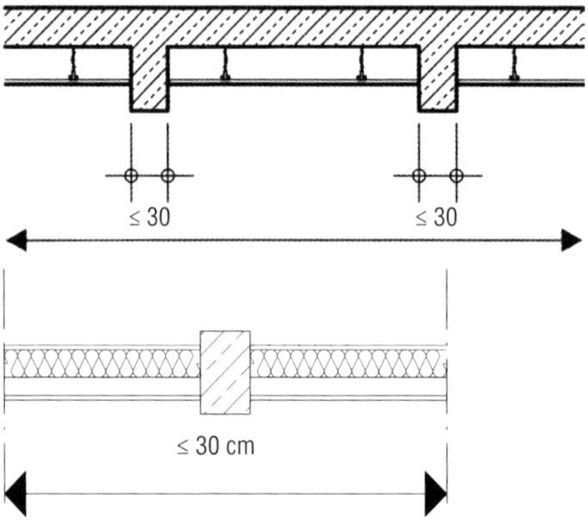	mit einer Einzelbreite von ≤ 30 cm übermessen	5.3.1

Übermessungsregeln bei Abrechnung nach Längenmaß [m]

Worum geht es?	Wie wird gerechnet/ermittelt?	ATV
Unterbrechungen	mit einer Einzellänge ≤ 1 m übermessen	5.3.2

Einzelregelungen

Worum geht es?	Wie wird gerechnet/ermittelt?	ATV
– Anschlüsse, Reduzieranschlüsse 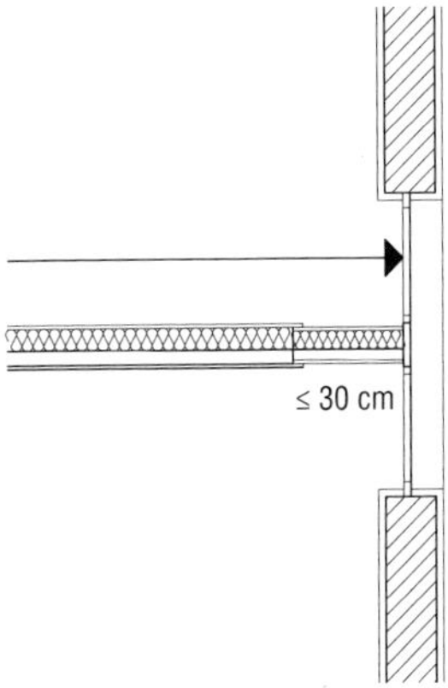 – Friese, Randfriese 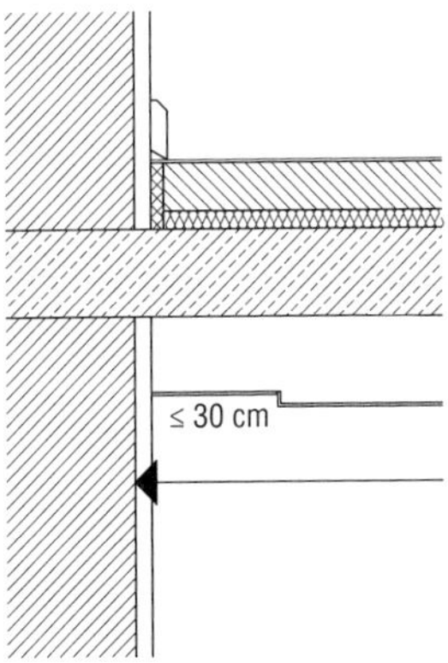 – offene Fugen – Vertiefungen – Verkofferungen u.Ä.	bis einschließlich 30 cm Einzelbreite übermessen und gesondert rechnen	5.4.1

Worum geht es?	**Wie wird gerechnet/ermittelt?**	**ATV**
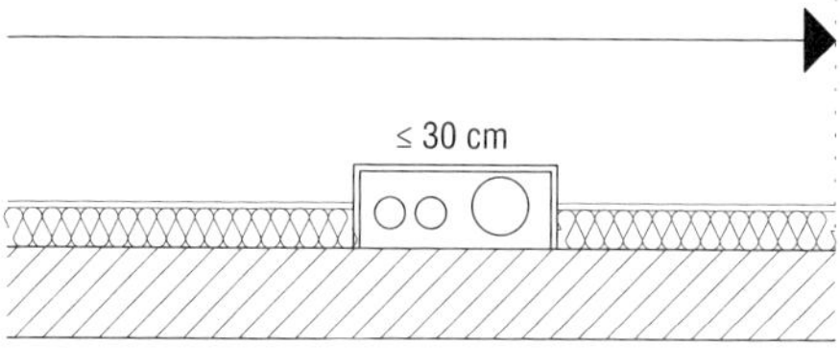 – bei Bekleidungen und Flächen, die bekleidet sind		
Sonderformate z.B. Passplatten u.Ä.	immer gesondert rechnen	5.4.2
Gehrungen bei Friesen, Fugen, Nuten, Profilen u.Ä.	je Richtungswechsel nur einmal rechnen	5.4.3
Einzelflächen bis einschließlich 5 m² Größe	immer getrennt rechnen	5.4.4

ATV DIN 18345 Wärmedämm-Verbundsysteme

Allgemeines

Worum geht es?	Wie wird gerechnet/ermittelt?	ATV
Ermittlung der Leistung	erfolgt nach Zeichnung, wenn diese den ausgeführten Leistungen entspricht, andernfalls nach Aufmaß	5
zugrunde gelegt werden gleichgültig, ob die Leistungsermittlung nach Zeichnung oder Aufmaß erfolgt		5.1.1
bei Wärmedämmverbundsystemen und bei verputzten Außenwärmedämmungen	Maße der fertig verputzten Oberflächen oder der fertig belegten Oberflächen	5.1.1
vereinfachende Regeln Übermessungs- und Einzelregelungen	bei der Ermittlung der Leistungen anwenden	5.1.1

Ermittlung der Maße/Mengen

Abrechnung nach Flächenmaß [m²]

Worum geht es?	Wie wird gerechnet/ermittelt?	ATV
bei: – Wärmedämmverbundsystemen – verputzter Außenwärmedämmung – Auffütterungen – Dübelungen – Vorbehandlungen von Untergründen 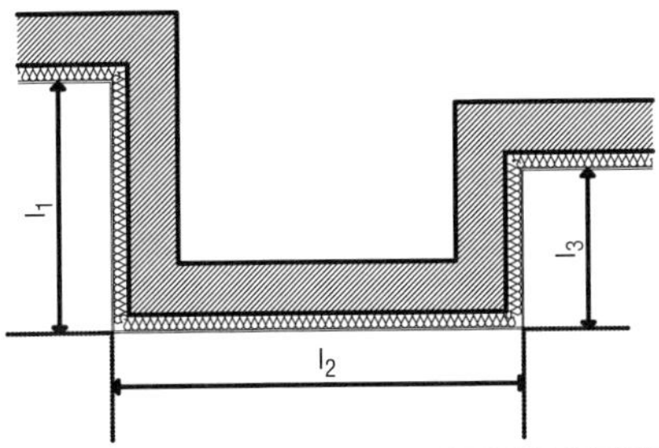	Maße der fertig verputzten oder belegten Oberflächen rechnen	5.2.1

Worum geht es?	Wie wird gerechnet/ermittelt?	ATV
bei der Ermittlung von Maßen z.B. bei umlaufenden Friesen, Faschen, Wandanschlüssen, Dachsparren u.Ä.	größtes ggf. abgewickeltes Bauteilmaß ansetzen	5.2.2

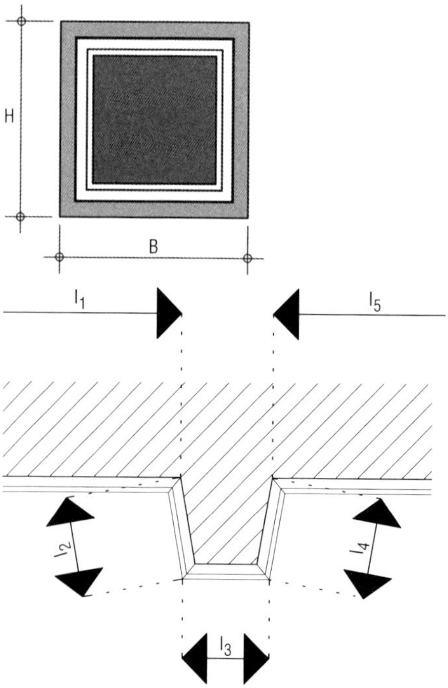

Worum geht es?	Wie wird gerechnet/ermittelt?	ATV
Rückflächen von Nischen und Laibungen egal, ob sie durch Reduzierung der Dämmstoffdicke oder durch bereits im Untergrund vorhandene Nischen gebildet werden 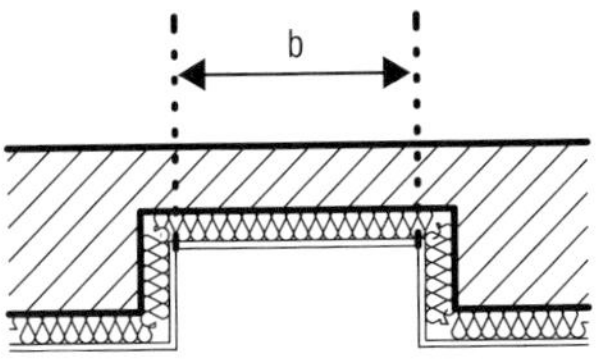 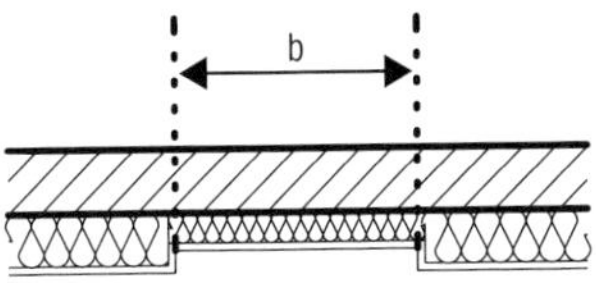 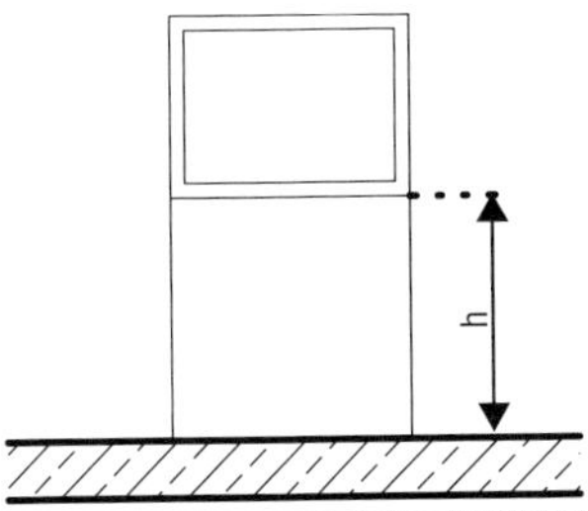	immer unabhängig von ihren Einzelgrößen mit ihren Maßen gesondert rechnen **Tipp:** *Wärmedämmverbundsysteme auf Flächen bis 2,5 m² nach Anzahl abrechnen, Laibungen nach Längenmaß*	5.2.3

Worum geht es?	Wie wird gerechnet/ermittelt?	ATV
verschiedenartige Aussparungen, die unmittelbar zusammenhängen z.B. Fensteröffnungen mit angrenzender Nische 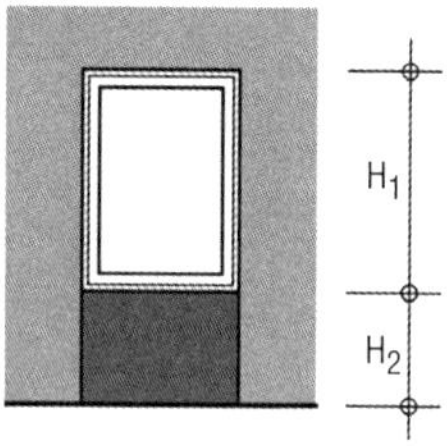 	getrennt rechnen	5.2.4
Aussparung die anteilig in angrenzende, getrennt abzurechnende Flächen einbindet 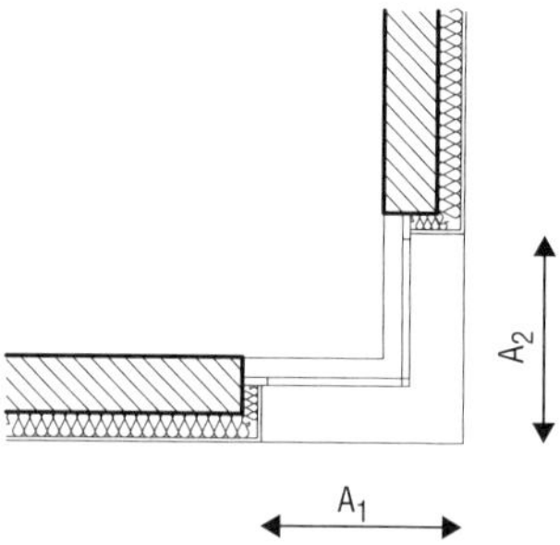 	zur Ermittlung der Übermessungsgröße nur den jeweiligen Anteil rechnen, der in der betreffenden Fläche liegt	5.2.5

<table>
<tr><th>Worum geht es?</th><th>Wie wird gerechnet/ermittelt?</th><th>ATV</th></tr>
<tr><td>Maßermittlung bei vieleckigen Einzelflächen
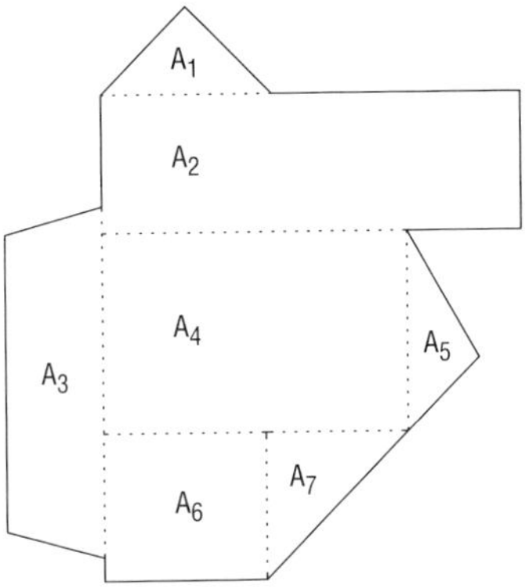
die nicht durch einfache geometrische Formeln für z.B. Rechtecke, Dreiecke, Trapeze, Rauten u.Ä. zu ermitteln sind
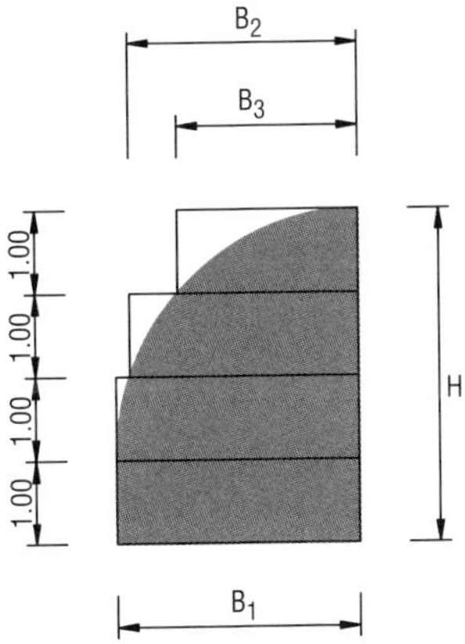</td><td>durch Aufteilung in umschreibende Rechtecke mit einer jeweiligen Breite von 1 m rechnen</td><td>5.2.6</td></tr>
</table>

Abzugs- und Übermessungsregeln

Übermessungsregeln

Worum geht es?	Wie wird gerechnet/ermittelt?	ATV
Maßermittlung für die Übermessung	immer kleinste Maße der Aussparung rechnen	5.3

Übermessungsregeln bei Abrechnung nach Flächenmaß [m^2]

Worum geht es?	Wie wird gerechnet/ermittelt?	ATV
Aussparungen z.B. Öffnungen, Nischen, Brandbarrieren u.Ä. 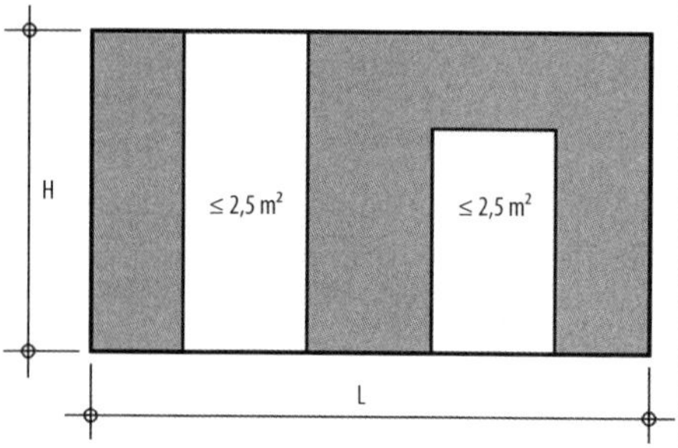	≤ 2,5 m^2 Einzelgröße übermessen	5.3.1

Worum geht es?	Wie wird gerechnet/ermittelt?	ATV
Unterbrechungen in der zu bearbeitenden Fläche z.B. durch Bauteile wie Fachwerkteile, Stützen, Unterzüge, Vorlagen, Gesimse, Balkonplatten, Podeste, Profile, Gurte, Friese, Umrahmungen, Nuten, Vertiefungen, Putzbänder, Brandriegel u.Ä.	mit einer Einzelbreite ≤ 30 cm übermessen	5.3.1

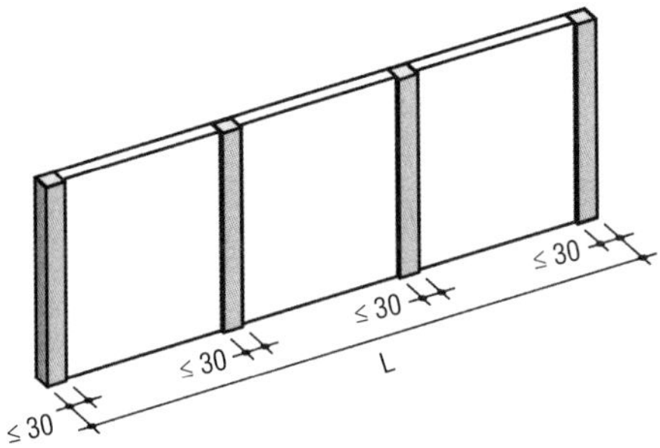

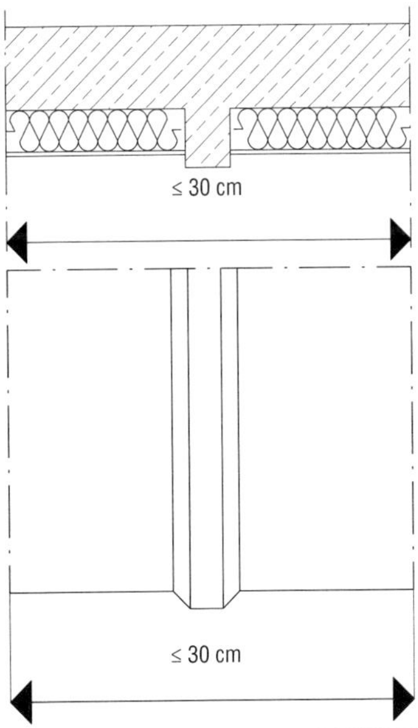

Worum geht es?	Wie wird gerechnet/ermittelt?	ATV
Fugen	übermessen	5.3.1
Dekorprofile und -elemente	übermessen	5.3.1

Übermessungsregeln bei Abrechnung nach Längenmaß [m]

Worum geht es?	Wie wird gerechnet/ermittelt?	ATV
Unterbrechungen	mit Einzellängen ≤ 1 m übermessen	5.3.2

Einzelregelungen

Worum geht es?	Wie wird gerechnet/ermittelt?	ATV
Dekorprofile und -elemente	gesondert rechnen	5.4.1
Gehrungen, Kreuzungen, Verkröpfungen, Endungen, Dekorgesimse u.Ä.	gesondert rechnen	5.4.2

ATV DIN 18349 Betonerhaltungsarbeiten

Allgemeines

Worum geht es?	Wie wird gerechnet/ermittelt?	ATV
Ermittlung der Leistung	erfolgt nach Zeichnungen, wenn diese den ausgeführten Leistungen entspricht, andernfalls nach Aufmaß	5
zugrunde gelegt werden gleichgültig, ob die Leistungsermittlung nach Zeichnung oder Aufmaß erfolgt	Maße der behandelten Fläche	5.1.1
vereinfachende Regeln Übermessungs- und Einzelregelungen	bei der Ermittlung der Leistungen anwenden	5.1.1

Ermittlung der Maße/Mengen

Abrechnung nach Flächenmaß [m²] und Längenmaß [m]

Worum geht es?	Wie wird gerechnet/ermittelt?	ATV
Einzelflächen die beliebig geformt sind 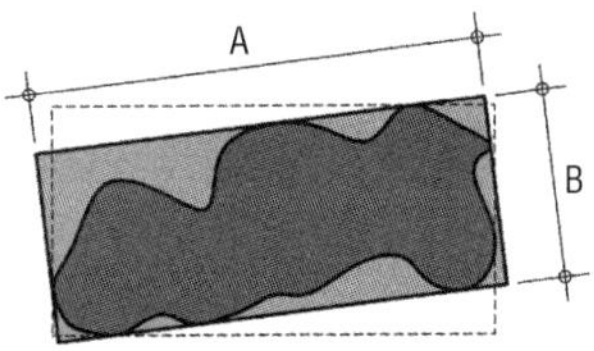	kleinstes umschriebenes Rechteck rechnen **Achtung:** Einzelflächen in Form von Kreisen, Dreiecken, Trapezen und Rauten unterliegen nicht der Regelung unter 5.2.9.	5.2.1
Abtrag oder Vorbereiten von Beton auf Flächen größer gleich 1 m²	Maße der zu bearbeitenden Flächen zugrunde legen	5.2.2
Bearbeiten des Bewehrungsstahls (Entrosten, Korrosionsschutz) sowie Auftragen des Betonersatzes und des Oberflächenschutzes	Maße der fertiggestellten Fläche zugrunde legen	5.2.3

Worum geht es?	Wie wird gerechnet/ermittelt?	ATV
Freilegen von Bewehrungsstahl, Ausbrüchen sowie das Wiederherstellen der Oberfläche bei längenorientierten Ausbrüchen und Schichten bis 1 m 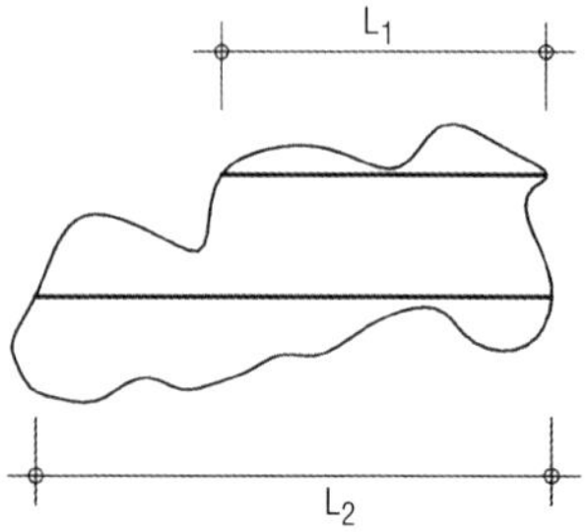	nach den größten Maßen rechnen Tipp: Freilegen von Bewehrungsstahl über 1 m Einzellänge ist gemäß 0.5.2 nach dem Längenmaß abzurechnen.	5.2.4
Bei längenorientierten Ausbrüchen und Schichten mit einer Breite bis 0,1 m und mit einer Einzellänge größer 1 m 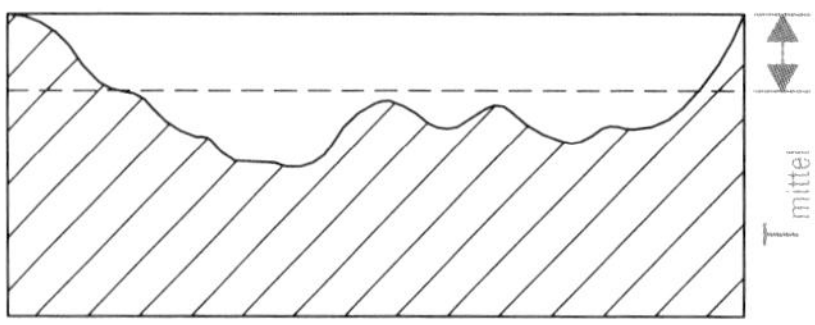	mittlere Bearbeitungstiefe zugrunde legen	5.2.5
bei Flächen mit ungleichmäßiger Dicke von Ausbrüchen und Schichten	mittlere Bearbeitungstiefe zugrunde legen	5.2.6
Bei Flächen bis 1 m² sowie längsorientierten Ausbrüchen und Schichten bis 1 m mit ungleichmäßiger Dicke 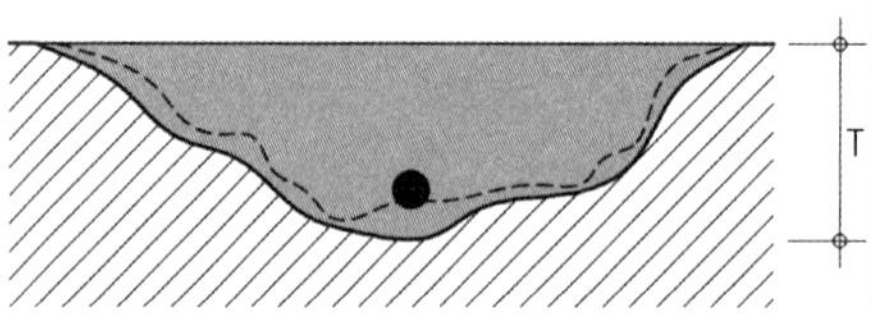	größte Bearbeitungstiefe zugrunde legen	5.2.6

Worum geht es?	Wie wird gerechnet/ermittelt?	ATV
Wandhöhen überwölbter Räume 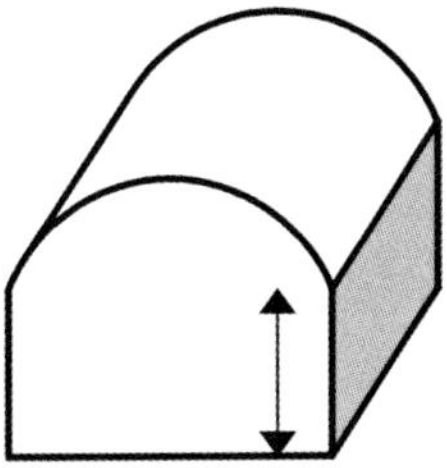	bis zum Gewölbeanschnitt rechnen	5.2.7
Wandhöhen von Schildwänden 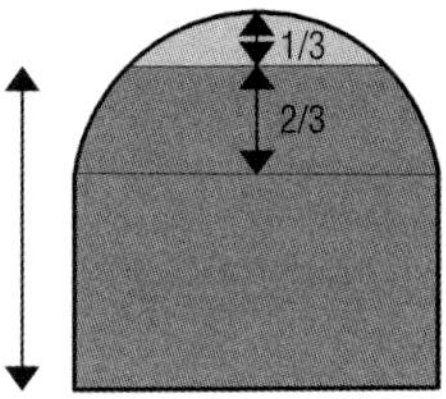	bis zu 2/3 der Stichhöhe des Gewölbestichs rechnen	5.2.7
Flächenermittlung von gewölbten Decken mit einer Stichhöhe **unter** 1/6 der Spannweite 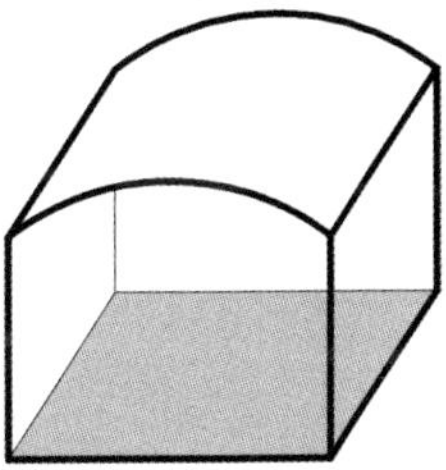	Grundfläche des überdeckten Raums rechnen	5.2.8

Worum geht es?	Wie wird gerechnet/ermittelt?	ATV
Unterzüge und Balken, die in Stützen einbinden 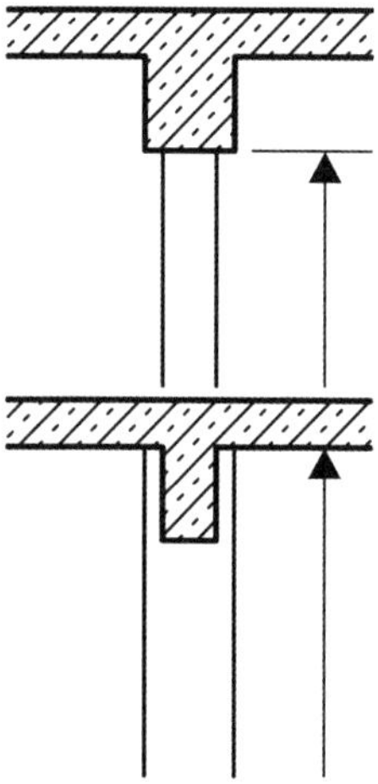	Unterzüge und Balken durchmessen und Stützen bis Unterseite Unterzug oder Balken rechnen	5.2.9
verschiedenartige Aussparungen, die unmittelbar zusammenhängen z.B. Öffnungen mit angrenzender Nische 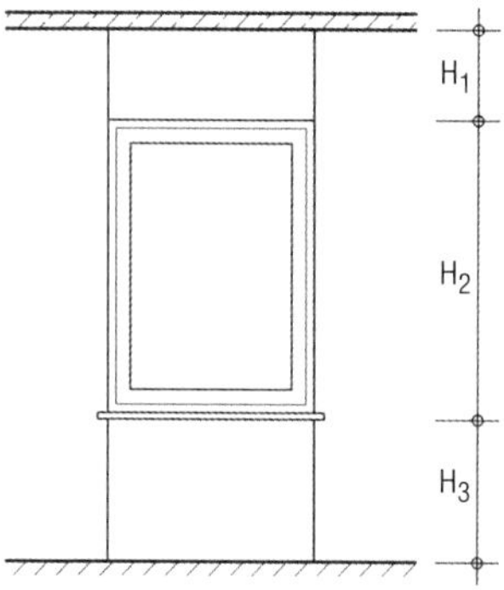	getrennt rechnen	5.2.10

Worum geht es?	Wie wird gerechnet/ermittelt?	ATV
Treppenwangen 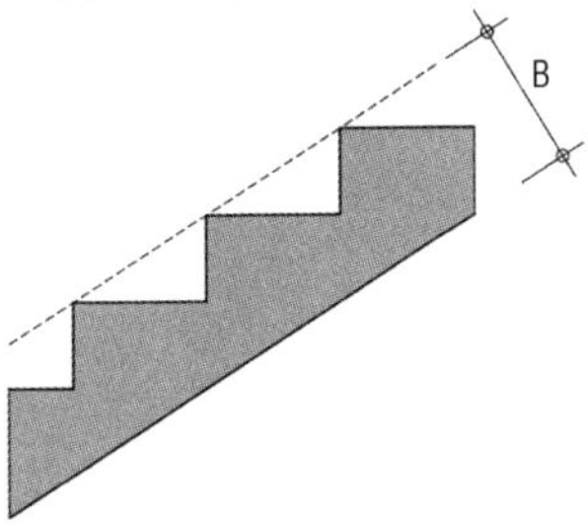	in ihrer maximalen Breite rechnen	5.2.11
Reprofilierungen von Kanten 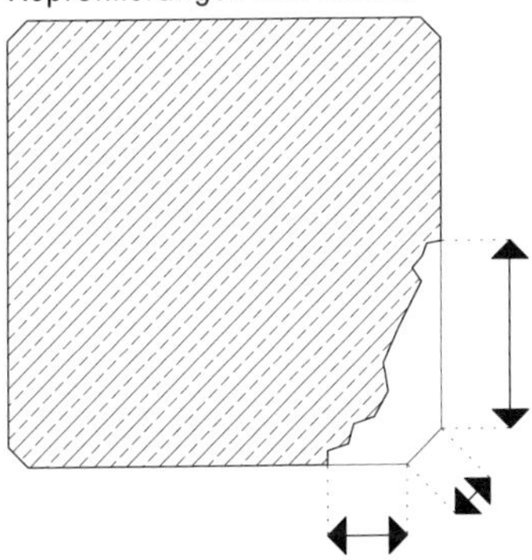	gesondert in der Abwicklung ermitteln	5.2.12
bei Schalungen bei Abrechnung nach Flächenmaß [m²] 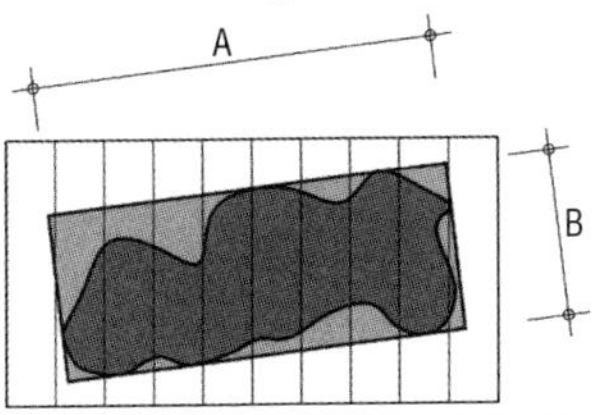	kleinstes umschriebenes Rechteck rechnen **Tipp:** *Da die Maße der behandelten Fläche zugrunde zu legen sind, ist für die Schalung die Fläche maßgebend, deren Bearbeitung sie dient.*	5.2.13
Schutzabdeckungen bei Abrechnung nach Flächenmaß [m²]	abgewickelte Fläche rechnen	5.2.14

Worum geht es?	**Wie wird gerechnet/ermittelt?**	**ATV**
Vorbereitung und Anbringen von Korrosionsschutz bei Bewehrungsstahl	gesondert rechnen **Tipp:** *Korrosionsschutz an Bewehrungsstahl bis 1 m Länge wird nach Längenmaß abgerechnet, unter 1 m Länge nach Anzahl.*	5.2.15
Fugenbänder und Fugenprofile 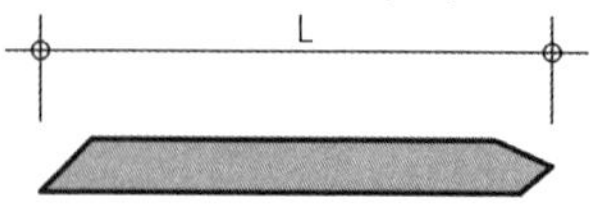	in ihrer größten Länge rechnen, Schrägschnitte und Gehrungen werden mitgemessen	5.2.18
Angleichen abgedichteter Risse an die Betonstruktur	Leistung nach Risslänge gesondert rechnen	5.2.19
flächige Verdämmungen	kleinstes umschreibendes Rechteck rechnen **Achtung:** Einzelflächen in Form von Kreisen, Dreiecken, Trapezen und Rauten unterliegen nicht der Regelung unter 5.2.20.	5.2.20

Abrechnung nach Masse [kg, t]

Worum geht es?	**Wie wird gerechnet/ermittelt?**	**ATV**
Liefern, Schneiden, Biegen und Einbauen von Bewehrungsstahl	gesondert nach errechneter Masse abrechnen	5.2.16
Unterstützungen, z.B. Stahlböcke, Unterstützungskörbe, Steckbügel sowie Lagesicherung bei Innenwänden (z.B. S-Haken), Spiralbewehrungen, Verspannungen, Auswechslungen, Montageeisen	gehören zur Masse der Bewehrung	5.2.16
zugrunde gelegt wird	die errechnete Masse der Bewehrung	5.2.16
bei genormten Stählen	Berechnung nach Angaben in DIN-Normen	5.2.16

Worum geht es?	**Wie wird gerechnet/ermittelt?**	**ATV**
bei anderen Stählen	Berechnung nach Angaben im Profilbuch der Hersteller	5.2.16
Bindedraht, Walztoleranzen und Verschnitt Bei der Ermittlung der Abrechnungsmasse	nicht berücksichtigen	5.2.17

Abzugs- und Übermessungsregeln

Übermessungsregeln bei Abrechnung nach Flächenmaß [m^2]

Worum geht es?	**Wie wird gerechnet/ermittelt?**	**ATV**
Fugen	übermessen	5.3.1
Aussparungen z.B. Öffnungen und Nischen	≤ 2,5 m^2 Einzelgröße übermessen	5.3.1
Unterbrechungen in der behandelten Fläche durch Bauteile wie z.B. Stützen, Unterzüge, Vorlagen u.Ä. 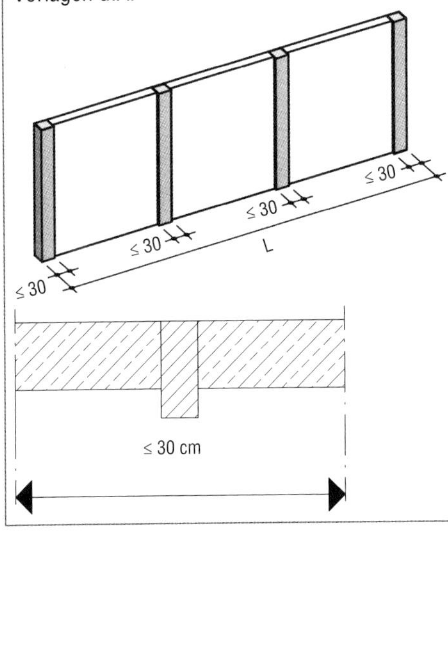	mit einer Einzelbreite ≤ 30 cm übermessen	5.3.1

Übermessungsregeln bei Abrechnung nach Längenmaß [m]

Worum geht es?	Wie wird gerechnet/ermittelt?	ATV
Unterbrechungen	mit Einzellänge ≤ 1 m übermessen	5.3.2

Einzelregelungen

Keine Regelungen

ATV DIN 18350 Putz- und Stuckarbeiten

Allgemeines

Worum geht es?	Wie wird gerechnet/ermittelt?	ATV
Ermittlung der Leistung	erfolgt nach Zeichnung, wenn diese den ausgeführten Leistungen entspricht, andernfalls nach Aufmaß	5
zugrunde gelegt werden gleichgültig, ob die Leistungsermittlung nach Zeichnung oder Aufmaß erfolgt	Maße der – behandelten Flächen – hergestellten Flächen – bekleideten Flächen	5.1
vereinfachende Regeln Übermessungs- und Einzelregelungen	bei der Ermittlung der Leistungen anwenden	5.1

Ermittlung der Maße/Mengen

Abrechnung nach Flächenmaß [m²] und nach Längenmaß [m]

Worum geht es?	Wie wird gerechnet/ermittelt?	ATV
Innenflächen ohne begrenzende Bauteile für: – Putz, Stuck – Dämmungen – Trenn- und Schutzschichten, Folien, Dampfbremsen – Auffütterungen – Bekleidungen, Vorsatzschalen – Dübelungen, Unterkonstruktionen – flächige Bewehrungen, Putzträger – Vorbereitung von Untergründen 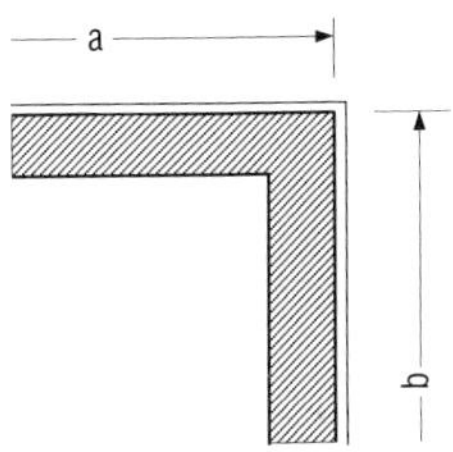	Maße der zu putzenden, zu dämmenden, zu bekleidenden bzw. mit Stuck zu versehenden Flächen rechnen	5.2.1

Worum geht es?	**Wie wird gerechnet/ermittelt?**	**ATV**
Innenflächen mit begrenzenden Bauteilen für: – Putz, Stuck – Dämmungen – Trenn- und Schutzschichten, Folien, Dampfbremsen – Auffütterungen – Bekleidungen, Vorsatzschalen – Dübelungen, Unterkonstruktionen – flächige Bewehrungen, Putzträger – Vorbereitung von Untergründen 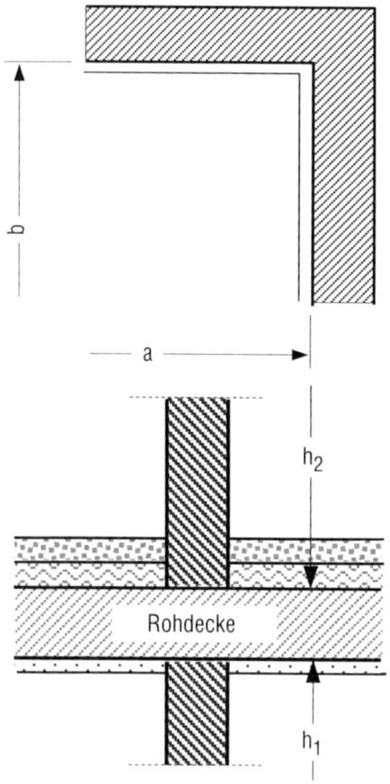 	Maße der zu behandelnden Flächen bis zu den sie begrenzenden, ungeputzten, ungedämmten bzw. unbekleideten Bauteilen rechnen **Tipp:** *Als begrenzende Bauteile gelten bei Innenflächen Rohwände und -decken, Stützen, Unterzüge, Stahlträger und tragende Holzbauteile.*	5.2.1

Worum geht es?	Wie wird gerechnet/ermittelt?	ATV
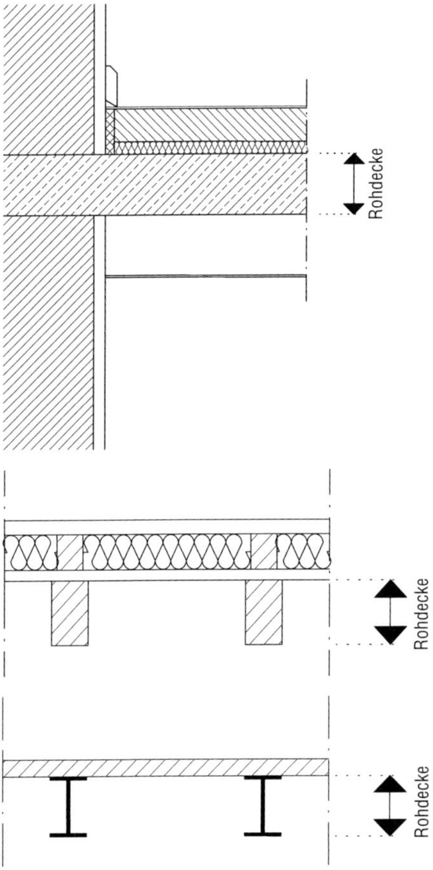		

Worum geht es?	Wie wird gerechnet/ermittelt?	ATV
bei Fassaden 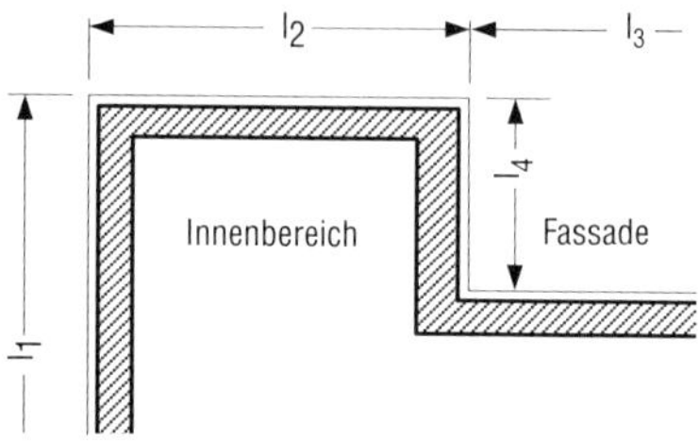	Maße der hergestellten Flächen rechnen	5.2.1
bei der Ermittlung von Maßen z.B. bei Wandanschlüssen, umlaufenden Friesen, Faschen, An- und Einarbeitungen an Bauteilen, Einbauteilen u.Ä. a) 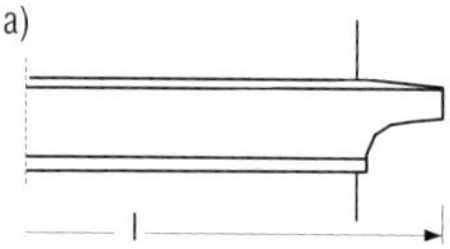 b) 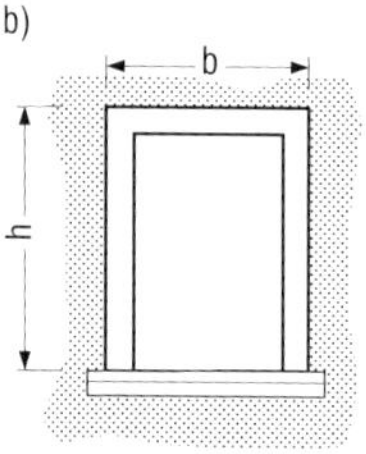 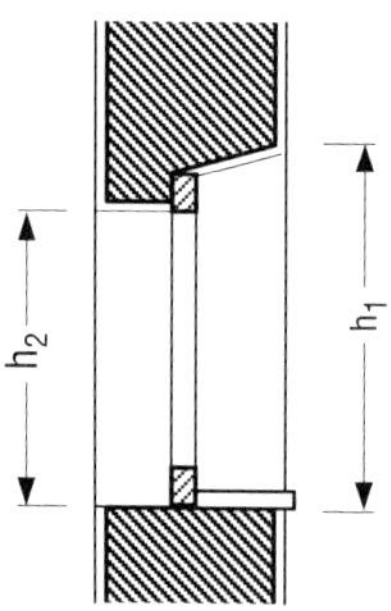	größtes, ggf. abgewickeltes Bauteilmaß zugrunde legen	5.2.2

Worum geht es?	Wie wird gerechnet/ermittelt?	ATV
Rückflächen von Nischen und Laibungen 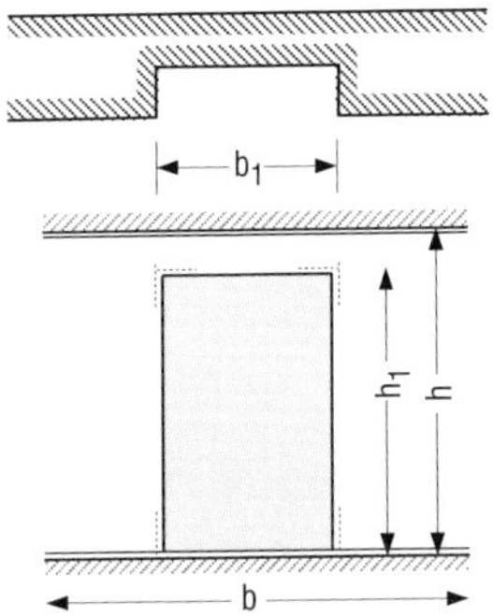	unabhängig von ihren Einzelgrößen mit ihren Maßen gesondert rechnen **Tipp:** *gilt auch, wenn die Nische übermessen wird*	5.2.3
verschiedenartige Aussparungen, die unmittelbar zusammenhängen z.B. Öffnungen mit angrenzender Nische 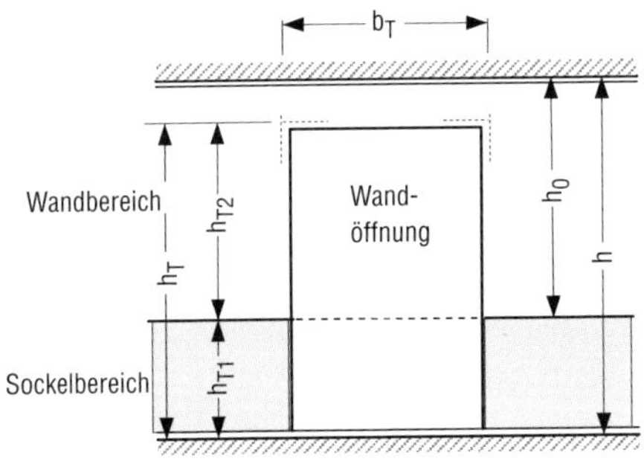	getrennt rechnen	5.2.4

Worum geht es?	Wie wird gerechnet/ermittelt?	ATV
Aussparung die anteilig in angrenzende, getrennt abzurechnende Flächen einbindet 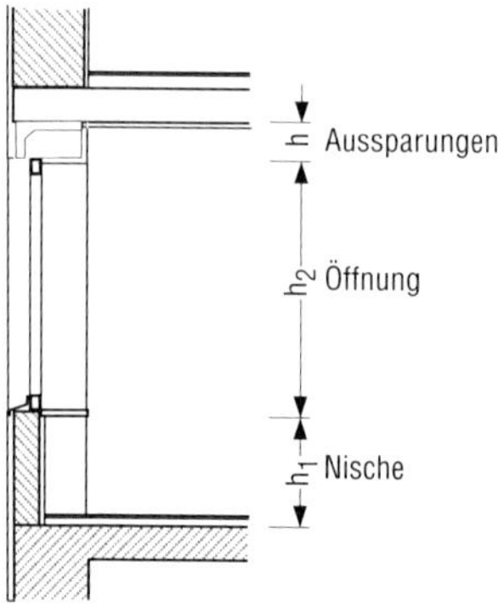 	zur Ermittlung der Übermessungsgröße nur den jeweiligen Anteil rechnen, der in der betreffenden Fläche liegt	5.2.5
Maßermittlung bei beliebig geformten Einzelflächen, die sich nicht überschneiden dürfen 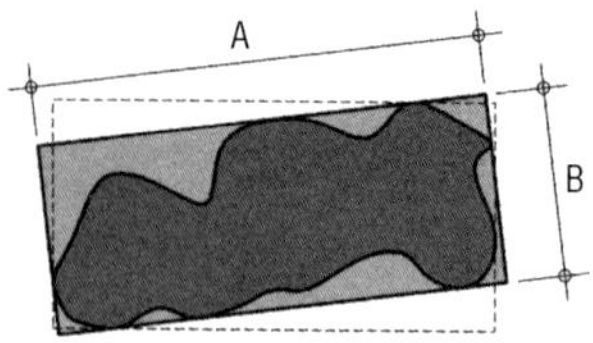 	kleinstes umschriebenes Rechteck rechnen **Achtung:** Einzelflächen in Form von Kreisen, Dreiecken, Trapezen und Rauten unterliegen nicht der Regelung unter 5.2.6.	5.2.6

Abzugs- und Übermessungsregeln

Übermessungsregeln bei Abrechnung nach Flächenmaß [m²]

<table>
<tr><th>Worum geht es?</th><th>Wie wird gerechnet/ermittelt?</th><th>ATV</th></tr>
<tr><td>Aussparungen, z.B. Nischen und Öffnungen, auch raumhoch
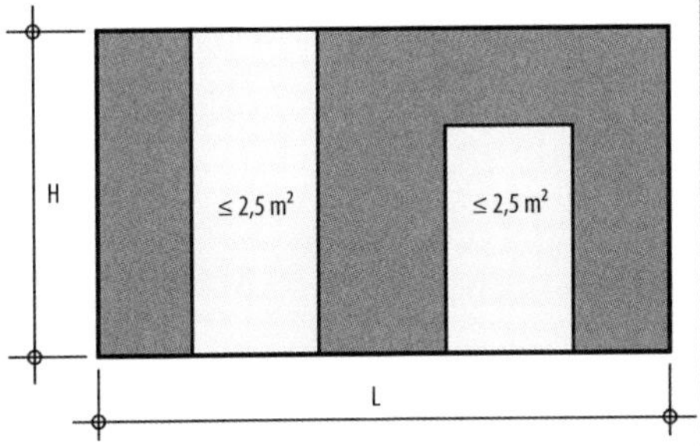
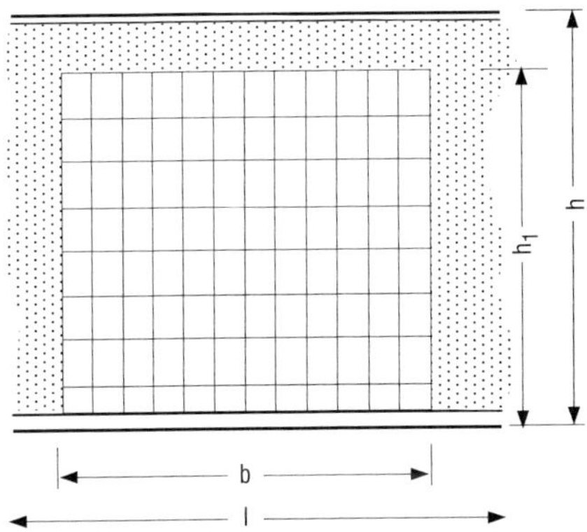</td><td>≤ 2,5 m² Einzelgröße übermessen
Basis bei der Ermittlung der Übermessungsgrößen sind die kleinsten Maße der Aussparung</td><td>5.3.1</td></tr>
<tr><td>Fugen</td><td>übermessen</td><td>5.3.1</td></tr>
</table>

Worum geht es?	Wie wird gerechnet/ermittelt?	ATV
Unterbrechungen in der zu bearbeitenden Fläche durch Bauteile wie z.B. Stützen, Unterzüge, Gesimse, Balkonplatten, Podeste, Gurte, Putzbänder u.Ä. 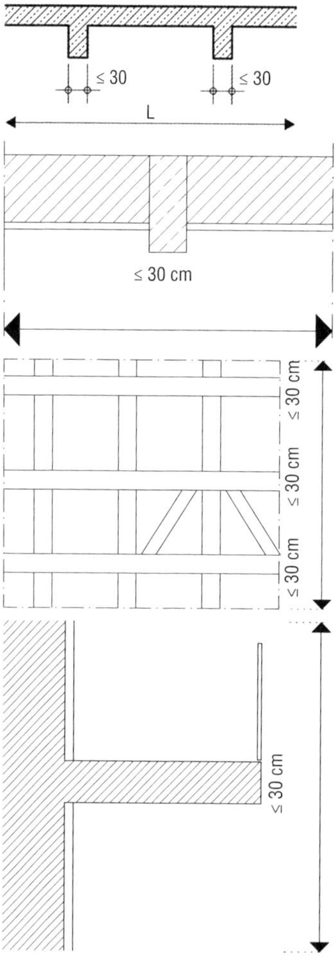	mit einer Einzelbreite ≤ 30 cm übermessen	5.3.1

Übermessungsregeln bei Abrechnung nach Längenmaß [m]

Worum geht es?	Wie wird gerechnet/ermittelt?	ATV
Unterbrechungen	≤ 1 m Einzellänge übermessen	5.3.2

Einzelregelungen

Worum geht es?	Wie wird gerechnet/ermittelt?	ATV
Wandhöhen überwölbter Räume 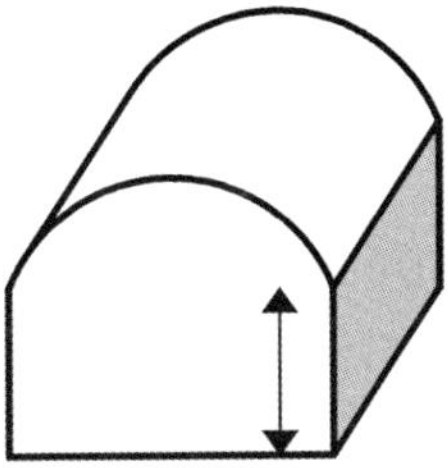	bis zum Gewölbeanschnitt rechnen	5.4.1
Wandhöhen von Schildwänden 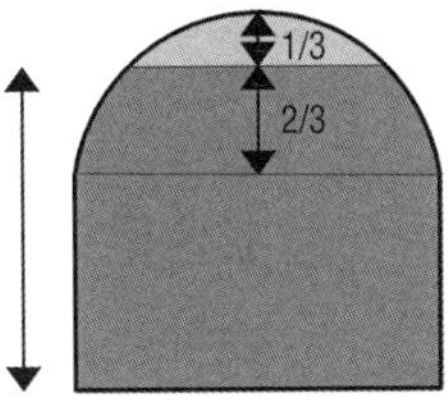	bis zu 2/3 des Gewölbestichs rechnen	5.4.1
Flächenermittlung gewölbter Decken 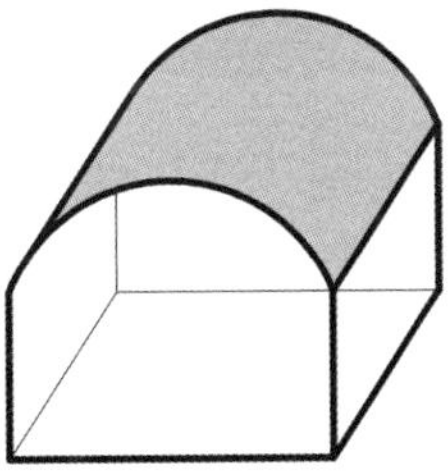	Fläche der abgewickelten Untersicht rechnen	5.4.2
Gehrungen, Kreuzungen, Verkröpfungen und Endungen von Stuckgesimsen, Rosetten u.Ä.	immer gesondert rechnen	5.4.3

Worum geht es?	Wie wird gerechnet/ermittelt?	ATV
Schornsteinköpfe verputzen	immer gesondert rechnen	5.4.4
Diagonalbewehrungen einarbeiten	immer gesondert rechnen	5.4.4

ATV DIN 18351 Vorgehängte Hinterlüftete Fassaden

Allgemeines

Worum geht es?	Wie wird gerechnet/ermittelt?	ATV
Ermittlung der Leistung	erfolgt nach Zeichnungen, wenn diese den ausgeführten Leistungen entsprechen, andernfalls nach Aufmaß	5
zugrunde gelegt werden gleichgültig, ob die Leistungsermittlung nach Zeichnung oder Aufmaß erfolgt		5.1

Worum geht es?	Wie wird gerechnet/ermittelt?	ATV
bei: – Bekleidungen – Unterkonstruktionen – Dämmstoffschichten – Oberflächenbehandlungen u.Ä. 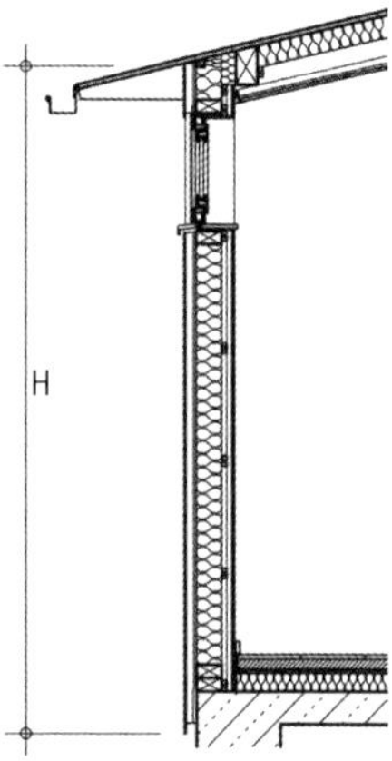 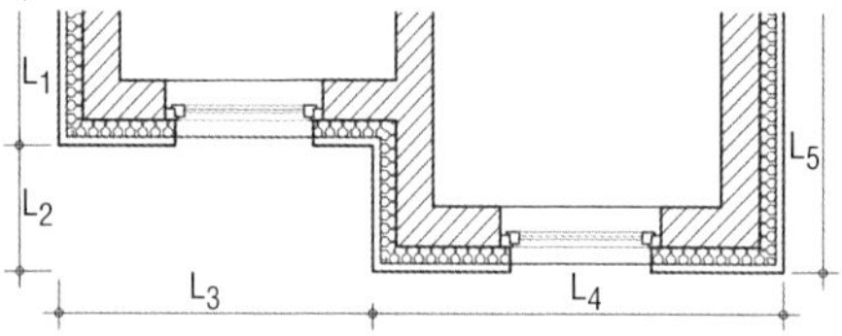 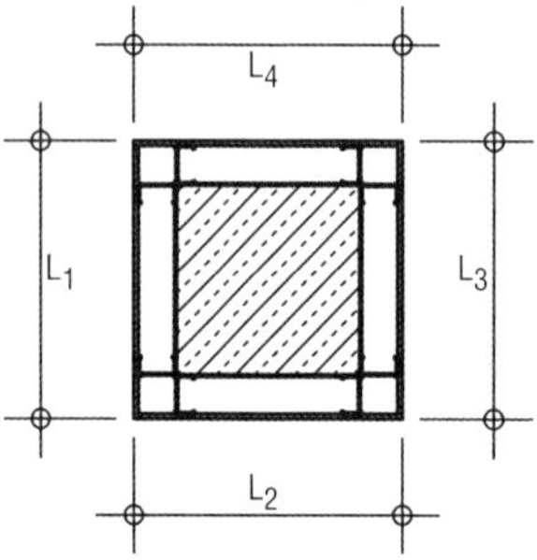	Außenmaße der Bekleidung	5.1
vereinfachende Regeln Übermessungs- und Einzelregelungen	bei der Ermittlung der Leistungen anwenden	5.1

Ermittlung der Maße/Mengen

Abrechnung nach Flächenmaß [m²]

Worum geht es?	Wie wird gerechnet/ermittelt?	ATV
bei der Ermittlung von Maßen 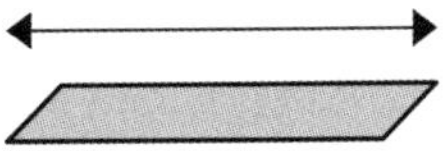	größte Bauteillänge messen **Tipp:** *gilt generell, also auch bei der Abrechnung nach Längenmaß oder Anzahl*	5.2.1
bei gebogenen Bauteilen 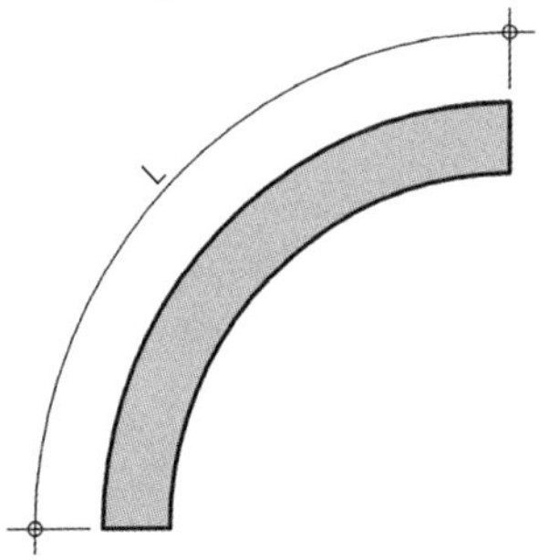	äußere abgewickelte Bauteillänge messen	5.2.1
bei Bekleidungselementen mit nicht rechteckigen Flächen 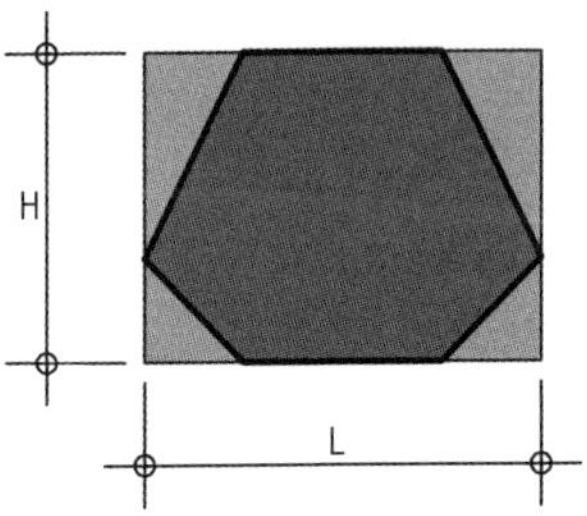	kleinstes umschriebenes Rechteck rechnen	5.2.2

Worum geht es?	Wie wird gerechnet/ermittelt?	ATV
bei der Herstellung von Bauteilen verschiedenartige Aussparungen, die unmittelbar zusammenhängen z.B. Öffnungen mit angrenzenden Nischen 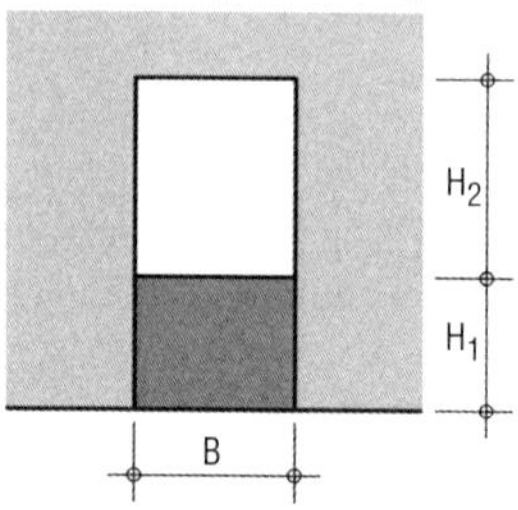 	getrennt rechnen	5.2.3
gleichartige Aussparungen, die durch konstruktive Elemente getrennt sind 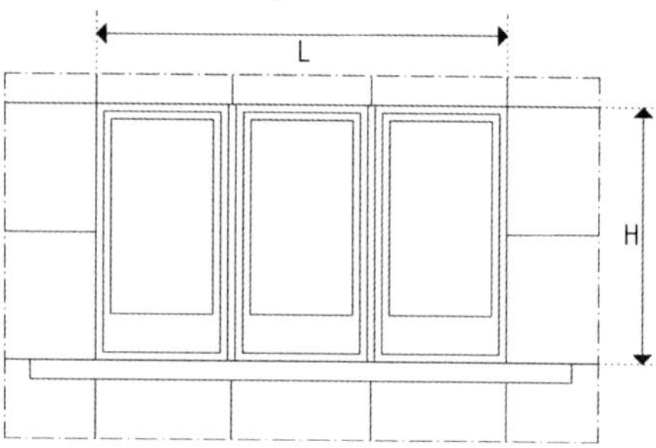 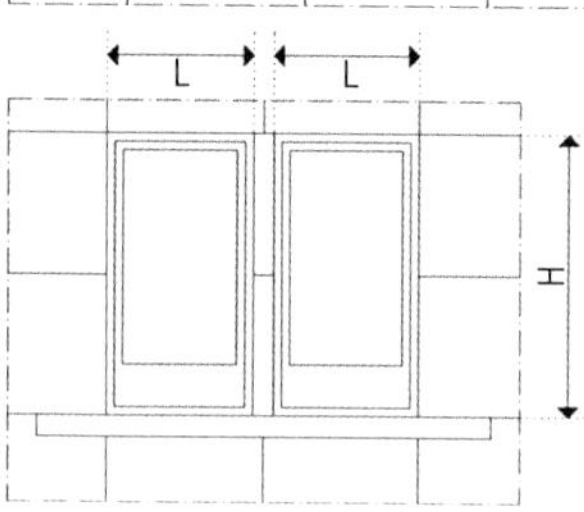 	getrennt rechnen	5.2.3

Worum geht es?	Wie wird gerechnet/ermittelt?	ATV
Aussparungen, die anteilig in angrenzende, getrennt zu rechnende Flächen einbinden 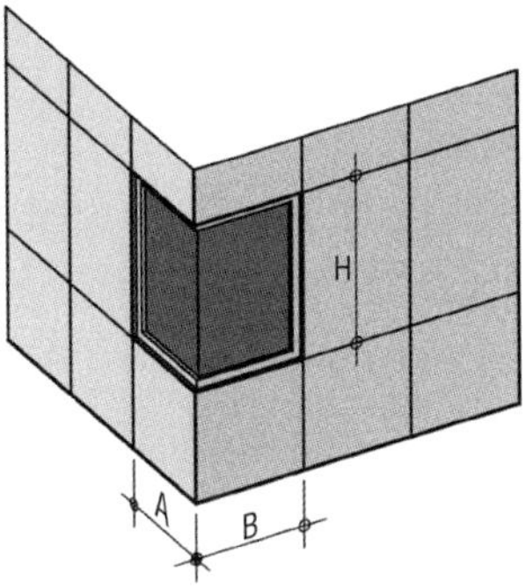	die jeweiligen anteiligen Aussparungsflächen für die Übermessungsgröße ermitteln	5.2.4

Abrechnung nach Längenmaß [m]

Worum geht es?	Wie wird gerechnet/ermittelt?	ATV
Sturzbekleidungen, Laibungsbekleidungen, Fensterzargen und -bänke 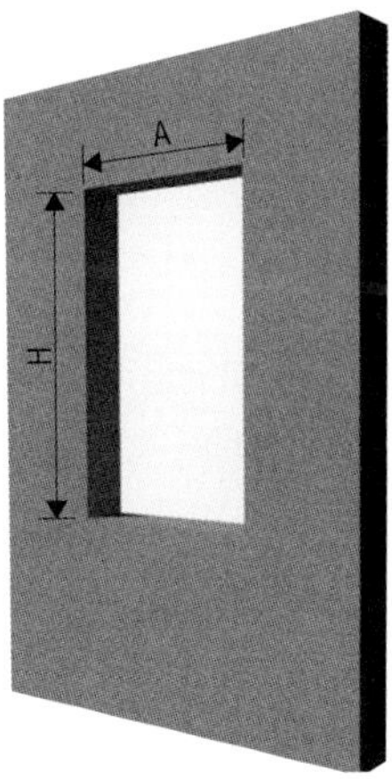	getrennt rechnen	5.2.5

Abrechnung nach Masse [kg, t]

Worum geht es?	Wie wird gerechnet/ermittelt?	ATV
genormte Profile	theoretische Masse nach DIN-Norm	5.2.6.1
andere Profile	Masse aus den Profilbüchern der Hersteller	5.2.6.1
Bleche, Breitflachstähle und Bandstähle – aus Stahl – aus nichtrostendem Stahl – aus Aluminium – aus Kupfer und Messing	je 1 m² Fläche und 1 mm Dicke → 7,85 kg → 7,90 kg → 2,70 kg → 9,00 kg	5.2.6.1
Formstücke aus Stahl und Stahlguss	mit einer Dichte von 7,85 kg/dm³	5.2.6.1
Formstücke aus Gusseisen (Grauguss)	mit einer Dichte von 7,25 kg/dm³	5.2.6.1
Kleineisenteile bis 15 kg Einzelmasse	durch Wiegen	5.2.6.2
Verbindungsmittel, z.B. Schrauben, Nieten, Schweißnähte	bleiben unberücksichtigt	5.2.6.3
feuerverzinkte Stahlkonstruktionen	den Massen werden 5 % für die Gewichtszunahme im Zuge der Verzinkung zugeschlagen	5.2.6.4

Abzugs- und Übermessungsregeln

Übermessungsregeln bei Abrechnung nach Flächenmaß [m²]

Worum geht es?	Wie wird gerechnet/ermittelt?	ATV
Aussparungen z.B. Öffnungen und Nischen, auch raumhoch 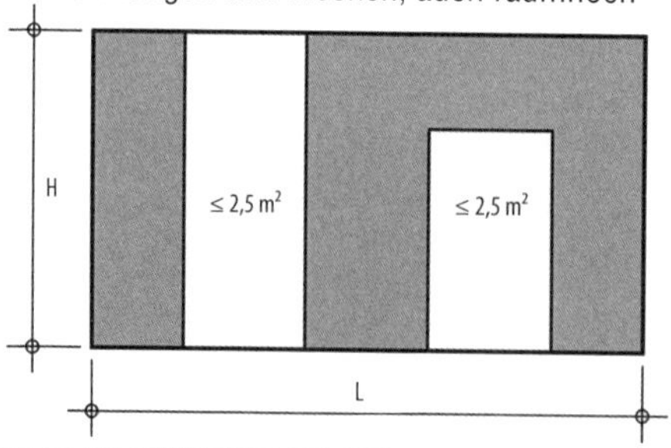	bis einschließlich 2,5 m² Einzelgröße übermessen Basis für die Ermittlung von Einzelgrößen ist bei Aussparungen stets deren kleinste Abmessung.	5.3.1

Worum geht es?	Wie wird gerechnet/ermittelt?	ATV
Unterbrechungen in der Fassadenfläche durch Bauteile z.B. Fachwerkteile, Stützen, Unterzüge, Vorlagen 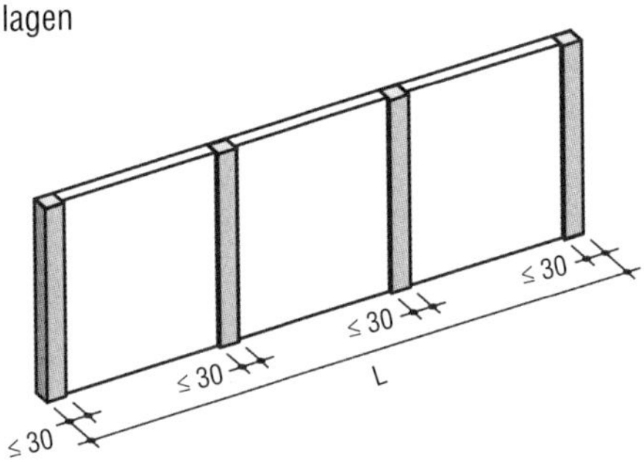 	wenn die Einzelbreite ≤ 30 cm beträgt, übermessen	5.3.1
Fugen 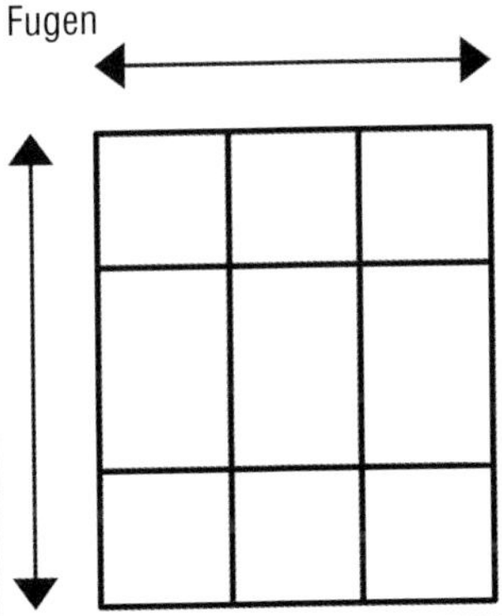	übermessen	5.3.1
Passplatten 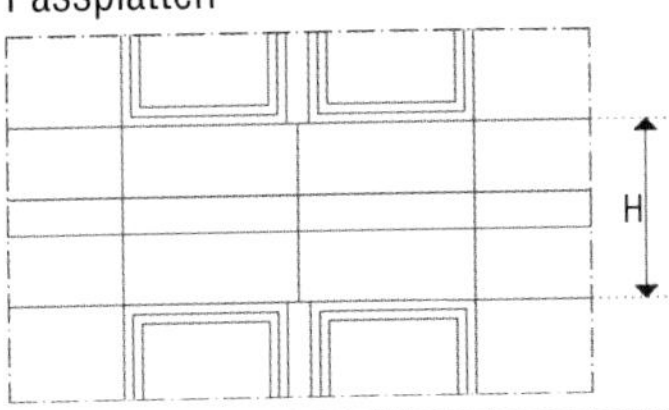 	übermessen	5.3.1

Übermessungsregeln bei Abrechnung nach Längenmaß [m]

Worum geht es?	Wie wird gerechnet/ermittelt?	ATV
Unterbrechungen	bis einschließlich 1 m Einzellänge übermessen	5.3.2
Fugen	übermessen	5.3.2

Einzelregelungen

Worum geht es?	Wie wird gerechnet/ermittelt?	ATV
Sonderformate z.B. Passplatten u.Ä.	gesondert rechnen	5.4

ATV DIN 18352 Fliesen- und Plattenarbeiten

Allgemeines

Worum geht es?	Wie wird gerechnet/ermittelt?	ATV
Ermittlung der Leistung	erfolgt nach Zeichnungen, wenn diese den ausgeführten Leistungen entsprechen, andernfalls nach Aufmaß	5
zugrunde gelegt werden gleichgültig, ob die Leistungsermittlung nach Zeichnung oder Aufmaß erfolgt		5.1
bei: – hergestellten und bearbeiteten Flächen – bekleideten Flächen – belegten Flächen – hergestellten Bekleidungen – hergestellten Belägen	deren Maße zugrunde legen	5.1
vereinfachende Regeln Übermessungs- und Einzelregelungen	bei der Ermittlung der Leistungen anwenden	5.1

Ermittlung der Maße/Mengen

Abrechnung nach Flächenmaß [m²]

Worum geht es?	Wie wird gerechnet/ermittelt?	ATV
auf Flächen **mit** begrenzenden Bauteilen bei: – Innenwandbekleidungen 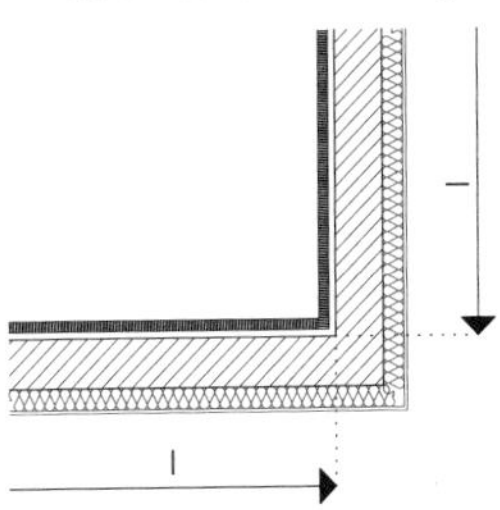	Maße der zu bekleidenden oder zu belegenden Flächen bis zu den begrenzenden, ungeputzten, ungedämmten bzw. unbekleideten Bauteilen rechnen	5.2.1

<table>
<tr><th>Worum geht es?</th><th>Wie wird gerechnet/ermittelt?</th><th>ATV</th></tr>
<tr><td>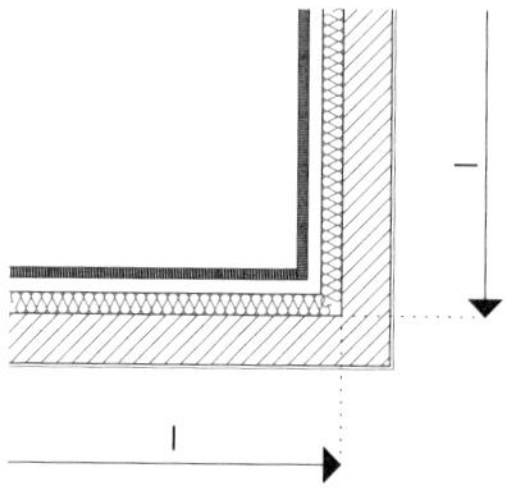
– Deckenbekleidungen
– Bodenbelägen
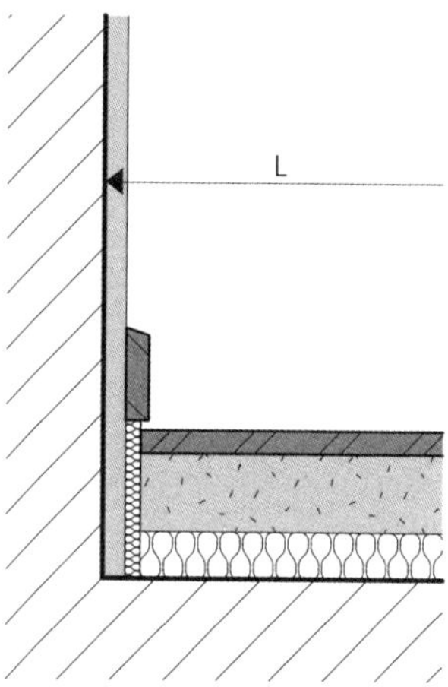
– Ausgleichs- und Trennschichten
– Dämmstoffschichten
– Unterböden
– Oberflächenbehandlungen
– Bewehrungen
– Trag- und Unterkonstruktionen u.Ä.</td><td></td><td></td></tr>
</table>

Worum geht es?	Wie wird gerechnet/ermittelt?	ATV
auf Flächen **ohne** begrenzende Bauteile bei: – Innenwandbekleidungen 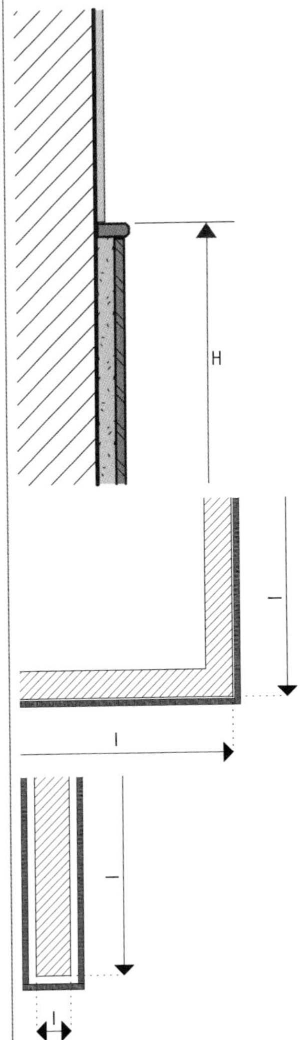	Maße der zu bekleidenden oder zu belegenden Flächen rechnen	5.2.1

<table>
<tr><th>Worum geht es?</th><th>Wie wird gerechnet/ermittelt?</th><th>ATV</th></tr>
<tr><td>– Deckenbekleidungen
– Bodenbelägen
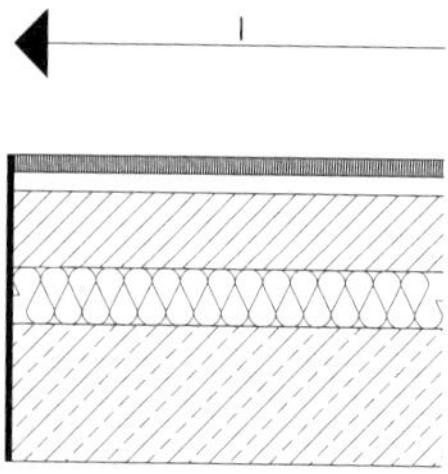

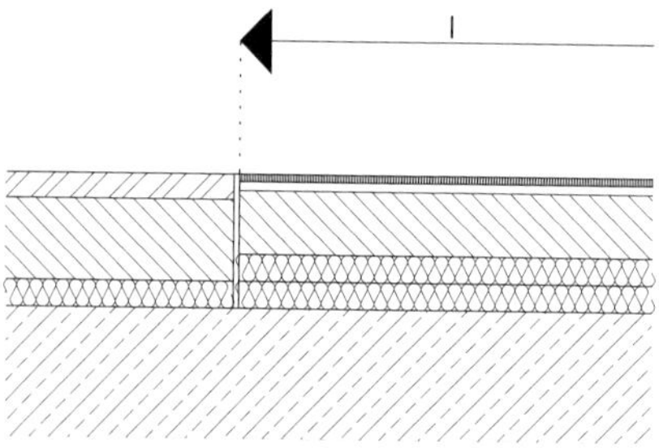

– Ausgleichs- und Trennschichten Dämmstoffschichten
– Unterböden
– Oberflächenbehandlungen
– Bewehrungen
– Trag- und Unterkonstruktionen u.Ä.</td><td></td><td></td></tr>
</table>

Worum geht es?	Wie wird gerechnet/ermittelt?	ATV
bei Wandbekleidungen die auf Stehsockeln, Kehlsockeln, Kehlleisten oder ausgerundeten Ecken als Sockel anschließen oder auf den Bodenbelag aufsetzen 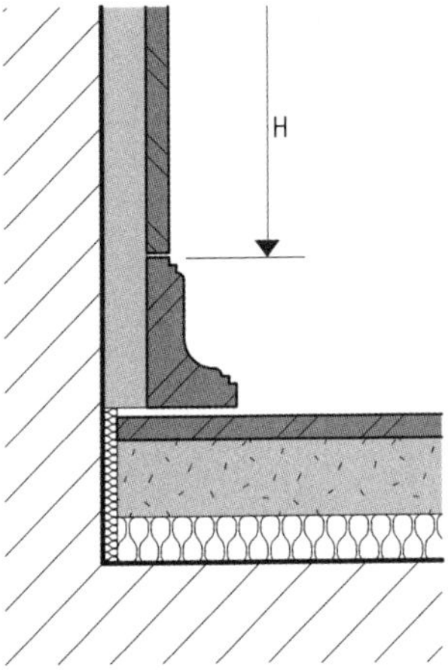 	Maß ab Oberseite Sockel oder Oberseite Bodenbelag rechnen	5.2.2
bei Bodenbelägen die an Kehlsockeln, Kehlleisten oder ausgerundeten Ecken als Sockel anschließen oder auf den Wandbekleidungen anschließen	Maß bis zum nicht bekleideten senkrechten Bauteil rechnen	5.2.3
bei Fassaden 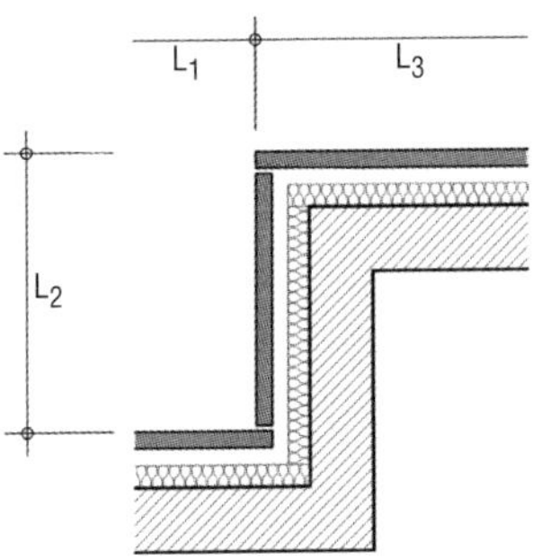 	Maße der Bekleidung rechnen	5.2.4

Worum geht es?	Wie wird gerechnet/ermittelt?	ATV
Flächenermittlung bei Flächen, die nicht mittels einfacher mathematischer Formeln (z.B. Rechtecke, Dreiecke, Rauten, Trapeze u.Ä.) berechnet werden können	kleinstes umschriebenes Rechteck rechnen	5.2.6
Aussparungen die anteilig in angrenzende, getrennt zu rechnende Flächen einbinden	Übermessungsgröße durch Berechnung der jeweiligen Aussparungsanteile ermitteln	5.2.7
bekleidete oder beschichtete Rückflächen von Nischen und Laibungen	unabhängig von der Übermessungsgröße mit ihren Flächenmaßen gesondert rechnen	5.2.8

Abrechnung nach Längenmaß [m]

Worum geht es?	Wie wird gerechnet/ermittelt?	ATV
bei Ermittlung des Längenmaßes, z.B. bei Schwellen, Sockeln, Kehlen, Schrägschnitten, Profilen, Leisten u.Ä. 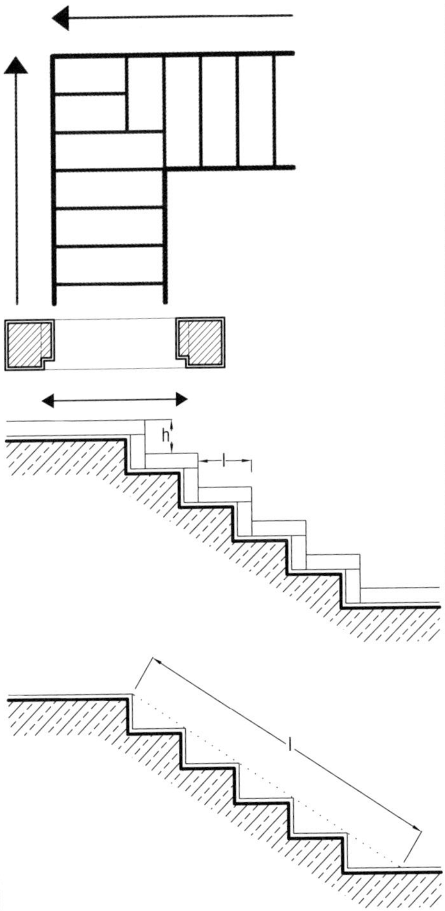	größte Bauteillänge messen, ggf. in der Abwicklung	5.2.5

Abzugs- und Übermessungsregeln

Übermessungsregeln bei Abrechnung nach Flächenmaß [m²]

Worum geht es?	Wie wird gerechnet/ermittelt?	ATV
Aussparungen, z.B. Öffnungen 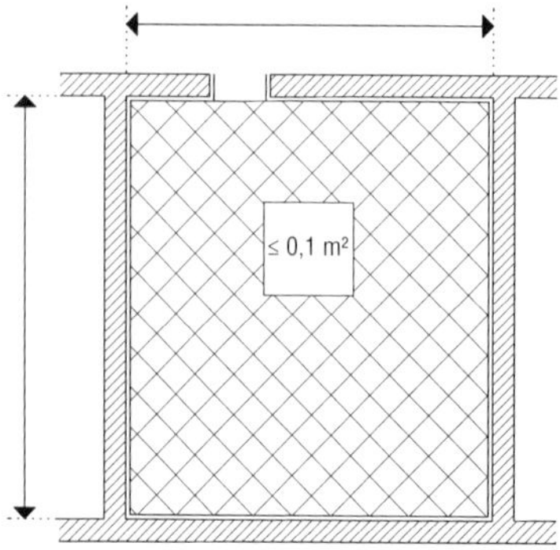	bis zu einer Einzelgröße von einschließlich 0,1 m² übermessen	5.3.1
Bordüren, Profilleisten, Zierplatten und Formteile, z.B. Seifenschalen, die in der verlegten Bekleidung oder im verlegten Belag eingesetzt sind 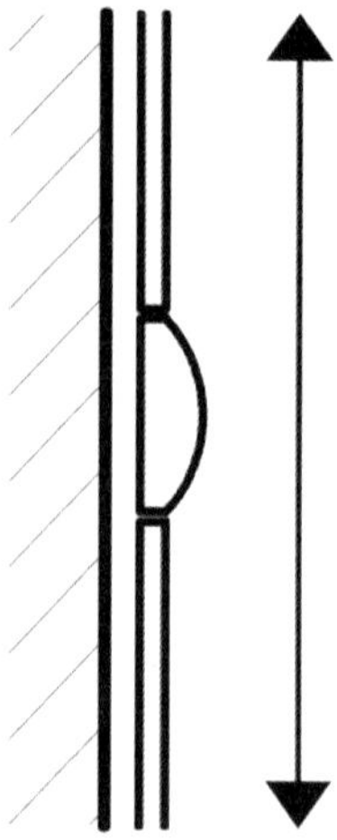	übermessen	5.3.1

Übermessungsregeln bei Abrechnung nach Längenmaß [m]

Worum geht es?	Wie wird gerechnet/ermittelt?	ATV
Unterbrechungen	mit einer Einzellänge bis einschließlich 1 m übermessen	5.3.2

Einzelregelungen

Worum geht es?	Wie wird gerechnet/ermittelt?	ATV
Wandbekleidungen aus Schichten in nicht voller Raumhöhe, bei der die nicht volle Schicht mehr als die halbe Schichthöhe beträgt 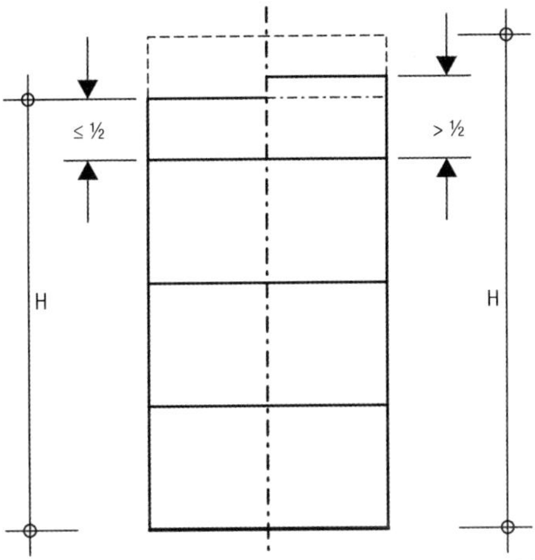 	Schicht mit der vollen Schichthöhe abrechnen	5.4.1

Worum geht es?	**Wie wird gerechnet/ermittelt?**	**ATV**
Wandbekleidungen, deren Höhe in der Leistungsbeschreibung durch Maßangaben festgelegt sind 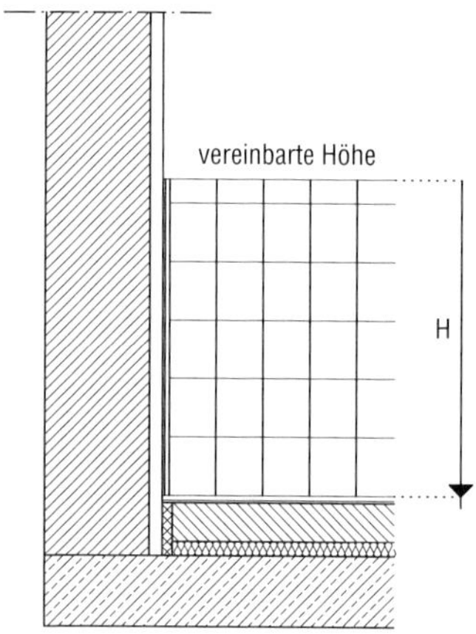	mit dem vereinbarten Höhenmaß abrechnen	5.4.1
Fliesentrennwände, die in Beläge einbinden 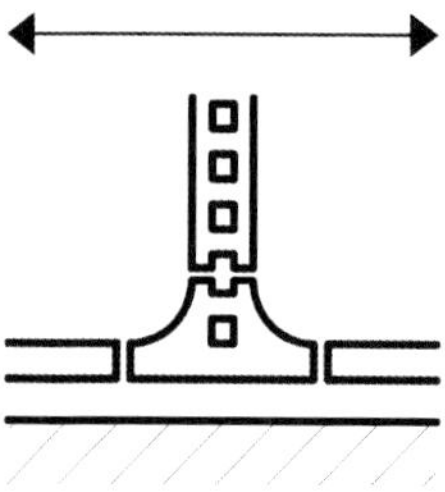	Beläge durchrechnen	5.4.2
Fliesentrennwände, die sich kreuzen oder ineinander einbinden 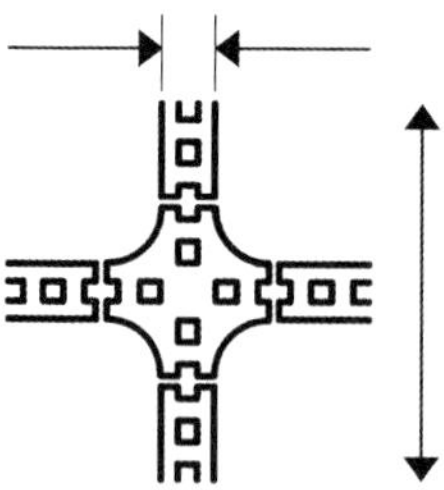	nur eine Wand durchrechnen	5.4.2

ATV DIN 18353 Estricharbeiten

Allgemeines

Worum geht es?	Wie wird gerechnet/ermittelt?	ATV
Ermittlung der Leistung	erfolgt nach Zeichnungen, wenn diese den ausgeführten Leistungen entsprechen, andernfalls nach Aufmaß	5
zugrunde gelegt werden gleichgültig, ob die Leistungsermittlung nach Zeichnung oder Aufmaß erfolgt		5.1.1
bei hergestellten Estrichen oder Terrazzoböden 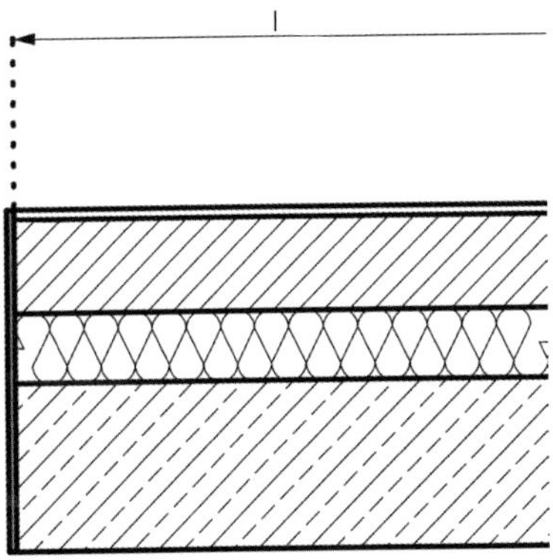	deren Maße	5.1.1
vereinfachende Regeln Übermessungs- und Einzelregelungen	bei der Ermittlung der Leistungen anwenden	5.1.1

Ermittlung der Maße/Mengen

Worum geht es?	**Wie wird gerechnet/ermittelt?**	**ATV**
zugrunde gelegt wird 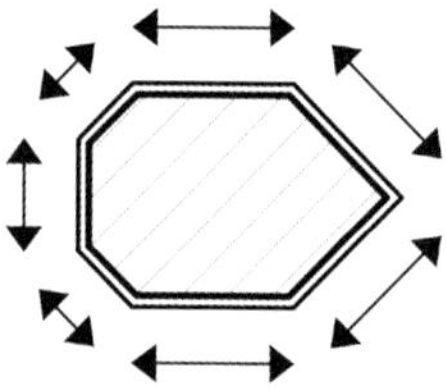	größtes Bauteilmaß, ggf. auch abgewickelte Bauteilmaße	5.2.1
auf Flächen mit begrenzenden Bauteilen 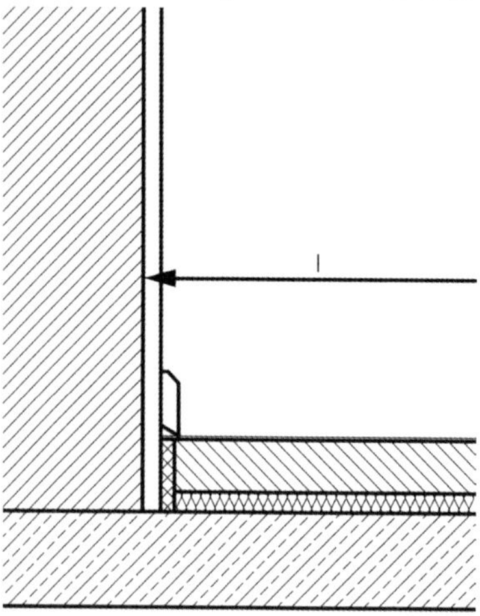	Maße bis zu den begrenzenden ungeputzten Bauteilen rechnen **Tipp:** *Vorsatzschalen u.Ä. sind begrenzende Bauteile, wenn sie nicht unterschnitten sind.*	5.2.1

Worum geht es?	Wie wird gerechnet/ermittelt?	ATV
Anarbeiten und Anpassen an Aussparungen über 0,1 m² Einzelgröße 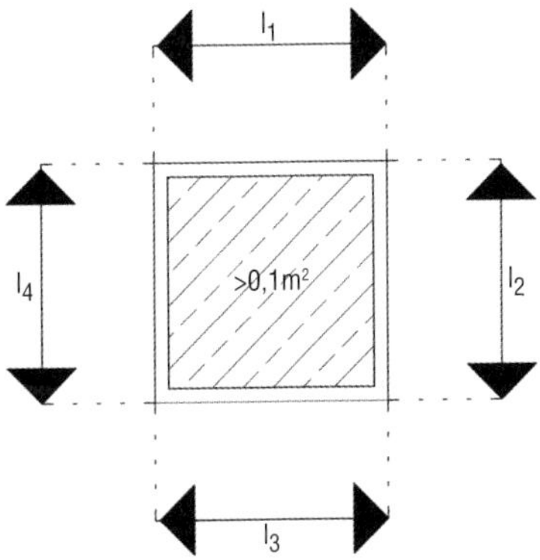	Länge der Abwicklung der jeweiligen Aussparung zugrunde legen	5.2.2

Abzugs- und Übermessungsregeln

Übermessungsregeln bei Abrechnung nach Flächenmaß [m²]

Worum geht es?	Wie wird gerechnet/ermittelt?	ATV
Fugen	übermessen	5.3.1
Aussparungen 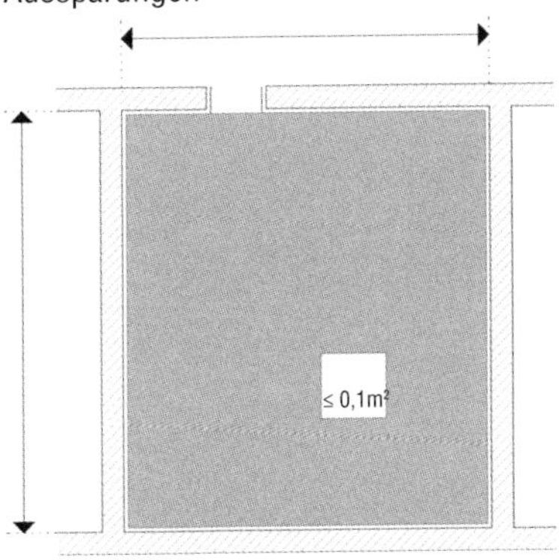	bis einschließlich 0,1 m² Einzelgröße übermessen	5.3.1
Unterbrechungen in der Fläche durch Bauteile, z.B. Kabelkanäle, Rinnen	bis einschließlich 30 cm Breite übermessen	5.3.1

Übermesssungsregeln bei Abrechnung nach Längenmaß [m]

Worum geht es?	Wie wird gerechnet/ermittelt?	ATV
Fugen	übermessen	5.3.2
Unterbrechungen	bis einschließlich 1 m Einzellänge übermessen	5.3.2

Einzelregelungen

Keine Regelungen

ATV DIN 18354 Gussasphaltarbeiten

Allgemeines

Worum geht es?	Wie wird gerechnet/ermittelt?	ATV
Ermittlung der Leistung	erfolgt nach Zeichnungen, wenn diese den ausgeführten Leistungen entsprechen, andernfalls nach Aufmaß	5
zugrunde gelegt werden gleichgültig, ob die Leistungsermittlung nach Zeichnung oder Aufmaß erfolgt		5.1
bei hergestellten Estrichen, Belägen und behandelten Flächen 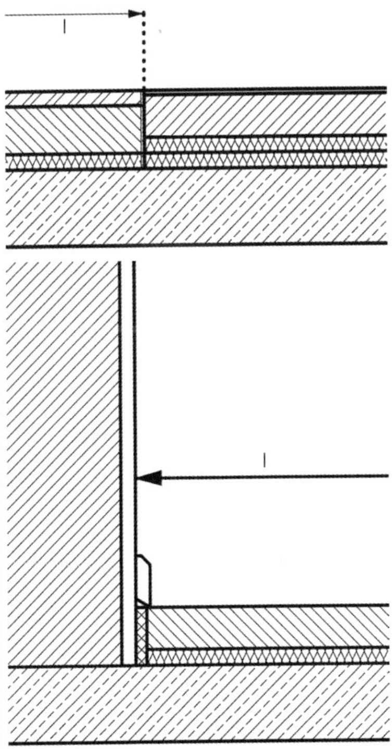	deren Maße	5.1

Worum geht es?	Wie wird gerechnet/ermittelt?	ATV
vereinfachende Regeln Übermessungs- und Einzelregelungen	bei der Ermittlung der Leistungen anwenden	5.1

Ermittlung der Maße/Mengen

Abrechnung nach Längenmaß [m]

Worum geht es?	Wie wird gerechnet/ermittelt?	ATV
zugrunde gelegt wird 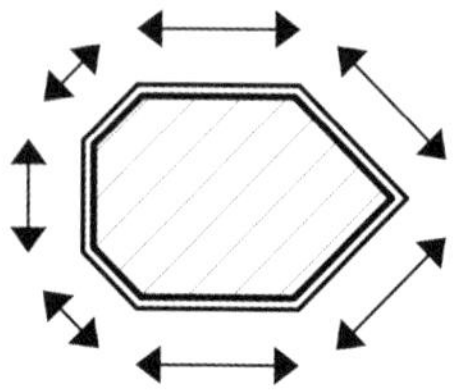	größtes Bauteilmaß, ggf. auch abgewickelte Bauteilmaße	5.2.1
Anarbeiten, Anpassen oder Anschließen an Aussparungen über bis einschließlich 0,1 m² Einzelgröße 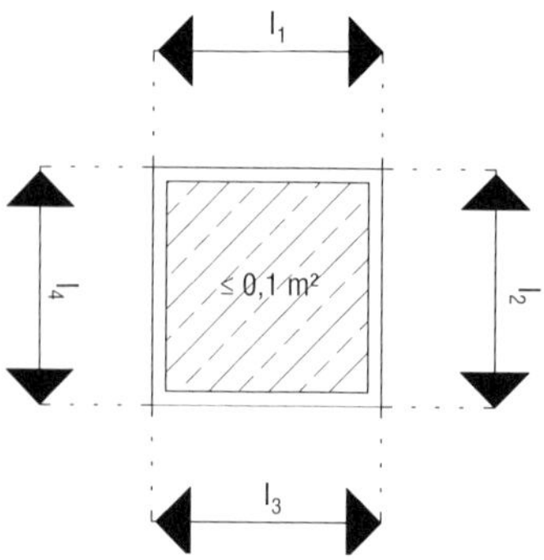	Länge der Abwicklung der jeweiligen Aussparung zugrunde legen	5.2.2

Abzugs- und Übermessungsregeln

Übermessungsregeln bei Abrechnung nach Flächenmaß [m²]

Worum geht es?	Wie wird gerechnet/ermittelt?	ATV
Fugen	übermessen	5.3.1
Aussparungen 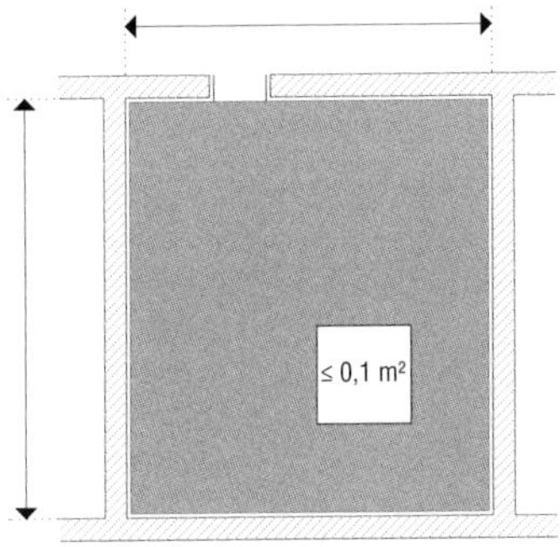 	bis einschließlich 0,1 m² Einzelgröße übermessen	5.3.1

Übermessungsregeln bei Abrechnung nach Längenmaß [m]

Worum geht es?	Wie wird gerechnet/ermittelt?	ATV
Fugen	übermessen	5.3.2
Unterbrechungen	bis einschließlich 1 m Einzellänge übermessen	5.3.2

Einzelregelungen

Abrechnung nach Masse [kg]

Worum geht es?	Wie wird gerechnet/ermittelt?	ATV
Auffüllen des Untergrunds	nach Wiegescheinen abrechnen	5.4

ATV DIN 18355 Tischlerarbeiten

Allgemeines

Worum geht es?	Wie wird gerechnet/ermittelt?	ATV
Ermittlung der Leistung	erfolgt nach Zeichnungen, wenn diese den ausgeführ-ten Leistungen entsprechen, andernfalls nach Aufmaß	5
zugrunde gelegt werden bei herzustellenden Bauteilen und Bekleidungen gleichgültig, ob die Leistungsermittlung nach Zeichnung oder Aufmaß erfolgt 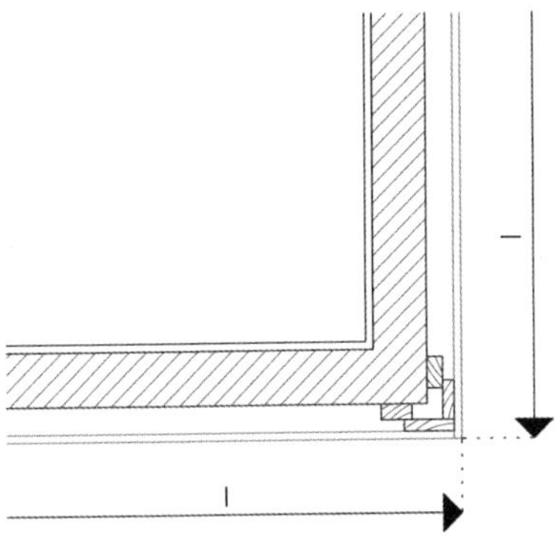	Maße der herzustellenden Bauteile und Bekleidungen	5.1.1
vereinfachende Regeln Übermessungs- und Einzelregelungen	bei der Ermittlung der Leistun-gen anwenden	5.1.1

Worum geht es?	Wie wird gerechnet/ermittelt?	ATV
auf Flächen mit begrenzenden Bauteilen 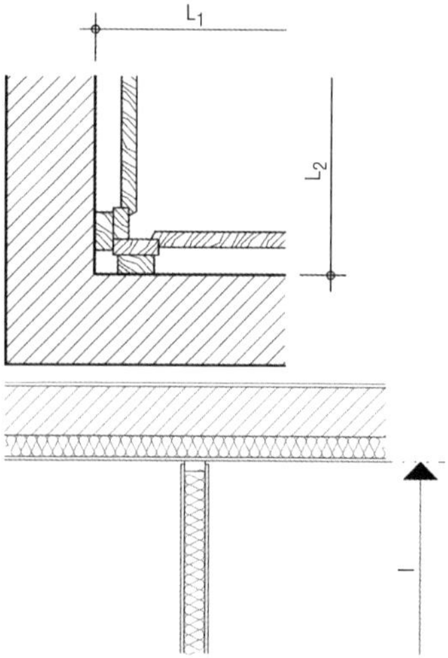	Maße bis zu den begrenzenden, ungeputzten Bauteilen **Tipp:** *Vorsatzschalen usw. gelten als begrenzend, wenn sie nicht durchdrungen oder unterschnitten werden.*	5.1.1

Ermittlung der Maße/Mengen

Abrechnung nach Flächenmaß [m²]

Worum geht es?	Wie wird gerechnet/ermittelt?	ATV
bei der Ermittlung des Längenmaßes 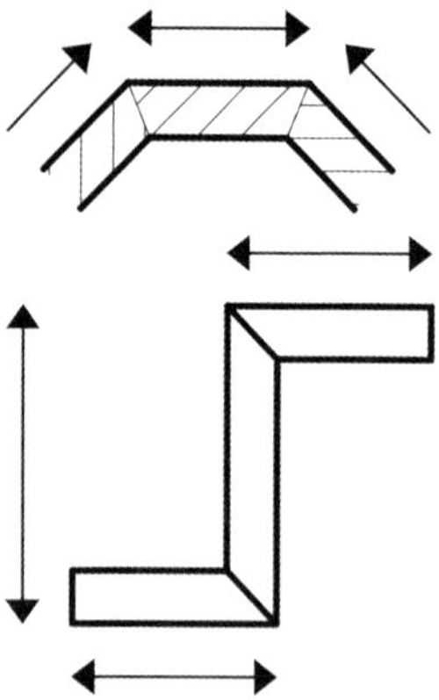	größte, ggf. abgewickelte Bauteillänge messen	5.2.1

Worum geht es?	Wie wird gerechnet/ermittelt?	ATV
verschiedenartige Aussparungen, die unmittelbar zusammenhängen z.B. Öffnung, die direkt an eine Nische grenzt 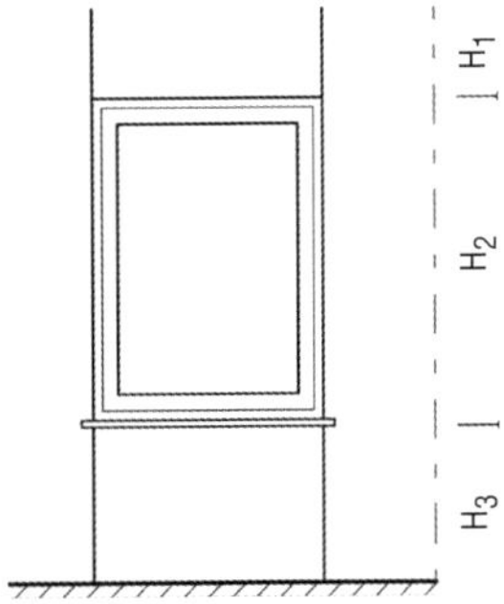 	getrennt rechnen, z.B. Öffnung und Nische rechnen	5.2.2
Rückflächen von Nischen und Laibungen die bekleidet sind 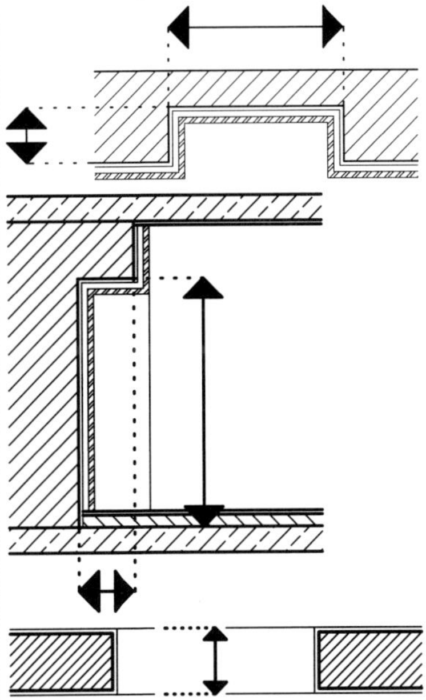	immer unabhängig von der Übermessungsgröße mit ihrem Maß gesondert rechnen **Tipp:** *gilt auch, wenn die Nische übermessen wird*	5.2.3

Worum geht es?	Wie wird gerechnet/ermittelt?	ATV
Aussparung, die anteilig in angrenzende, getrennt zu ermittelnde Flächen einbindet 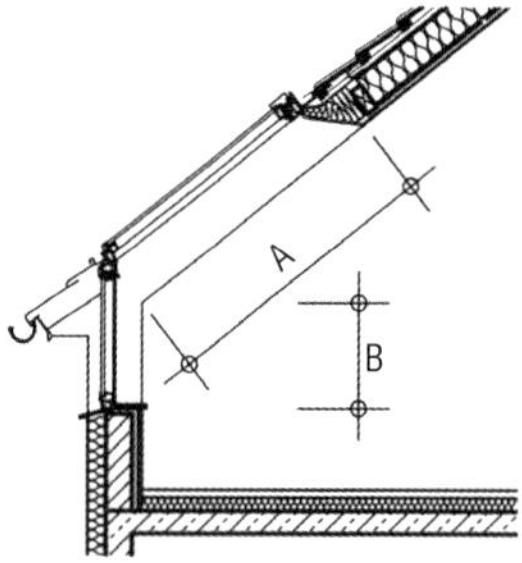	zur Ermittlung der Übermessungsgröße nur den in der jeweiligen betreffenden Fläche liegenden Anteil rechnen	5.2.4

Abrechnung nach Längenmaß [m]

Worum geht es?	Wie wird gerechnet/ermittelt?	ATV
bei der Ermittlung des Längenmaßes	größte, ggf. abgewickelte Bauteillänge messen, Fugen dabei übermessen	5.2.1

Abzugs- und Übermessungsregeln

Übermessungsregeln bei Abrechnung nach Flächenmaß [m²]

Worum geht es?	Wie wird gerechnet/ermittelt?	ATV
Aussparungen, z.B. Öffnungen und Nischen in Decken- und Wandbekleidungen und leichten Außenwandbekleidungen 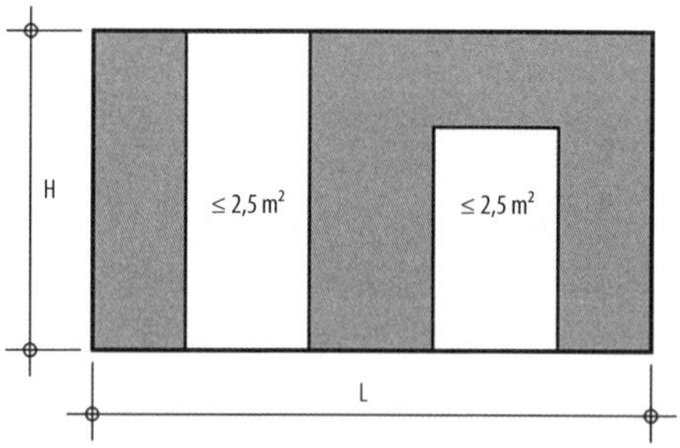	bis einschließlich 2,5 m² Einzelgröße übermessen **Tipp:** *Bei der Maßermittlung sind die kleinsten Maße der Aussparung anzusetzen.*	5.3.1

Worum geht es?	Wie wird gerechnet/ermittelt?	ATV
Aussparungen, in Böden 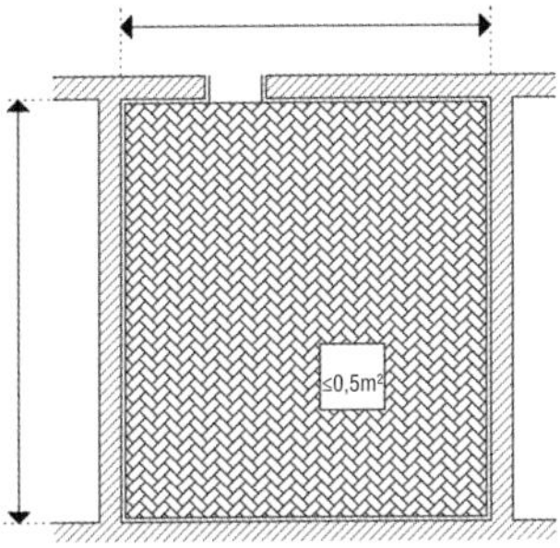	bis einschließlich 0,5 m² Einzelgröße übermessen	5.3.1
Unterbrechungen in bekleideten Flächen durch Fachwerkteile, Stützen, Unterzüge, Balken, Sparren, Lattungen u.Ä. 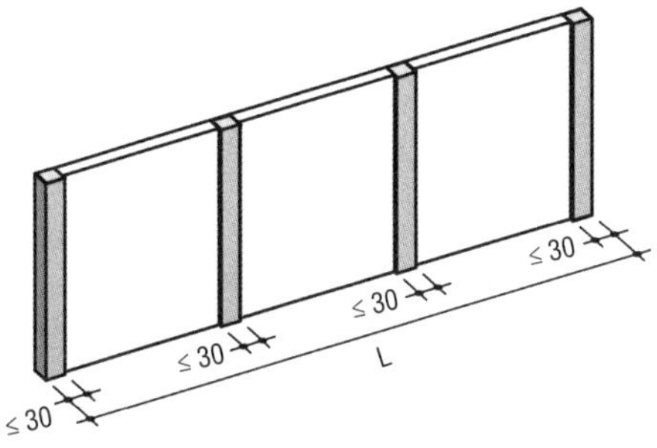	mit einer Einzelbreite bis einschließlich 30 cm	5.3.1

Worum geht es?	Wie wird gerechnet/ermittelt?	ATV
Fußleisten und Konstruktionen 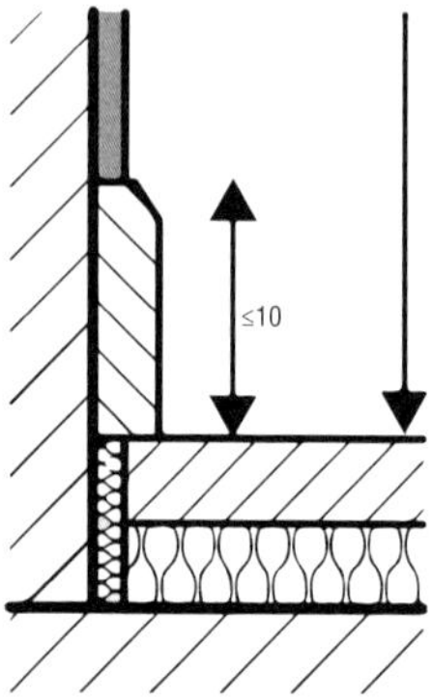	bis einschließlich 10 cm Höhe übermessen	5.3.1
Zwischenräume bei Bekleidungen aus Latten, Brettern, Paneelen, Lamellen u.Ä. 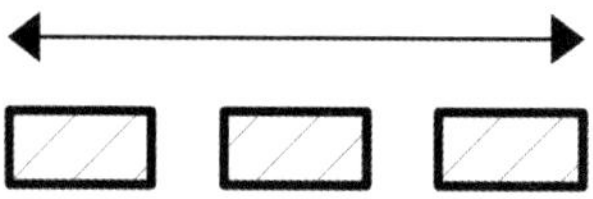	übermessen	5.3.1
Fugen	übermessen	5.3.1

Übermessungsregeln bei Abrechnung nach Längenmaß [m]

Worum geht es?	Wie wird gerechnet/ermittelt?	ATV
Unterbrechungen	mit Einzellänge bis einschließlich 1 m	5.3.2

Einzelregelungen

Keine Regelungen

ATV DIN 18356 Parkett- und Holzpflasterarbeiten

Allgemeines

Worum geht es?	Wie wird gerechnet/ermittelt?	ATV
Ermittlung der Leistung	erfolgt nach Zeichnungen, wenn diese den ausgeführten Leistungen entsprechen, andernfalls nach Aufmaß	5
zugrunde gelegt werden gleichgültig, ob die Leistungsermittlung nach Zeichnung oder Aufmaß erfolgt	Maße der behandelten oder belegten Fläche	5.1.1
vereinfachende Regeln Übermessungs- und Einzelregelungen	bei der Ermittlung der Leistungen anwenden	5.1.1

Ermittlung der Maße/Mengen

Abrechnung nach Flächenmaß [m²]

Worum geht es?	Wie wird gerechnet/ermittelt?	ATV
auf Flächen mit begrenzenden Bauteilen 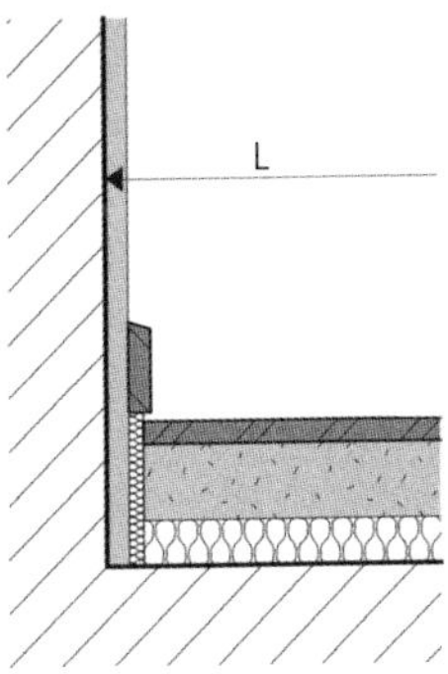 	Maße bis zu den begrenzenden, ungeputzten und unbekleideten Bauteilen rechnen **Tipp:** *entspricht den Rohbaumaßen*	5.2.1

Worum geht es?	Wie wird gerechnet/ermittelt?	ATV
auf Flächen ohne begrenzende Bauteile 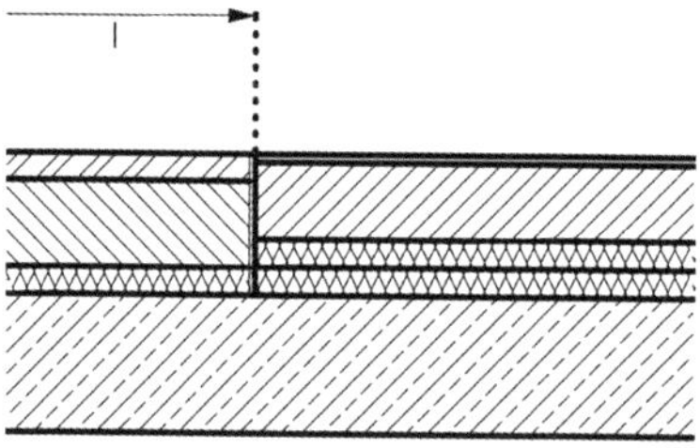	deren Maße rechnen	5.2.1
begrenzende Bauteile Vorsatzschalen und vergleichbare Bauteile 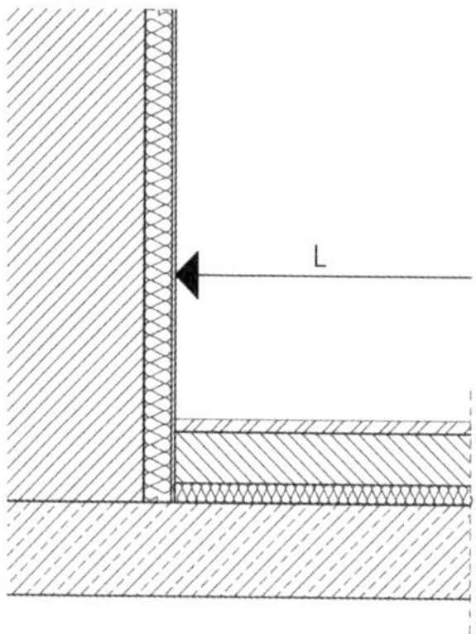 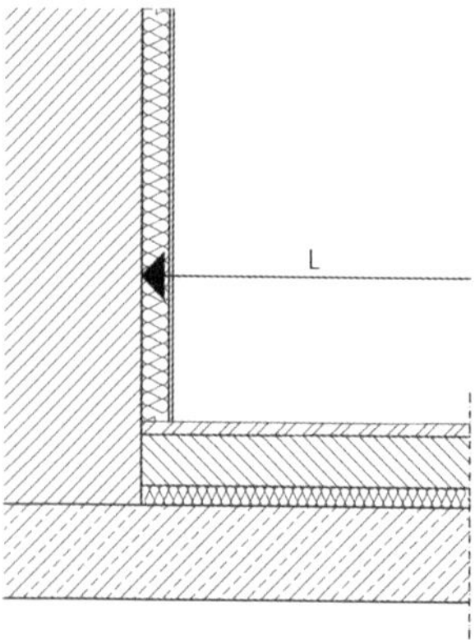	zählen dabei als begrenzende Bauteile, wenn das Parkett oder Holzpflaster durch sie tatsächlich begrenzt wird, das Parkett also nicht bis unter die Vorsatzschale reicht oder unter ihr durchläuft	5.2.1

Worum geht es?	Wie wird gerechnet/ermittelt?	ATV
Ermittlung des Längenmaßes 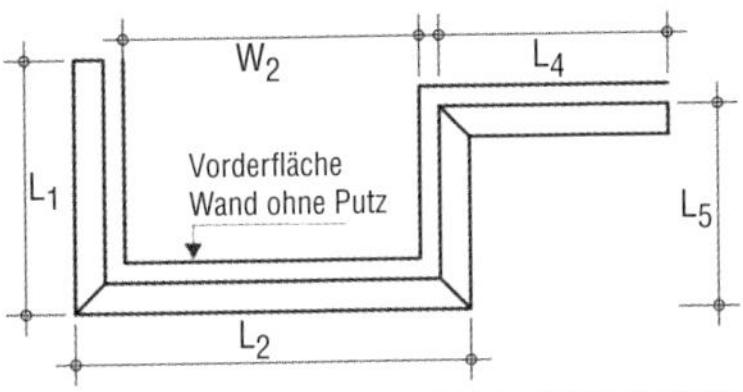	größte Bauteillänge evtl. auch in der Abwicklung messen **Tipp:** *Gilt auch bei der Abrechnung nach dem Längenmaß.*	5.2.3

Abrechnung nach Anzahl [St]

Worum geht es?	Wie wird gerechnet/ermittelt?	ATV
Beläge von Stufen und Schwellen 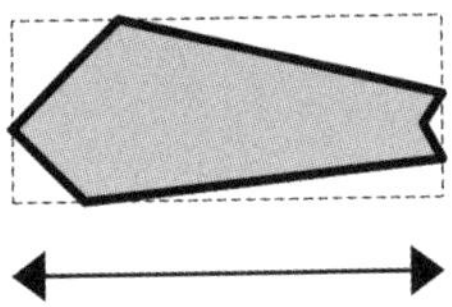	Größten Maße zugrunde legen. **Tipp:** *Entspricht dem kleinsten umschriebenen Rechteck.*	5.2.2

Abzugs- und Übermessungsregeln

Übermessungsregeln bei Abrechnung nach Flächenmaß [m²]

Worum geht es?	Wie wird gerechnet/ermittelt?	ATV
Aussparungen z.B. für Stützen, Pfeiler, Pfeilervorlagen, Rohrdurchführungen u.Ä. 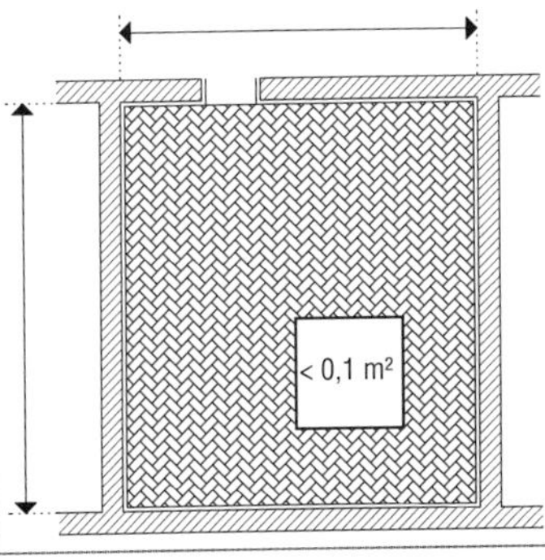	mit Einzelgröße bis einschließlich 0,1 m²	5.3.1

Worum geht es?	Wie wird gerechnet/ermittelt?	ATV
in Böden nachträglich eingearbeitete Teile z.B. Markierungen, Intarsien u.Ä. 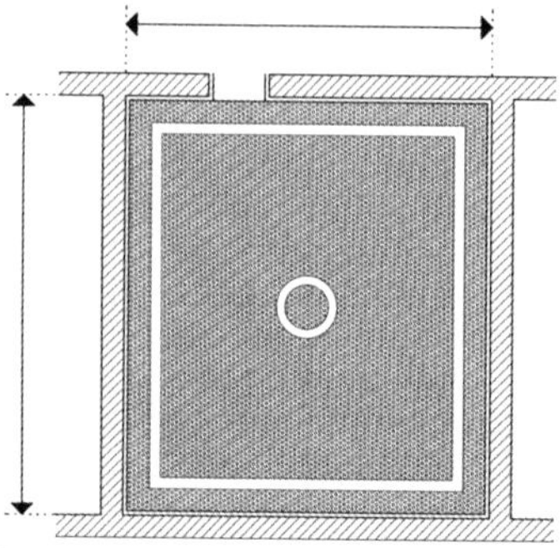	übermessen	5.3.1
Fugen	immer übermessen	5.3.1

Übermessungsregeln bei Abrechnung nach Längenmaß [m]

Worum geht es?	Wie wird gerechnet/ermittelt?	ATV
Unterbrechungen	mit Einzellänge von bis zu einschließlich 1 m	5.3.2
in Böden nachträglich eingearbeitete Teile z.B. Markierungen, Intarsien u.Ä.	übermessen	5.3.2
Fugen	immer übermessen	5.3.2

Einzelregelungen

Keine Regelungen

ATV DIN 18357 Beschlagarbeiten

Allgemeines

Worum geht es?	Wie wird gerechnet/ermittelt?	ATV
Ermittlung der Leistung	erfolgt nach Zeichnungen, wenn diese den ausgeführten Leistungen entsprechen, andernfalls nach Aufmaß	5
keine ergänzende Regelung	**Tipp:** *erübrigt sich aufgrund der Abrechnung, die i.d.R. nach Anzahl erfolgt*	5

ATV DIN 18358 Rollladenarbeiten

Allgemeines

Worum geht es?	Wie wird gerechnet/ermittelt?	ATV
Ermittlung der Leistung	erfolgt nach Zeichnungen, wenn diese den ausgeführten Leistungen entsprechen, andernfalls nach Aufmaß	5
zugrunde gelegt werden gleichgültig, ob die Leistungsermittlung nach Zeichnung oder Aufmaß erfolgt	Maße der hergestellten Bauteile **Tipp:** *Im Abschnitt 0.5 sind Abrechnungsart und Anzahl vorgegeben.*	5.1.1

Ermittlung der Maße/Mengen

Maßermittlung als Basis der Abrechnung

Worum geht es?	Wie wird gerechnet/ermittelt?	ATV
Maßermittlung generell 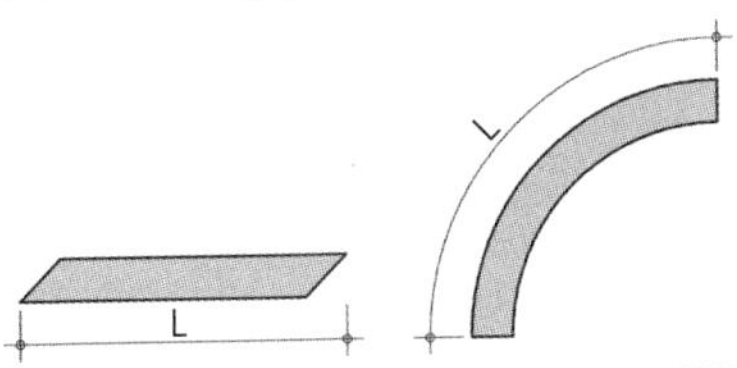	größtes Bauteilmaß rechnen	5.2.1
bei Neubau- oder Einbaurollläden	Breite: größte Breite bis Hinterkante Führungsschiene rechnen Höhe: von Unterkante Führungsschiene bis Mitte Welle rechnen	5.2.2

Worum geht es?	Wie wird gerechnet/ermittelt?	ATV
bei Vorsatz- oder Vorbaurollläden, Aufsetz- oder Aufsatzrollläden	Breite: größte Breite bis Hinterkante Führungsschiene rechnen Höhe: von Unterkante Führungsschiene bis Oberkante Kasten rechnen	5.2.3
bei Verdunklungsanlagen **ohne** Kasten	Breite: größte Breite bis Hinterkante Führungsschiene rechnen Höhe: von Unterkante Führungsschiene bis Mitte Welle rechnen	5.2.2
bei Verdunklungsanlagen **mit** Kasten	Breite: größte Breite bis Hinterkante Führungsschiene rechnen Höhe: von Unterkante Führungsschiene bis Oberkante Kasten rechnen	5.2.3
bei Außenjalousien und Raffstores mit **seilgeführten** Lamellen	Breite: Breite des Behangs rechnen Höhe: von Unterkante Unterschiene bis Oberkante Oberkopf rechnen	5.2.4
bei Außenjalousien und Raffstores mit **schienengeführten** Lamellen	Breite: Breite bis Hinterkante Führungsschiene rechnen Höhe: von Unterkante Unterschiene bis Oberkopf rechnen	5.2.4
bei Markisen	größte Breite rechnen und den Ausfall in der Tuchschräge	5.2.5
bei Kästen, Blenden, Dächern u.Ä.	tatsächliche Breitenmaße und abgewickelte Länge rechnen	5.2.6

Übermessungsregeln

Worum geht es?	Wie wird gerechnet/ermittelt?	ATV
Fugen	übermessen	5.3

Einzelregelungen

Keine Regelungen

ATV DIN 18360 Metallbauarbeiten

Allgemeines

Worum geht es?	Wie wird gerechnet/ermittelt?	ATV
Ermittlung der Leistung	erfolgt nach Zeichnungen, wenn diese den ausgeführten Leistungen entsprechen, andernfalls nach Aufmaß	5
zugrunde gelegt werden gleichgültig, ob die Leistungsermittlung nach Zeichnung oder Aufmaß erfolgt		5.1
bei hergestellten Bekleidungen, Bauteilen und behandelten Flächen 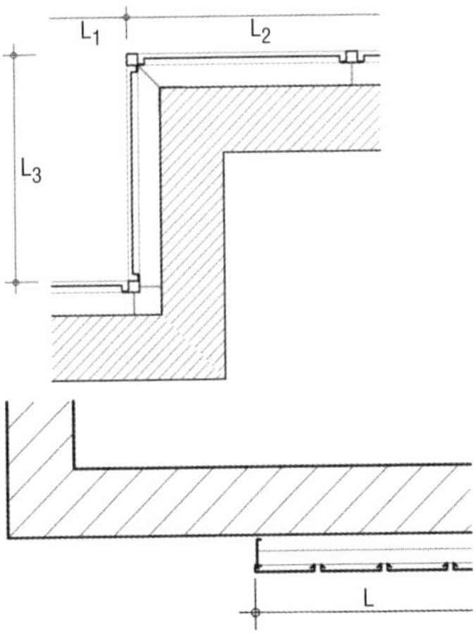	deren Maße	5.1

Worum geht es?	Wie wird gerechnet/ermittelt?	ATV
bei Flächen mit begrenzenden Bauteilen 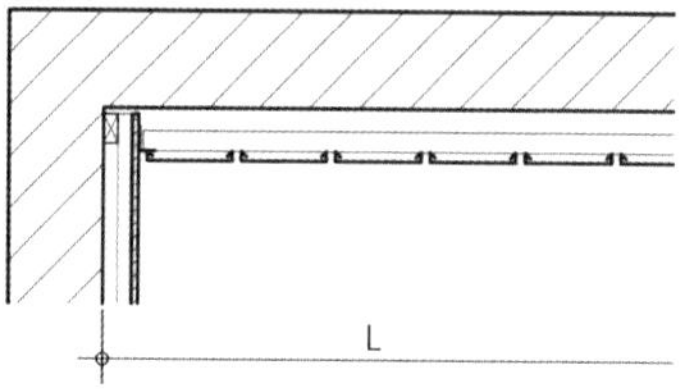	Maße bis zu den begrenzenden, ungeputzten Bauteilen rechnen	5.1
vereinfachende Regeln Übermessungs- und Einzelregelungen	bei der Ermittlung der Leistungen anwenden	5.1

Ermittlung der Maße/Mengen

Abrechnung nach Flächenmaß [m²]

Worum geht es?	Wie wird gerechnet/ermittelt?	ATV
bei Einzelbauteilen 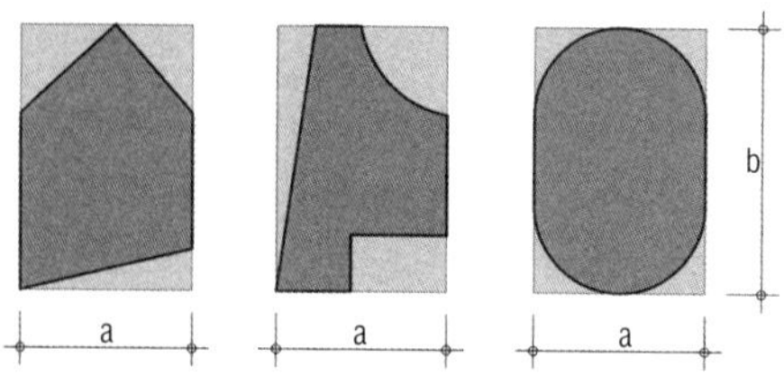	Maße des kleinsten umschriebenen Rechtecks rechnen	5.2.1

Worum geht es?	Wie wird gerechnet/ermittelt?	ATV
bekleidete Rückflächen von Nischen und bekleidete Laibungen 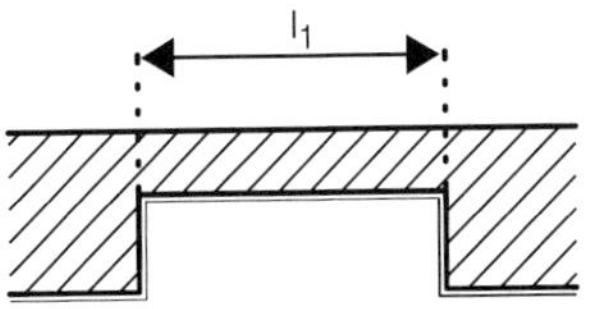 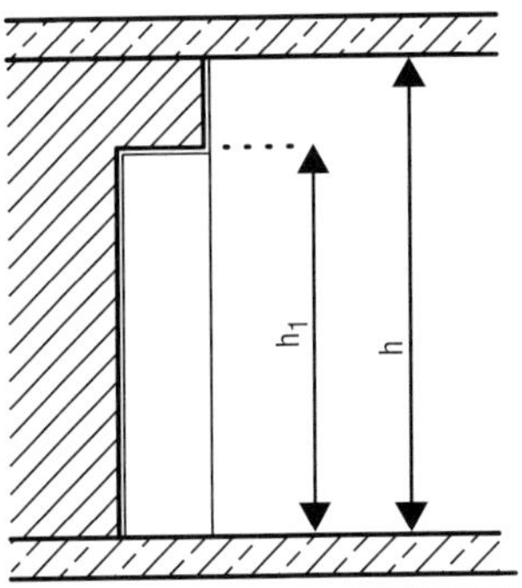	immer mit ihren Maßen gesondert rechnen, und zwar unabhängig von der Einzelgröße **Tipp:** *gilt auch, wenn die Nische übermessen wird*	5.2.3

Abrechnung nach Längenmaß [m]

Worum geht es?	Wie wird gerechnet/ermittelt?	ATV
bei Abrechnung nach Längenmaß 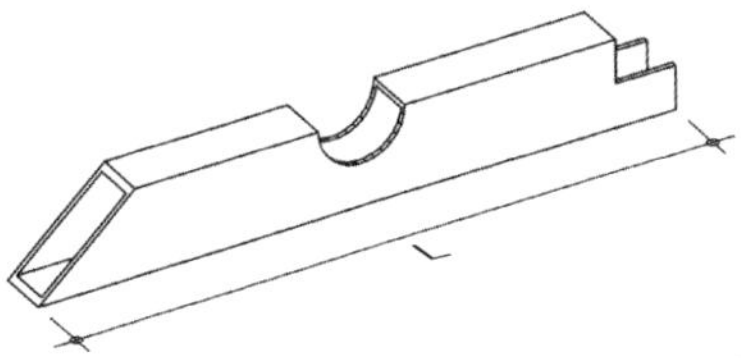	größte Länge berechnen auch bei schräg geschnittenen und ausgeklinkten Profilen	5.2.2

Worum geht es?	Wie wird gerechnet/ermittelt?	ATV
bei gebogenen Profilen 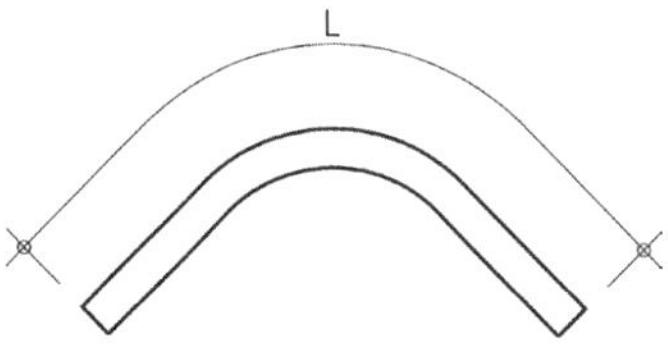	äußere abgewickelte Länge rechnen	5.2.2

Abrechnung nach Masse [kg, t]

Worum geht es?	Wie wird gerechnet/ermittelt?	ATV
genormte Profile	Masse nach Angaben in DIN-Normen rechnen	5.2.4.1
andere Profile	Masse nach Angaben des Herstellers (Profilbücher) ermitteln	5.2.4.1
Bleche, Breitflachstähle und Bandstähle aus Stahl	7,85 kg je 1 m² Fläche und 1 mm Dicke ansetzen	5.2.4.1
Bleche, Breitflachstähle und Bandstähle aus nichtrostendem Stahl	7,9 kg je 1 m² Fläche und 1 mm Dicke ansetzen	5.2.4.1
Bleche, Breitflachstähle und Bandstähle aus Aluminium	2,7 kg je 1 m² Fläche und 1 mm Dicke ansetzen	5.2.4.1
Bleche, Breitflachstähle und Bandstähle aus Kupfer oder Messing	9 kg je 1 m² Fläche und 1 mm Dicke ansetzen	5.2.4.1
Formstücke aus Stahl und Stahlguss	Dichte von 7,85 kg/dm³ ansetzen	5.2.4.1
Formstücke aus Gusseisen (Grauguss)	Dichte von 7,25 kg/dm³ ansetzen	5.2.4.1
Kleineisenteile bis 15 kg Einzelmasse	Masse kann durch Wiegen bestimmt werden	5.2.4.2
Verbindungsmittel Schrauben, Nieten, Schweißnähte u.Ä.	nicht berücksichtigen	5.2.4.3
feuerverzinkte (stückverzinkte) Stahlkonstruktionen	Zuschläge für die Verzinkung: 5 % auf die ermittelte Masse	5.2.4.4

Abzugs- und Übermessungsregeln

Übermessungsregeln bei Abrechnung nach Flächenmaß [m²]

Worum geht es?	Wie wird gerechnet/ermittelt?	ATV
Aussparungen, z.B. Öffnungen und Nischen in Wänden und Decken, außer in Böden 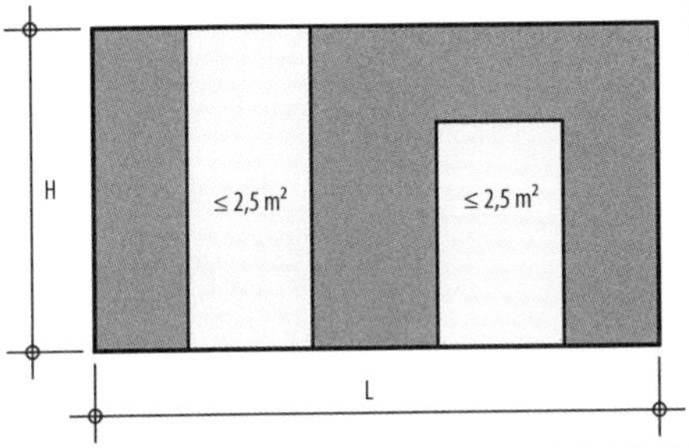 	bis einschließlich 2,5 m² Einzelgröße übermessen	5.3.1
Aussparungen in Böden 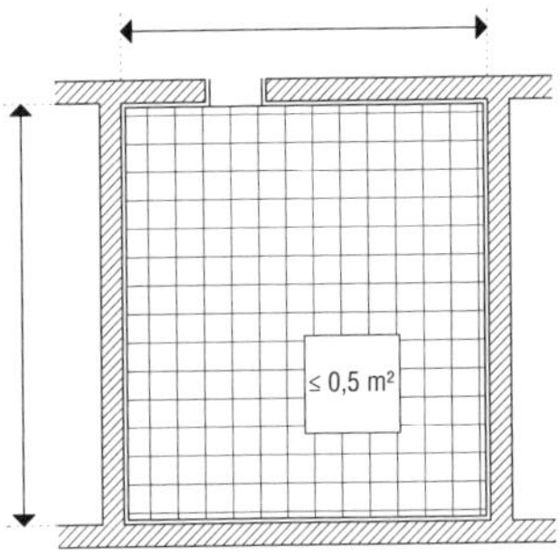 	bis einschließlich 0,5 m² Einzelgröße übermessen	5.3.1

Übermessungsregeln bei Abrechnung nach Längenmaß [m]

Worum geht es?	Wie wird gerechnet/ermittelt?	ATV
Unterbrechungen	mit Einzellängen bis einschließlich 1 m übermessen	5.3.2

Einzelregelungen

Keine Regelungen

ATV DIN 18361 Verglasungsarbeiten

Allgemeines

Worum geht es?	Wie wird gerechnet/ermittelt?	ATV
Ermittlung der Leistung	erfolgt nach Zeichnungen, wenn diese den ausgeführten Leistungen entsprechen, andernfalls nach Aufmaß	5
zugrunde gelegt werden gleichgültig, ob die Leistungsermittlung nach Zeichnung oder Aufmaß erfolgt	Maße der herzustellenden Verglasungen	5.1
vereinfachende Regeln Übermessungs- und Einzelregelungen	bei der Ermittlung der Leistungen anwenden	5.1

Ermittlung der Maße/Mengen

Abrechnung nach Flächenmaß [m²]

Worum geht es?	Wie wird gerechnet/ermittelt?	ATV
Scheiben 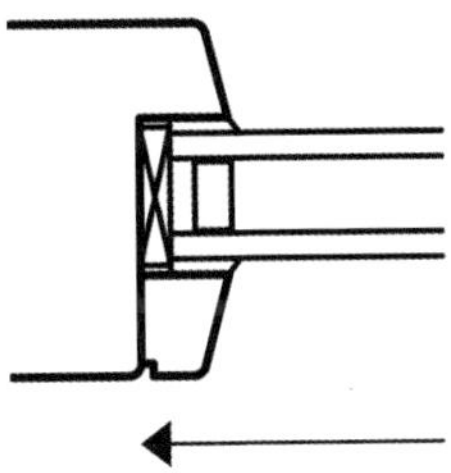	einschließlich Glasfalzhöhe messen Diese einschließlich der Glasfalze zu messenden Maße werden auf einen durch 3 teilbaren vollen Zentimeterwert aufgerundet.	5.2.1
Scheiben unter 0,25 m^2 Flächenmaß	mit jeweils 0,25 m^2 rechnen	5.2.1

Worum geht es?	Wie wird gerechnet/ermittelt?	ATV
Scheiben, die nicht rechteckig sind 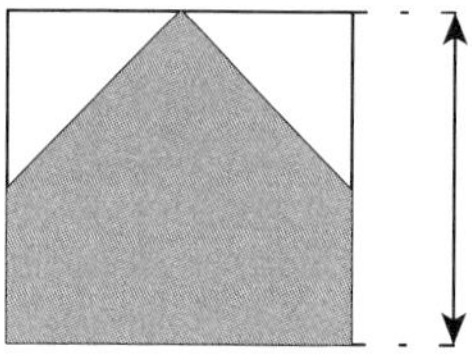 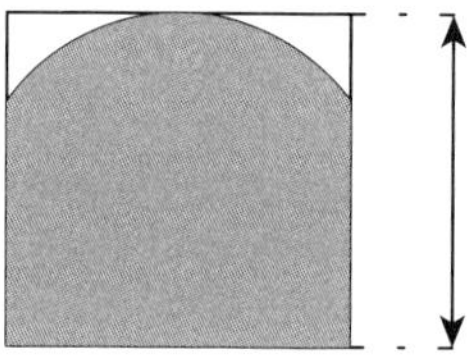	Maße des kleinsten umschriebenen Rechtecks zugrunde legen	5.2.1
Mehrscheiben-Isolierglas, vorgespannte Gläser und Verbundsicherheitsgläser	Mindestfläche von 0,5 m^2 ansetzen	5.2.1

Abrechnung nach Längenmaß [m]

Worum geht es?	Wie wird gerechnet/ermittelt?	ATV
bei der Kantenbearbeitung	Längen und Breiten, die aus den Flächenmaßen ermittelt werden, zugrunde legen	5.2.2

Abzugs- und Übermessungsregeln

Übermessungsregeln bei Abrechnung nach Flächenmaß [m²]

Worum geht es?	Wie wird gerechnet/ermittelt?	ATV
bei Verglasungen mit Profilbauglas und lichtdurchlässigen Kunststoffplatten 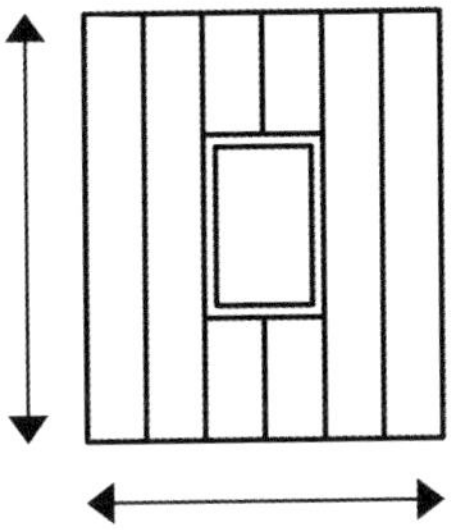	Sprossen und bewegliche Flügel übermessen	5.3.1
bei Blei-, Messing- und Leichtmetallverglasungen 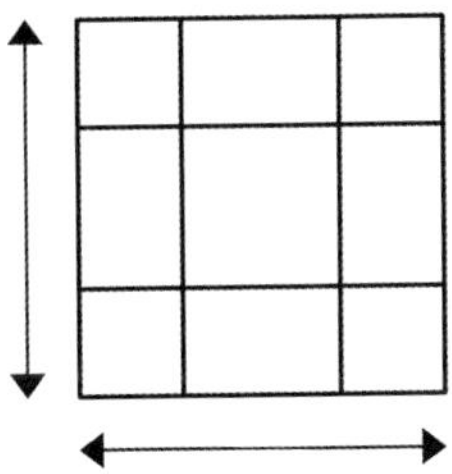	Metallfassungen übermessen	5.3.1

Einzelregelungen

Worum geht es?	Wie wird gerechnet/ermittelt?	ATV
Abweichungen bei der Größe von eingebauten Scheiben von den Maßen (Breite und Höhe) im Leistungsverzeichnis von jeweils weniger als 20 mm	bleiben bei der Abrechnung unberücksichtigt	5.4

ATV DIN 18363 Maler- und Lackierarbeiten – Beschichtungen

Allgemeines

Worum geht es?	Wie wird gerechnet/ermittelt?	ATV
Ermittlung der Leistung	erfolgt nach Zeichnungen, wenn diese den ausgeführten Leistungen entsprechen, andernfalls nach Aufmaß	5
zugrunde gelegt werden gleichgültig, ob die Leistungsermittlung nach Zeichnung oder Aufmaß erfolgt	Maße der behandelten oder beschichteten Flächen	5.1.1
vereinfachende Regeln Übermessungs- und Einzelregelungen	bei der Ermittlung der Leistungen anwenden	5.1.1

Ermittlung der Maße/Mengen

Abrechnung nach Flächenmaß [m²]

Worum geht es?	Wie wird gerechnet/ermittelt?	ATV
Vorbereiten von Untergründen, Beschichten und Behandeln von Innenflächen **ohne** begrenzende Bauteile 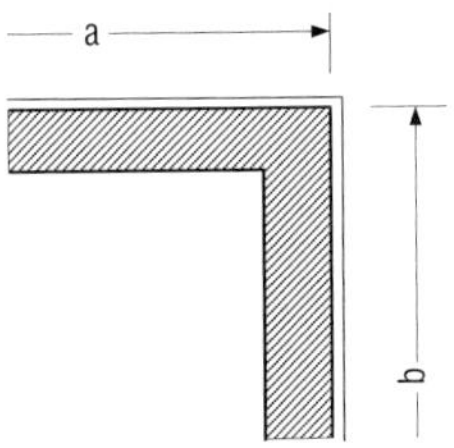	Maße der ungeputzten, ungedämmten und unbekleideten Flächen rechnen	5.2.1

Worum geht es?	Wie wird gerechnet/ermittelt?	ATV
Vorbereiten von Untergründen, Beschichten und Behandeln von Innenflächen **mit** begrenzenden Bauteilen 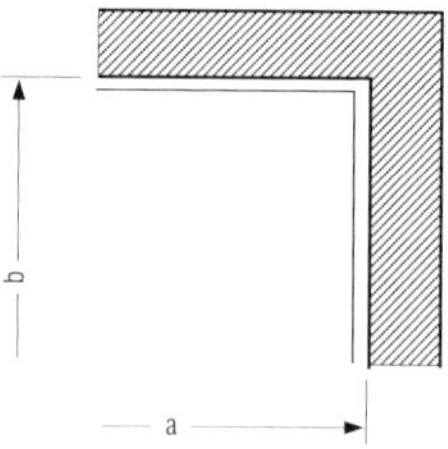	Maße bis zu den begrenzenden, ungeputzten, ungedämmten und unbekleideten Bauteilen rechnen Begrenzende Bauteile können auch raumbildende Systemböden, Trockenunterböden, Vorsatzschalen, Unterdecken und abgehängte Decken sein.	5.2.1
bei Innenarbeiten wenn die Rohbaumaße nicht zur Verfügung stehen	behandelte Flächen rechnen	5.2.1
bei Fassaden 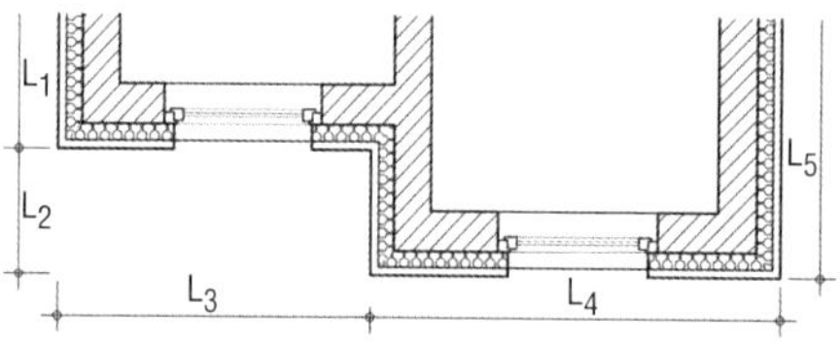	behandelte Flächen rechnen	5.2.1
beliebig geformte Einzelflächen z.B. bei Ausbesserungsstellen 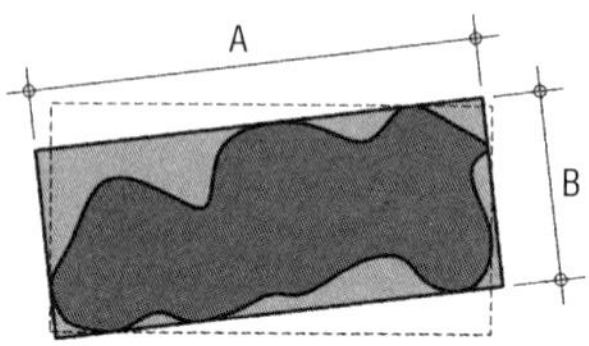 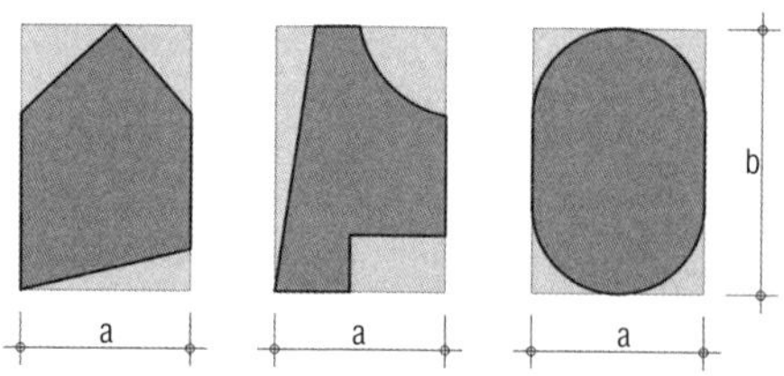	kleinstes umschriebenes Rechteck zugrunde legen Kreise, Dreiecke, Trapeze und Rauten sind von dieser Regelung ausgenommen.	5.2.2

Worum geht es?	Wie wird gerechnet/ermittelt?	ATV
beschichtete Rückflächen von Nischen und Laibungen	immer gesondert rechnen, und zwar unabhängig von ihren Einzelgrößen	5.2.3
verschiedenartige Aussparungen, die unmittelbar zusammenhängen z.B. Öffnungen mit angrenzender Nische 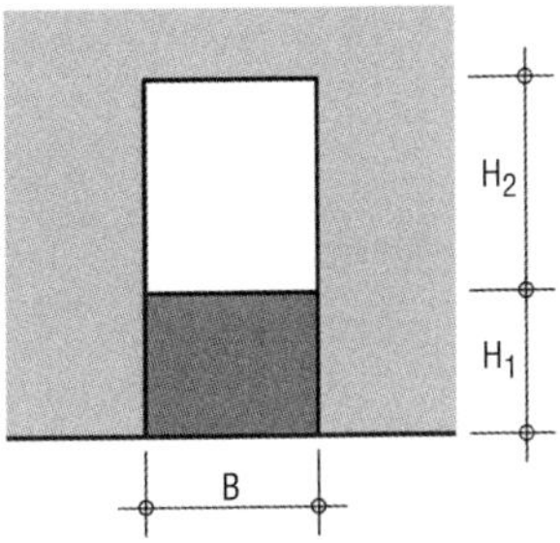 	bei Beschichtungsarbeiten immer getrennt rechnen	5.2.4
Aussparungen, die anteilig in angrenzende, getrennt zu rechnende Flächen einbinden	zur Ermittlung der Übermessungsgröße die jeweiligen Aussparungsflächen anteilig rechnen	5.2.5
Fenster, Türen, Trennwände, Bekleidungen u.Ä.	je beschichtete Seite nach Fläche rechnen	5.2.6
Flächen von Profilen, Heizkörpern, Trapezprofilen, Wellblechen u.Ä. 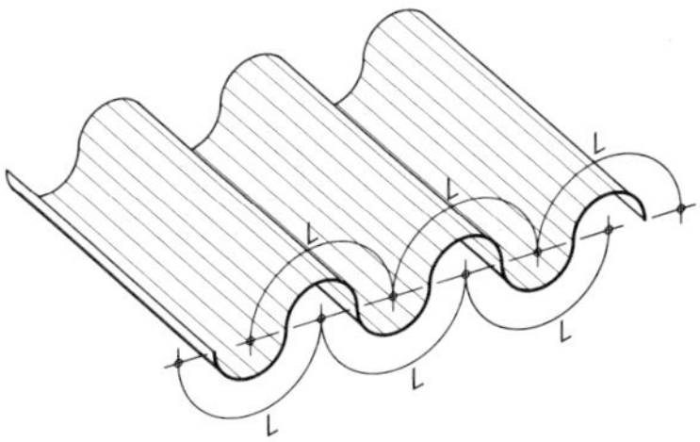 	nach abgewickelter Fläche rechnen oder nach Tabellen, wenn vorhanden	5.2.8

Worum geht es?	Wie wird gerechnet/ermittelt?	ATV
bei der Maßermittlung 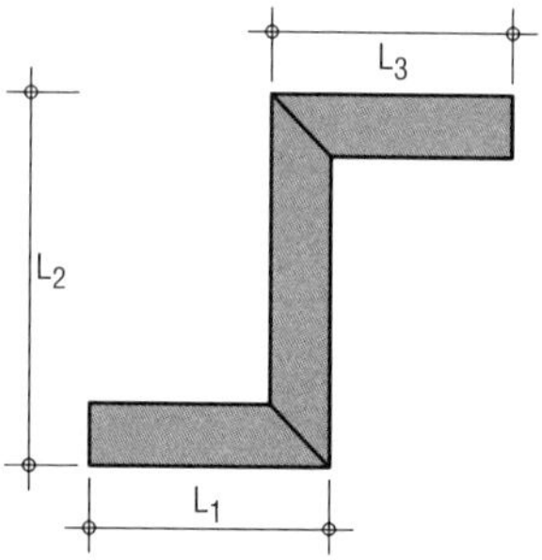 	größte Bauteilmaße, evtl. in der Abwicklung rechnen	5.2.9

Abrechnung nach Längenmaß [m]

Worum geht es?	Wie wird gerechnet/ermittelt?	ATV
Rohrgeländer	nach Länge der Rohre getrennt nach Dimensionen rechnen	5.2.8
Gesimse, Umrahmungen, Faschen, Wandanschlüsse, umlaufende Friese u.Ä. a) 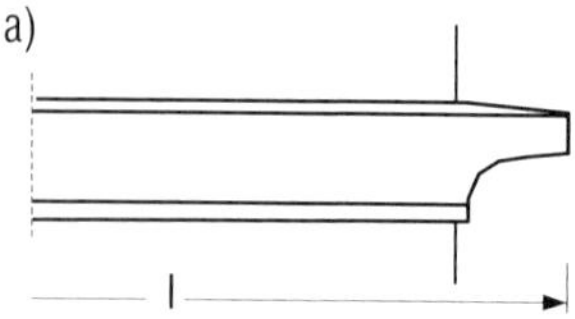 b) 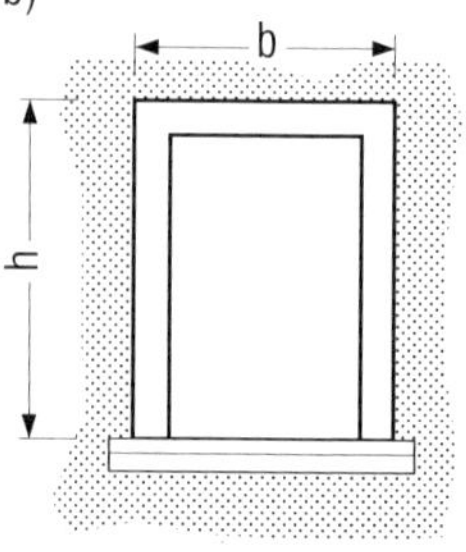 	größte, ggf. abgewickelte Bauteilmaße rechnen **Tipp:** *Dies gilt sowohl für die Abrechnung nach dem Längenmaß als auch zur Berechnung der Fläche.*	5.2.9

Worum geht es?	Wie wird gerechnet/ermittelt?	ATV
Dachrinnen 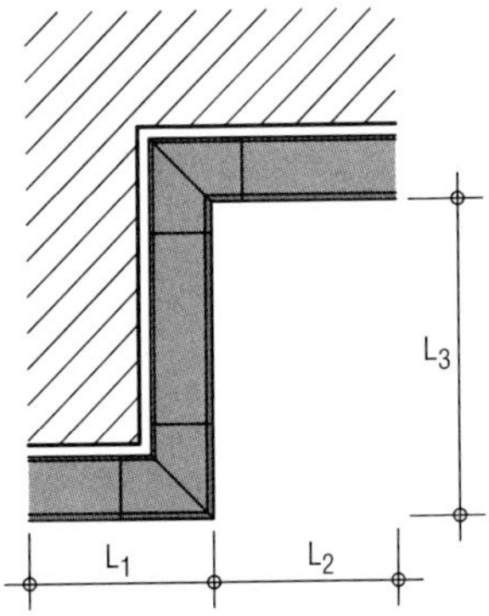	am Wulst messen	5.2.9
Fallrohre 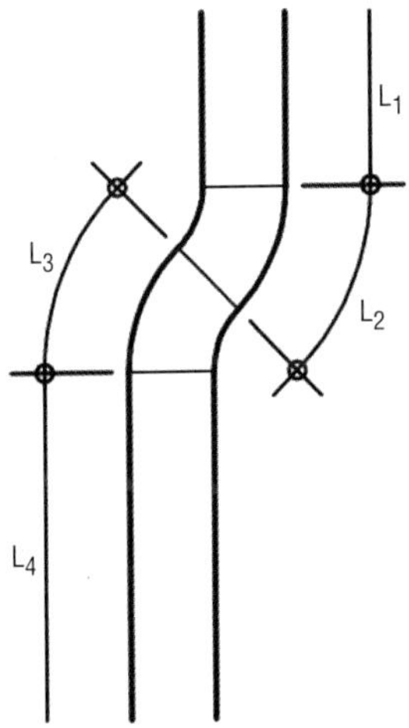	im Außenbogen messen	5.2.9

Abrechnung nach Raummaß [l]

Worum geht es?	Wie wird gerechnet/ermittelt?	ATV
Imprägnierungen mit Silicon oder Kieselsäureester	nach verbrauchter Menge rechnen	5.2.10

Abzugs- und Übermessungsregeln

Übermessungsregeln bei Abrechnung nach Flächenmaß [m²]

Worum geht es?	Wie wird gerechnet/ermittelt?	ATV
Aussparungen, z.B. Öffnungen (auch raumhoch), Nischen, Durchdringungen, Einbindungen u.Ä. generell, außer in Böden 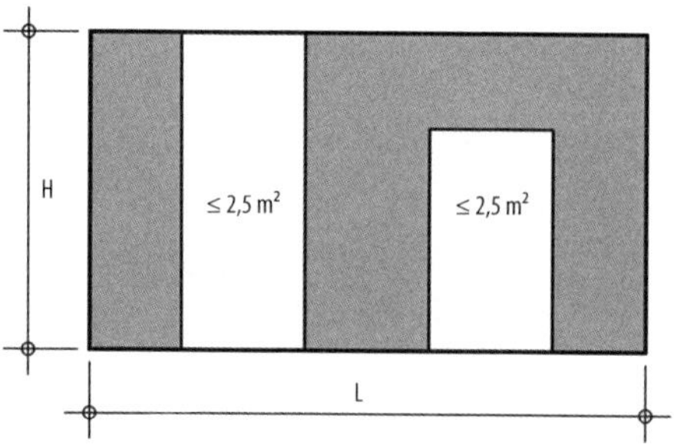	mit Einzelgröße bis einschließlich 2,5 m² übermessen **Tipp:** *Basis für die Ermittlung von Abzugsmaßen sind bei Aussparungen stets deren kleinste Abmessungen.*	5.3.1
Aussparungen in Böden 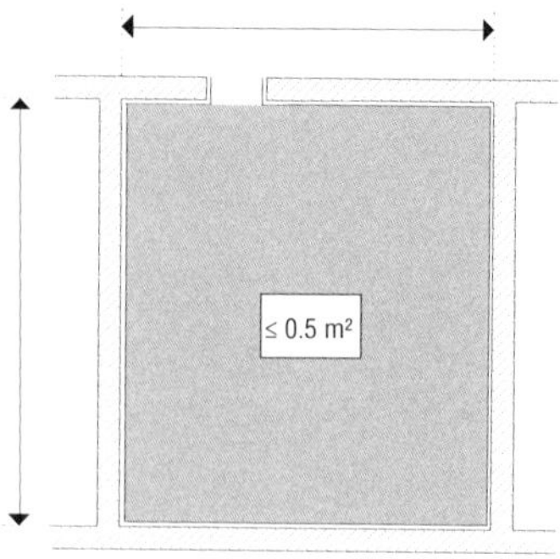	mit Einzelgrößen bis einschließlich 0,5 m² übermessen	5.3.1
Fugen	übermessen	5.3.1
flächenabschließende Gesimse, Lisenen, Eckverbände, Umrahmungen und Faschen	mit Einzelbreiten bis einschließlich 30 cm, unabhängig davon, ob sie behandelt werden	5.3.1

Worum geht es?	Wie wird gerechnet/ermittelt?	ATV
Leisten, Sockelfliesen u.Ä. 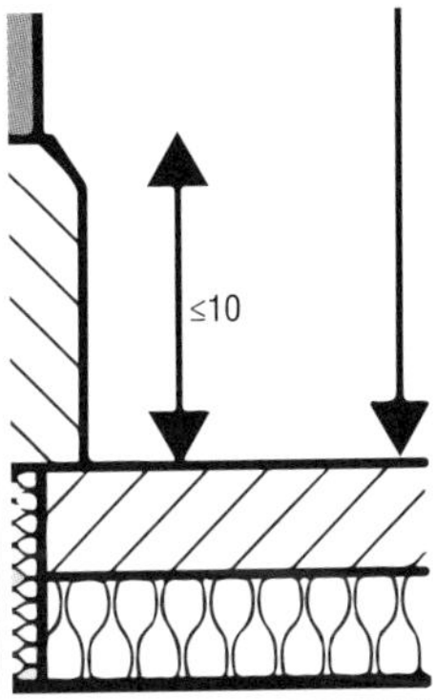	bis einschließlich 10 cm Höhe übermessen	5.3.1
Unterbrechungen durch Bauteile in der zu bearbeitenden Fläche z.B. Fachwerkteile, Stützen, Unterzüge, Vorlagen, Balkonplatten, Podeste, Wandvorlagen u.Ä. 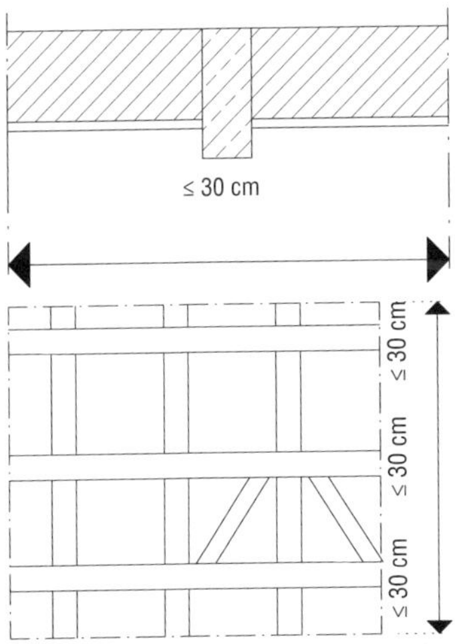	mit Einzelbreiten bis einschließlich 30 cm übermessen, unabhängig davon, ob sie behandelt werden	5.3.1

Worum geht es?	Wie wird gerechnet/ermittelt?	ATV
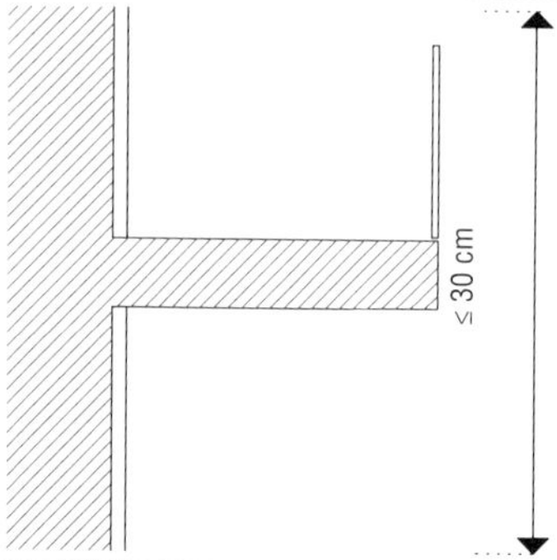		
Verglasungen, Füllungen u.Ä. von Fenstern, Türen, Trennwänden, Verkleidungen 	übermessen	5.3.1

Übermessungsregeln bei Abrechnung nach Längenmaß [m]

Worum geht es?	Wie wird gerechnet/ermittelt?	ATV
Unterbrechungen	mit Einzellängen bis zu einschließlich 1 m	5.3.2

Worum geht es?	Wie wird gerechnet/ermittelt?	ATV
bei Rohrleitungen 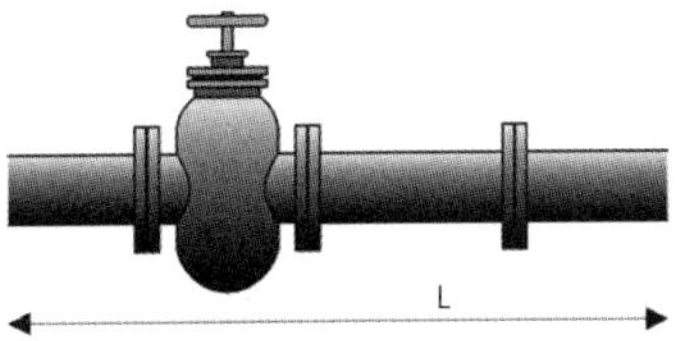	Schieber, Flansche u.Ä. übermessen und gesondert rechnen	5.3.2

Einzelregelungen

Worum geht es?	Wie wird gerechnet/ermittelt?	ATV
Einzelregelungen bei – Türen über 60 mm Dicke – Blockzargen über 60 mm Tiefe 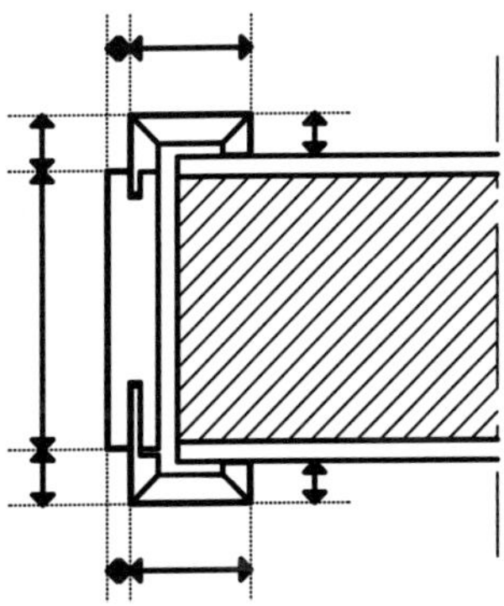 – Futter und Bekleidungen von Türen und Fenstern – Stahltürzargen u.Ä.	abgewickelte Fläche rechnen **Tipp:** *Die abgewickelte Fläche umfasst auch z.B. die Fläche der Türkante*	5.4.1

Worum geht es?	Wie wird gerechnet/ermittelt?	ATV
Fenstergitter, Scherengitter, Rollgitter, Roste, Zäune, Einfriedungen und Stabgeländer 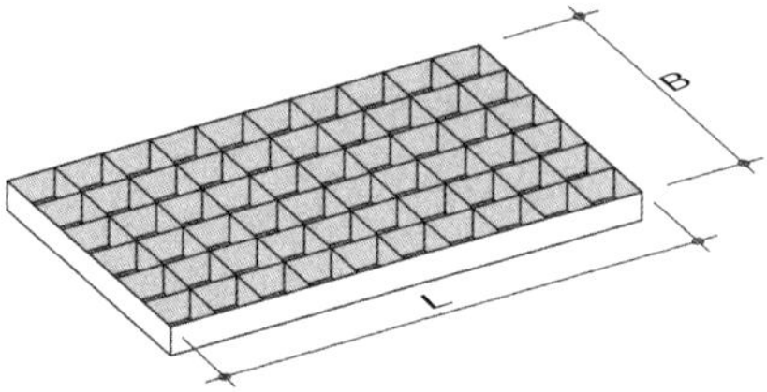	nur einseitig rechnen **Tipp:** *Dies gilt auch bei allseitiger Bearbeitung!*	5.4.1
Abweichungen von den vorgeschriebenen Maßen bei Türen, Fenster, Rollläden u.Ä. nach Anzahl [St] gerechnet	bis jeweils 5 cm in der Höhe und Breite und bis 3 cm in der Tiefe nicht berücksichtigen **Tipp:** *Liegen die Abweichungen außerhalb des Toleranzbereichs, kann auf Verlangen ein neuer Einheitspreis vereinbart werden.*	5.4.2
Flächenbehandlung, die prozentual vorgegeben ist bei nicht zusammenhängenden Teilflächen	Bauteilgesamtfläche rechnen	5.4.3

ATV DIN 18364 Korrosionsschutzarbeiten an Stahlbauten

Allgemeines

Worum geht es?	Wie wird gerechnet/ermittelt?	ATV
Ermittlung der Leistung	erfolgt nach Zeichnungen, wenn diese den ausgeführten Leistungen entsprechen, andernfalls nach Aufmaß	5
zugrunde gelegt werden gleichgültig, ob die Leistungsermittlung nach Zeichnung oder Aufmaß erfolgt	Maße der zu behandelnden Flächen	5.1.1
vereinfachende Regeln Übermessungs- und Einzelregelungen	bei der Ermittlung der Leistungen anwenden	5.1.2

Ermittlung der Maße/Mengen

Abrechnung nach Längenmaß [m]

Worum geht es?	Wie wird gerechnet/ermittelt?	ATV
Maßermittlung generell 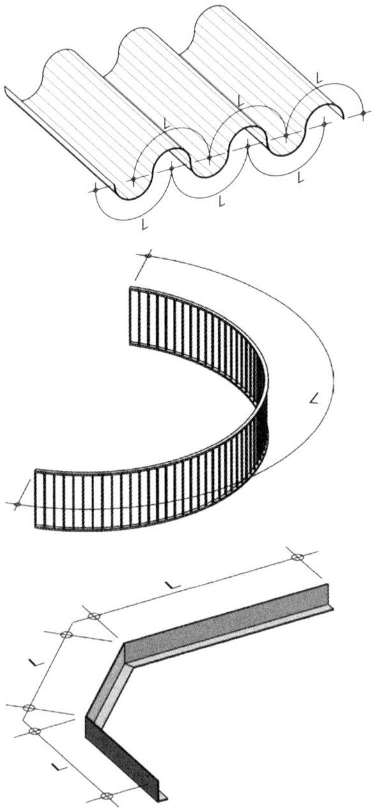	größtes, ggf. abgewickeltes Bauteilmaß rechnen	5.2.2

Worum geht es?	Wie wird gerechnet/ermittelt?	ATV
Maßermittlung z.B. bei Rohren 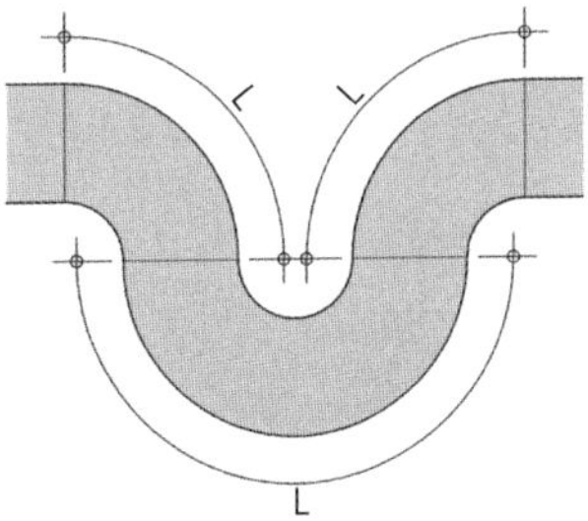	Maß des Außenbogens rechnen	5.2.2
Rohrgeländer	nach Länge der Rohre getrennt nach Dimensionen rechnen	5.2.4

Abrechnung nach Flächenmaß [m²]

Worum geht es?	Wie wird gerechnet/ermittelt?	ATV
bei Geländern, Rosetten, Gittern u.Ä. 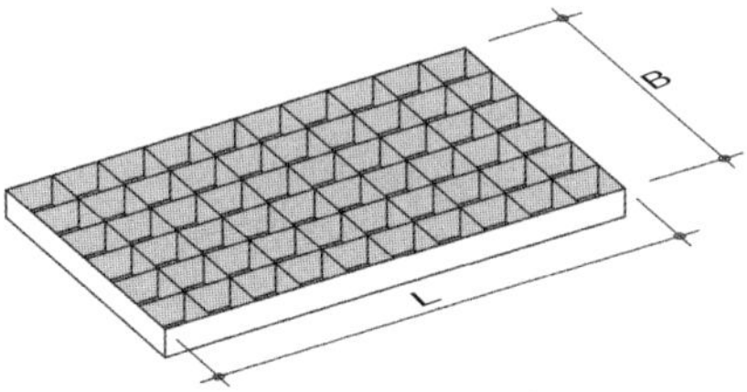	Fläche nur einseitig als Ansichtsfläche rechnen *Tipp:* *Als Ansichtsfläche ist die umschriebene Fläche des Bauteils zu verstehen und nicht die tatsächliche einseitige Oberfläche.*	5.2.3
Flächen die sich nicht in einfache geometrische Formen (Rechtecke, Dreiecke, Trapeze, Rauten etc.) aufteilen lassen 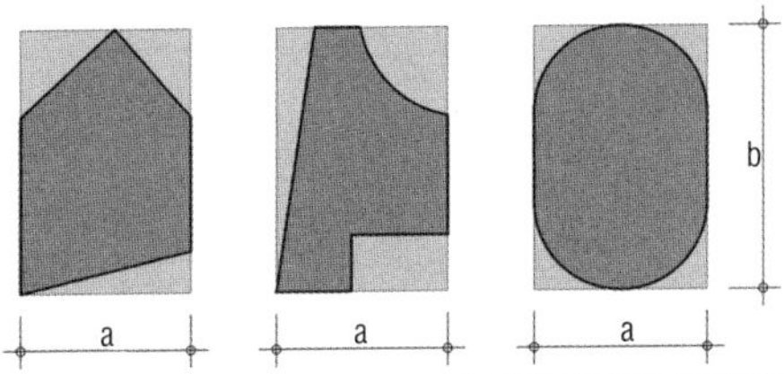	kleinstes umschriebenes Rechteck rechnen	5.2.5

Abrechnung nach Masse [kg, t]

Worum geht es?	Wie wird gerechnet/ermittelt?	ATV
Masse genormter Profile	nach Angaben in DIN-Normen rechnen	5.2.1
Masse anderer Profile	nach Angaben des Herstellers (Profilbücher) ermitteln	5.2.1
Bleche und Bänder aus Stahl	7,85 kg/m² Fläche und 1 mm Dicke ansetzen	5.2.7
Bleche und Bänder aus rostfreiem Stahl	7,9 kg/m² Fläche und 1 mm Dicke ansetzen	5.2.7
Verbindungsmittel z.B. Schrauben, Nieten, Schweißnähte u.Ä.	bei der Massenermittlung nicht berücksichtigen	5.2.7
Abrechnung von Feuerverzinkung (Stückverzinkung)	Masse der unverzinkten Konstruktion und Bauteile zugrunde legen	5.2.8

Abrechnung nach Anzahl [St]

Worum geht es?	Wie wird gerechnet/ermittelt?	ATV
Maßabweichungen bei Türen, Toren, Fenstern u.Ä. zwischen den in der Leistungsbeschreibung angegebenen Bauteilmaßen und den tatsächlichen Abmessungen	in der Höhe und Breite bis jeweils 5 cm sowie 3 cm in der Tiefe bleiben unberücksichtigt	5.2.6
Armaturen Schieber, Flansche etc.	einzeln nach Anzahl rechnen	5.2.9

Abzugs- und Übermessungsregeln

Übermessungsregeln bei Abrechnung nach Flächenmaß [m²]

Worum geht es?	Wie wird gerechnet/ermittelt?	ATV
Aussparungen	mit Einzelgrößen bis einschließlich 0,5 m² übermessen	5.3.1

Worum geht es?	Wie wird gerechnet/ermittelt?	ATV
Unterbrechungen in der zu behandelnden Fläche durch Stützen, Unterzüge, Vorlagen, Podeste, Vertiefungen	mit Einzelbreiten bis einschließlich 30 cm übermessen	5.3.1

Übermessungsregeln bei Abrechnung nach Längenmaß [m]

Worum geht es?	Wie wird gerechnet/ermittelt?	ATV
Unterbrechungen	mit Einzellängen bis einschließlich 1 m übermessen	5.3.2
Kreuzungen, Überdeckungen, Durchdringungen 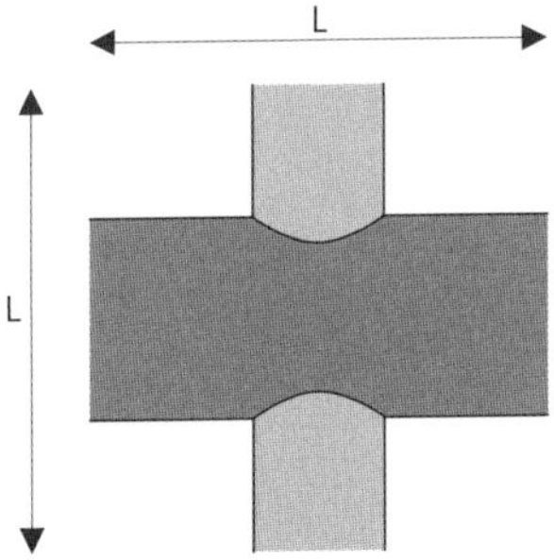 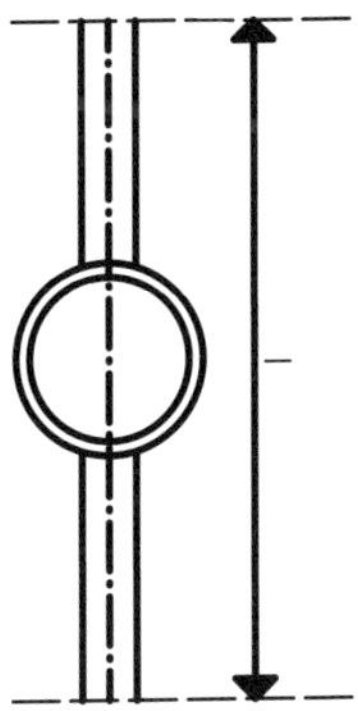	übermessen	5.3.2

Worum geht es?	Wie wird gerechnet/ermittelt?	ATV
Armaturen, Flansche, Schieber u.Ä. bei Rohrleitungen 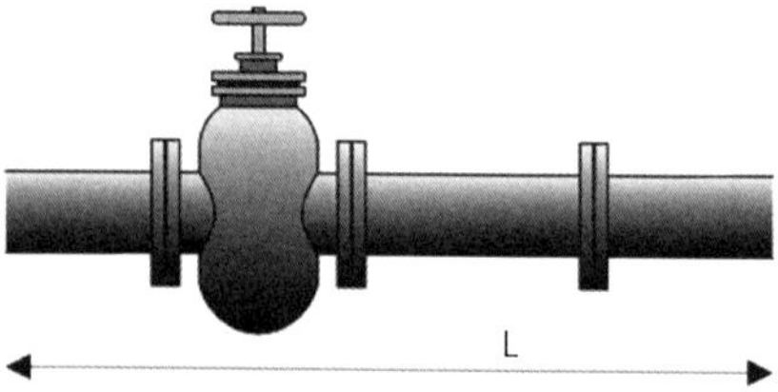	übermessen	5.3.2

Übermessungsregeln bei Abrechnung nach Masse [kg, t]

Worum geht es?	Wie wird gerechnet/ermittelt?	ATV
Masse von Teilen mit unbehandelten oder nur teilweise behandelten Flächen z.B. einbetonierte bzw. nicht abgezogene Stützenfüße u.Ä. 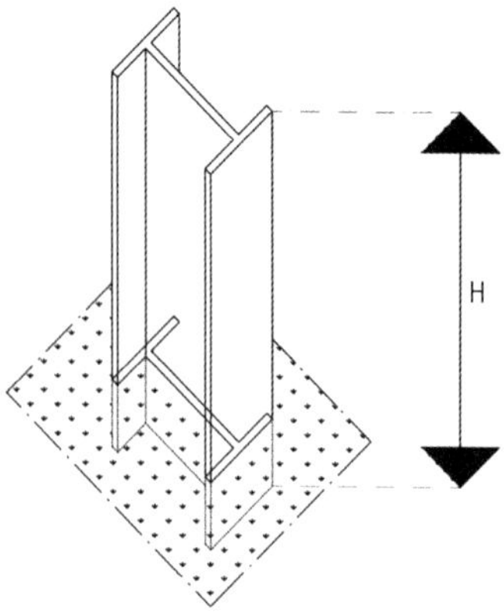	übermessen	5.3.3

Einzelregelungen

Keine Regelungen

ATV DIN 18365 Bodenbelagarbeiten

Allgemeines

Worum geht es?	Wie wird gerechnet/ermittelt?	ATV
Ermittlung der Leistung	erfolgt nach Zeichnungen, wenn diese den ausgeführten Leistungen entsprechen, andernfalls nach Aufmaß	5
zugrunde gelegt werden gleichgültig, ob die Leistungsermittlung nach Zeichnung oder Aufmaß erfolgt		5.1
bei belegten Flächen	deren Maße	5.1
oder bei hergestellten Belägen	deren Maße	5.1
bei Sockelleisten, Fugen, Profilen o.Ä.	deren Länge	5.1
vereinfachende Regeln Übermessungs- und Einzelregelungen	bei der Ermittlung der Leistungen anwenden	5.1

Ermittlung der Maße/Mengen

Abrechnung nach Flächenmaß [m²]

Worum geht es?	Wie wird gerechnet/ermittelt?	ATV
bei Flächen mit begrenzenden Bauteilen 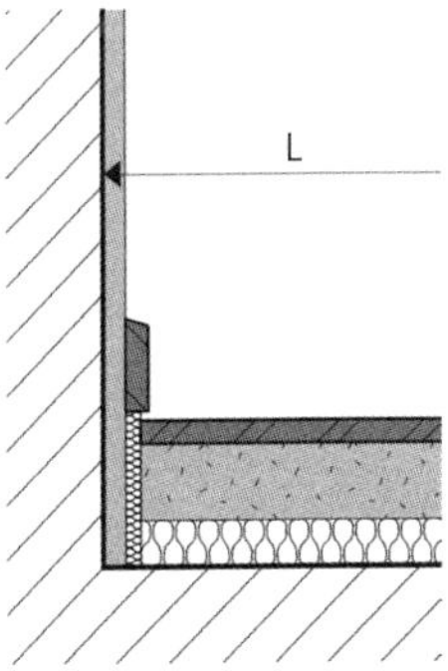	Maße der belegten Fläche bis zu den begrenzenden, ungeputzten und unbekleideten Bauteilen rechnen **Tipp:** *Vorsatzschalen u.Ä. sind begrenzende Bauteile, wenn sie nicht unterschnitten sind.*	5.2.1

Worum geht es?	**Wie wird gerechnet/ermittelt?**	**ATV**
bei Flächen ohne begrenzende Bauteile 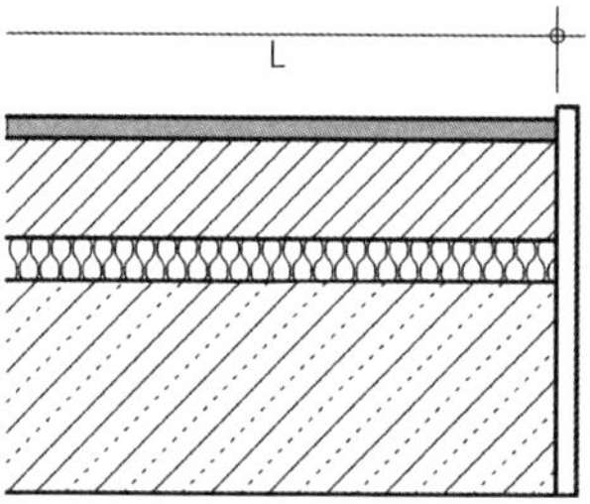	deren Maße rechnen	5.2.1
bei Flächen von Stufen und Schwellen 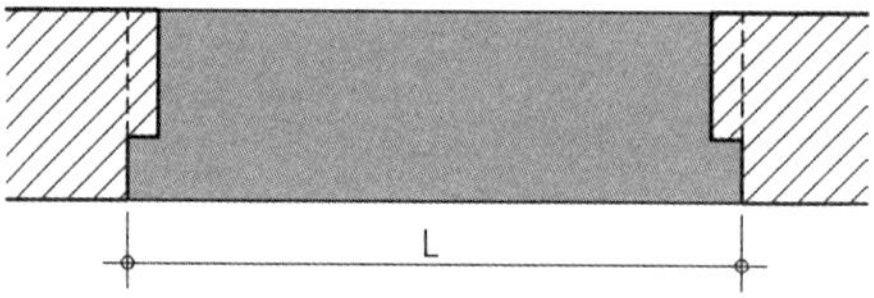 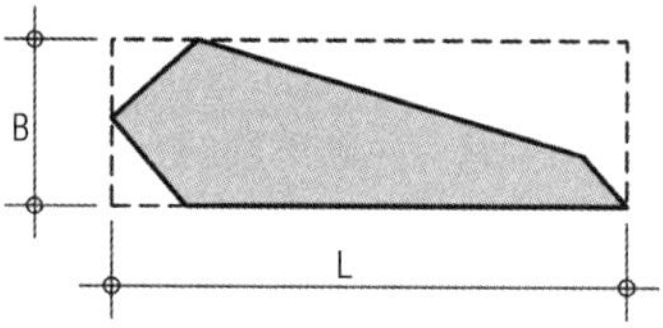	größte Abmessungen der Stufen und Schwellen rechnen	5.2.1
Ermittlung des Längenmaßes 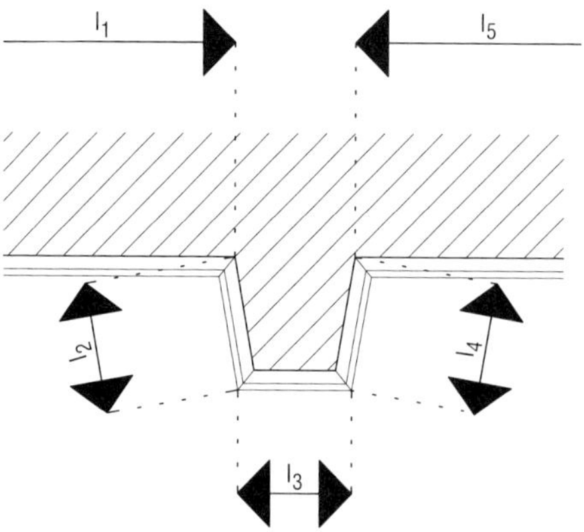	größte Bauteillänge ggf. in der Abwicklung messen	5.2.2

Worum geht es?	Wie wird gerechnet/ermittelt?	ATV
in Bodenbeläge nachträglich eingearbeitete Teile z.B. Markierungen, Intarsien, Muster u.Ä. 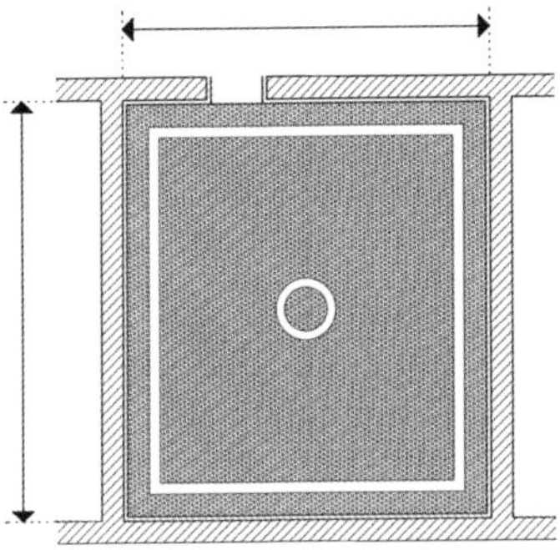	immer übermessen und gesondert abrechnen **Tipp:** *Intarsien und Einzelmarkierungen sind nach Anzahl, getrennt nach Bauart und Maßen abzurechnen.*	5.2.3

Abzugs- und Übermessungsregeln

Übermessungsregeln bei Abrechnung nach Flächenmaß [m²]

Worum geht es?	Wie wird gerechnet/ermittelt?	ATV
Aussparungen z.B. für Stützen, Pfeiler, Pfeilervorlagen, Rohrdurchführungen, Öffnungen u.Ä. 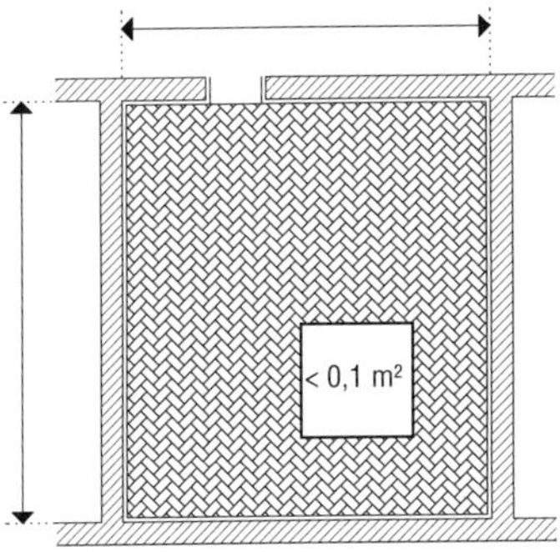	Einzelgröße ≤ 0,1 m² übermessen	5.3.1

Worum geht es?	Wie wird gerechnet/ermittelt?	ATV
in Bodenbeläge eingearbeitete Teile z.B. Markierungen, Intarsien, Fugen, Profile u.Ä.	übermessen	5.3.1

Übermessungsregeln bei Abrechnung nach Längenmaß [m]

Worum geht es?	Wie wird gerechnet/ermittelt?	ATV
Unterbrechungen	Einzellänge ≤ 1 m übermessen	5.3.2

Einzelregelungen

Keine Regelungen

ATV DIN 18366 Tapezierarbeiten

Allgemeines

Worum geht es?	Wie wird gerechnet/ermittelt?	ATV
Ermittlung der Leistung	erfolgt nach Zeichnungen, wenn diese den ausgeführten Leistungen entsprechen, andernfalls nach Aufmaß	5
zugrunde gelegt werden gleichgültig, ob die Leistungsermittlung nach Zeichnung oder Aufmaß erfolgt	Maße der zu behandelnden Flächen	5.1.1
vereinfachende Regeln Übermessungs- und Einzelregelungen	bei der Ermittlung der Leistungen anwenden	5.1.1

Ermittlung der Maße/Mengen

Abrechnung nach Flächenmaß [m²]

Worum geht es?	Wie wird gerechnet/ermittelt?	ATV
Vorbereiten von Untergründen und Tapezieren auf Innenflächen **ohne** begrenzende Bauteile 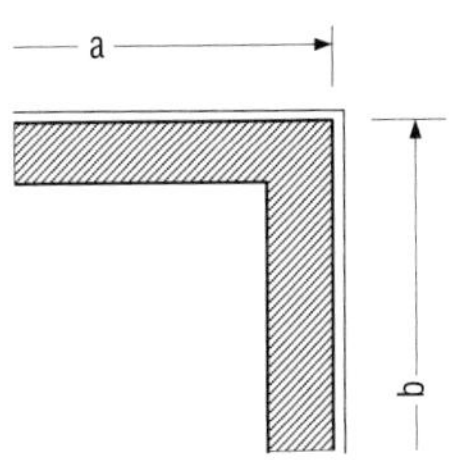 	Maße der ungeputzten, ungedämmten und unbekleideten Flächen rechnen	5.2.1

Worum geht es?	**Wie wird gerechnet/ermittelt?**	**ATV**
Vorbereiten von Untergründen und Tapezieren auf Innenflächen **mit** begrenzenden Bauteilen 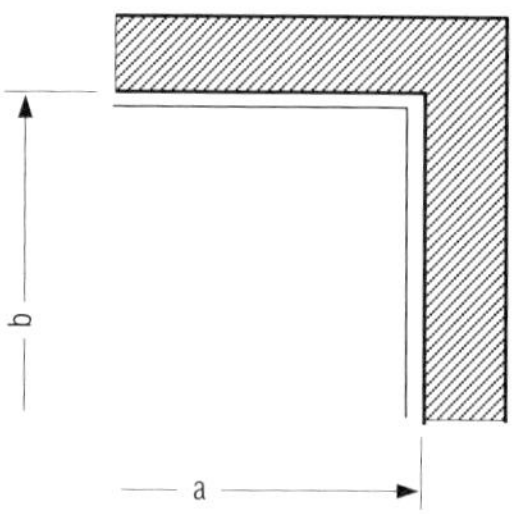	Maße der zu behandelnden Flächen bis zu den ungeputzten, ungedämmten und unbekleideten Bauteile rechnen, z.B. Rohfußboden oder Rohdecke	5.2.1
Vorbereiten von Untergründen und Tapezieren bei Innenarbeiten	behandelte Flächen rechnen, wenn die Rohbaumaße nicht zu ermitteln sind	5.2.1
Definition begrenzende Bauteile	sind raumbildende Systemböden, Trockenunterböden, Vorsatzschalen, Unterdecken, abgehängte Decken etc.	5.2.1
beliebig geformte Einzelflächen z.B. Ausbesserungsstellen u.Ä. 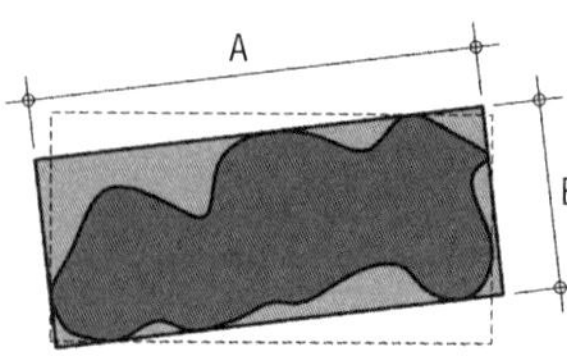	kleinstes umschriebenes Rechteck rechnen Nicht unter diese Regelung fallen Kreise, Dreiecke, Trapeze und Rauten.	5.2.2

Worum geht es?	**Wie wird gerechnet/ermittelt?**	**ATV**
Rückflächen von Nischen und Laibungen die bekleidet sind 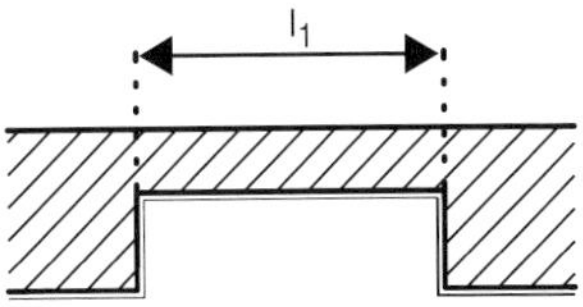 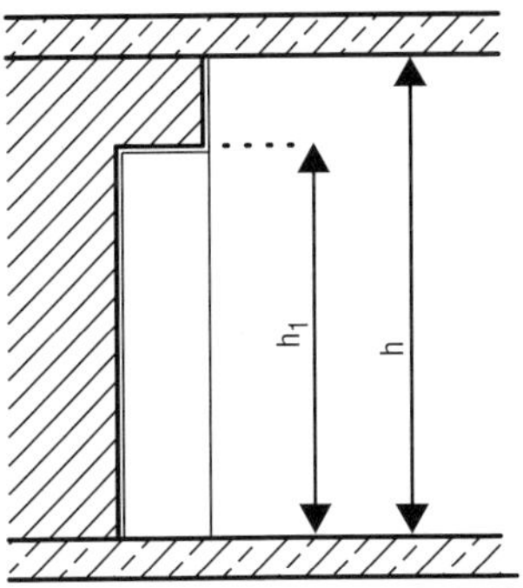	immer gesondert rechnen, und zwar unabhängig von ihren Einzelgrößen **Tipp:** *Flächen, deren Einzelgrößen nicht größer als 2,5 m² sind, sind nach 0.5.3 nach Anzahl auszuschreiben und abzurechnen.*	5.2.3
Bei Tapezierarbeiten verschiedenartige Aussparungen, die unmittelbar zusammenhängen z.B. Öffnungen mit angrenzender Nische 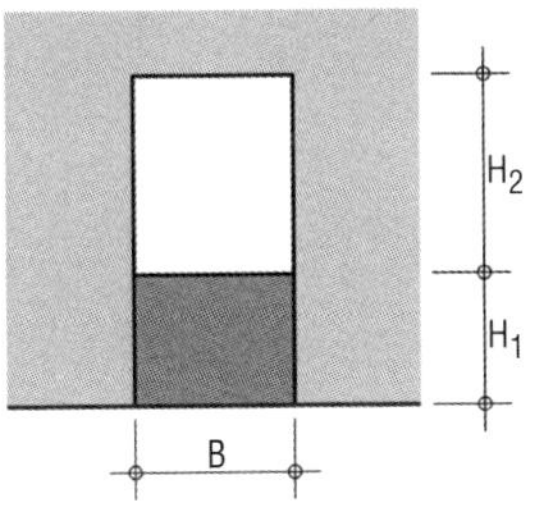	immer getrennt rechnen	5.2.4
Aussparungen, die anteilig in angrenzende, getrennt zu rechnende Flächen einbinden	Übermessungsgröße ist die jeweils anteilige Aussparungsfläche	5.2.5
Türen, Trennwände, Bekleidungen u.Ä. bei Abrechnung nach Fläche	je tapezierte Seite rechnen	5.2.6

Worum geht es?	Wie wird gerechnet/ermittelt?	ATV
Gesimse, Umrahmungen, Faschen, Wandanschlüsse, umlaufende Friese u.Ä. a) 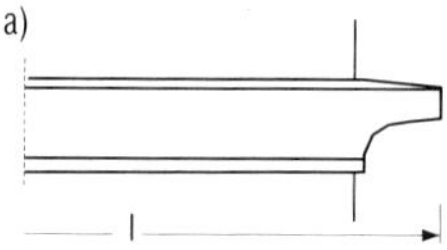 b) 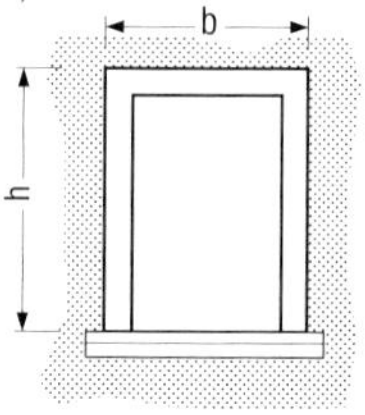	größte, ggf. abgewickelte Bauteilmaße rechnen **Tipp:** *gilt sowohl für die Abrechnung nach dem Längenmaß als auch zur Berechnung der Fläche*	5.2.7

Abrechnung nach verbrauchter Menge

Worum geht es?	Wie wird gerechnet/ermittelt?	ATV
bei Lieferung von – Tapeten – Wand- oder Deckenbekleidung – Unterlagsstoffen, Untertapeten – Spanntapeten u.Ä. bei vereinbarter Abrechnung nach verbrauchter Menge	Immer tatsächlich verbrauchte Menge abrechnen, wobei die gelieferten Stoffe wirtschaftlich auszunutzen sind, erst dann gelten Verschnitt, Reste und angeschnittene Rollen als verbraucht.	5.2.8

Abzugs- und Übermessungsregeln

Übermessungsregeln bei Abrechnung nach Flächenmaß [m^2]

Worum geht es?	Wie wird gerechnet/ermittelt?	ATV
Aussparungen, z.B. Öffnungen, auch raumhoch, Nischen u.Ä. 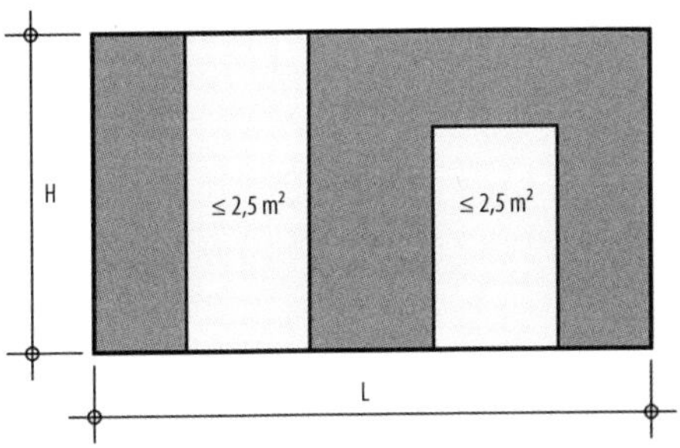	mit Einzelgröße bis einschließlich 2,5 m^2. Als Übermessungsmaße sind die kleinsten Aussparungsmaße anzusetzen.	5.3.1
Fugen	übermessen	5.3.1
flächenabschließende Gesimse, Friese, Lisenen, Eckverbände, Umrahmungen und Faschen u.Ä.	bis einschließlich 30 cm Einzelbreite übermessen, unabhängig davon, ob sie behandelt werden oder nicht	5.3.1
Leisten, Sockelfliesen u.Ä. 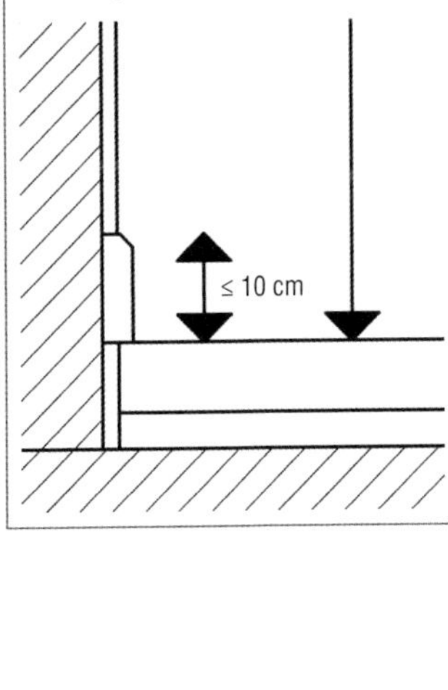	bis einschließlich 10 cm Höhe übermessen	5.3.1

Worum geht es?	Wie wird gerechnet/ermittelt?	ATV
Unterbrechungen in der zu bearbeitenden Fläche z.B. durch Fachwerkteile, Stützen, Unterzüge, Wandvorlagen, Podeste, Gesimse, Friese, Lisenen u.Ä. 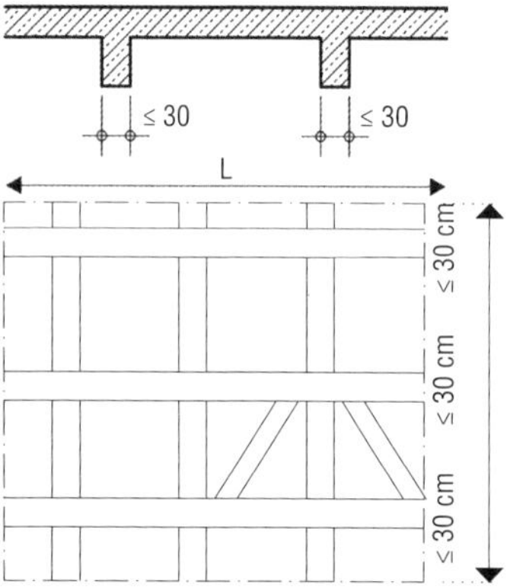	mit einer Einzelbreite bis einschließlich 30 cm übermessen, unabhängig davon, ob sie behandelt werden oder nicht	5.3.1

Übermessungsregeln bei Abrechnung nach Längenmaß [m]

Worum geht es?	Wie wird gerechnet/ermittelt?	ATV
Unterbrechungen	bis einschließlich 1 m Einzellänge übermessen	5.3.2

Einzelregelungen

Worum geht es?	Wie wird gerechnet/ermittelt?	ATV
Gehrungen, Kreuzungen, Verknüpfungen, Endungen u.Ä. von Dekorprofilen, Bordüren, Rosetten etc.	immer gesondert rechnen	5.4.1
Türen, Rollladenkästen u.Ä. die nach Anzahl abgerechnet werden	Abweichungen von den vorgegebenen Maßen in der Höhe und Breite bis 5 cm nicht berücksichtigen	5.4.2
prozentual vorgegebene Behandlung von Flächen bei nicht zusammenhängenden Teilflächen	Gesamtfläche des behandelten Bauteils rechnen	5.4.3

ATV DIN 18379 Raumlufttechnische Anlagen

Allgemeines

Worum geht es?	Wie wird gerechnet/ermittelt?	ATV
Ermittlung der Leistung	erfolgt nach Zeichnungen, wenn diese den ausgeführten Leistungen entsprechen, andernfalls nach Aufmaß	5
zugrunde gelegt werden gleichgültig, ob die Leistungsermittlung nach Zeichnung oder Aufmaß erfolgt	Maße der Anlagen oder Anlagenteile	5.1
Stücklisten	können dabei hinzugezogen werden	5.1
vereinfachende Regeln Übermessungs- und Einzelregelungen	bei der Ermittlung der Leistungen anwenden	5.1

Ermittlung der Maße/Mengen

Abrechnung nach Flächenmaß [m²]

Worum geht es?	Wie wird gerechnet/ermittelt?	ATV
Luftleitungen und deren Formteile 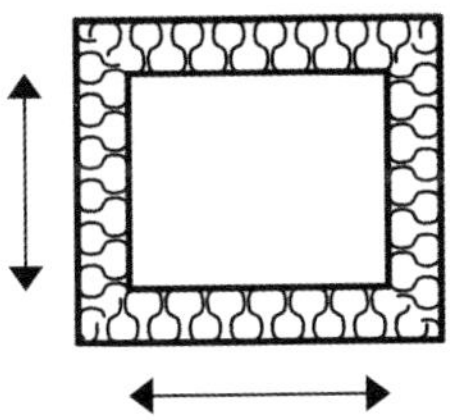	äußere Oberfläche nach vorgegebenen Formeln aus dem größten Umfang (U_{max}) und der größten Länge (l_{max}) ermitteln, ohne Berücksichtigung von Dämmschichtdicken	5.2.1

Abrechnung nach Längenmaß [m]

Worum geht es?	Wie wird gerechnet/ermittelt?	ATV
Luftleitungen einschließlich Bögen, Formteile und Verbindungsstücke 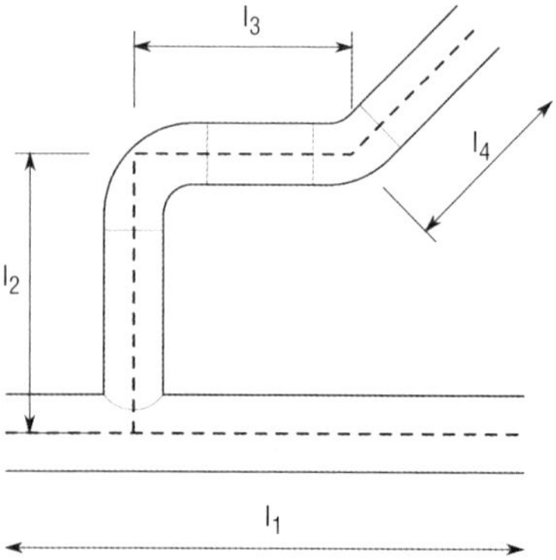	in der Mittelachse messen, dabei Bögen bis zum Schnittpunkt der Mittelachsen messen	5.2.2
Bögen und sonstige Formteile	immer zusätzlich rechnen	5.2.2
Deckel von Öffnungen	immer zusätzlich rechnen	5.2.2

Abrechnung nach Masse [kg]

Worum geht es?	Wie wird gerechnet/ermittelt?	ATV
Stahlbleche und Bandstahl	7,85 kg/m² je 1 mm Dicke rechnen	5.2.3.1
genormte Profile	Masse nach Angaben in DIN-Normen rechnen	5.2.3.1
andere Profile	Masse nach Angaben des Herstellers (Profilbücher) ermitteln	5.2.3.1
Verbindungsmittel z.B. Schrauben, Nieten, Schweißgut etc.	bei der Massenermittlung nicht berücksichtigen	5.2.3.2
verzinkte Bauteile oder verzinkte Konstruktionen	Masse nach Abschnitt 5.2.3.1 ermitteln und 5 % für Verzinkung hinzuschlagen	5.2.3.3

Abzugs- und Übermessungsregeln

Übermessungsregeln

Worum geht es?	Wie wird gerechnet/ermittelt?	ATV
Ausschnitte für Luftdurchlässe und Stutzen	übermessen	5.3.1
Bögen, Formteile und Verbindungsstücke bei Abrechnung nach Längenmaß	übermessen	5.3.2

Einzelregelungen

Worum geht es?	Wie wird gerechnet/ermittelt?	ATV
Formteile gemäß Tabelle 2 und Formteile der Abrechnungsgruppe F1 bis F5 gemäß Tabelle 1 mit einer ermittelten Oberfläche bis einschließlich 1 m²	mit 1 m² rechnen, dabei Formteile mit Kurzzeichen SR nur bei einer Länge bis einschließlich 500 mm **Tipp:** *Tabelle 1 ist in Abschnitt 0.5.1 abgebildet.*	5.4
Ermittlung von U_{max} und l_{max}	erfolgt nach vorgegebenen Formeln der Tabelle 2 „Luftleitungen und deren Formteile, größte Umfänge, größte Längen und Flächen“	5.4

ATV DIN 18380 Heizanlagen und zentrale Wassererwärmungsanlagen

Allgemeines

Worum geht es?	Wie wird gerechnet/ermittelt?	ATV
Ermittlung der Leistung	erfolgt nach Zeichnungen, wenn diese den ausgeführten Leistungen entsprechen, andernfalls nach Aufmaß	5
zugrunde gelegt werden gleichgültig, ob die Leistungsermittlung nach Zeichnung oder Aufmaß erfolgt	Maße der Anlagen oder Anlagenteile	5.1
Stücklisten	können zur Leistungsermittlung hinzugezogen werden	5.1
bei Flächenheizungen, z.B. Fußbodenheizungen auf Flächen, die durch Bauteile begrenzt werden 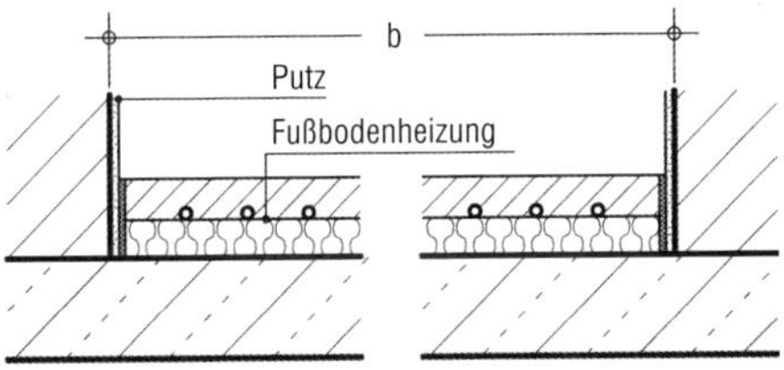	Maße der belegten Flächen bis zu den sie begrenzenden, ungeputzten, ungedämmten bzw. unbekleideten Bauteilen rechnen **Tipp:** *entspricht den Rohbaumaßen*	5.1
bei Flächenheizungen, z.B. Fußbodenheizungen auf Flächen **ohne** begrenzende Bauteile 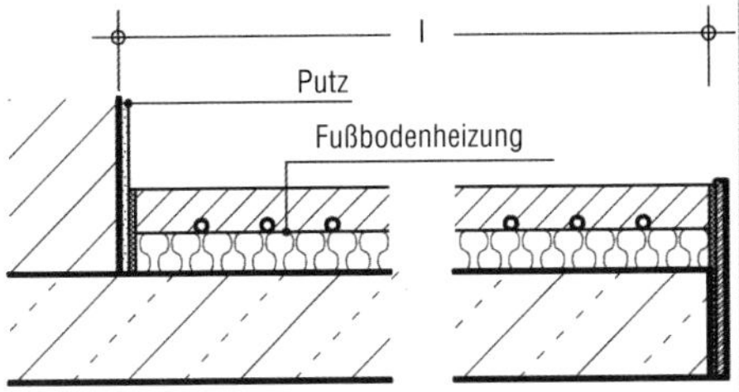	Maße der belegten Flächen rechnen	5.1

Worum geht es?	**Wie wird gerechnet/ermittelt?**	**ATV**
vereinfachende Regeln Übermessungs- und Einzelregelungen	bei der Ermittlung der Leistungen anwenden	5.1

Ermittlung der Maße/Mengen

Abrechnung nach Längenmaß [m]

Worum geht es?	**Wie wird gerechnet/ermittelt?**	**ATV**
Rohrleitungen 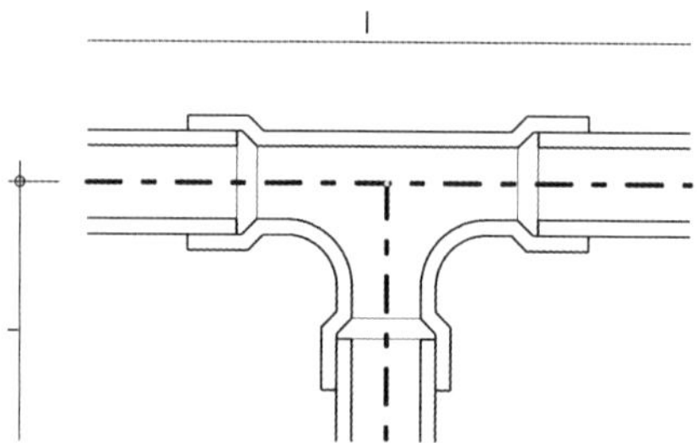	in der Mittelachse messen	5.2.1
Rohrbögen 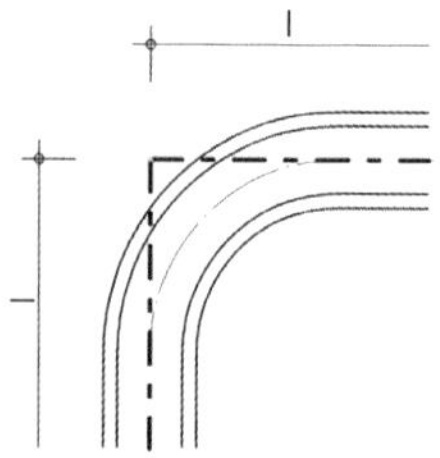 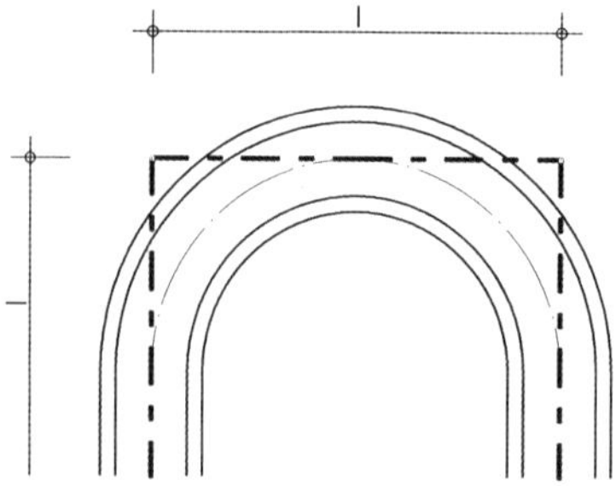	dabei bis zum Schnittpunkt der Mittelachsen messen	5.2.1

Worum geht es?	Wie wird gerechnet/ermittelt?	ATV
Armaturen, Rohrbögen und Formstücke	dabei immer zusätzlich abrechnen	5.2.1

Abrechnung nach Masse [kg, t]

Worum geht es?	Wie wird gerechnet/ermittelt?	ATV
Stahlbleche und Bandstahl	7,85 kg/m² je 1 mm Materialdicke ansetzen	5.2.2.1
genormte Profile	Masse nach Angaben in DIN-Normen rechnen	5.2.2.1
andere Profile	Masse nach Angaben des Herstellers (Profilbücher) ermitteln	5.2.2.1
Verbindungsmittel z.B. Schrauben, Nieten, Schweißgut etc.	bei der Massenermittlung nicht berücksichtigen	5.2.2.2
verzinkte Bauteile oder verzinkte Konstruktionen	Masse wie oben angegeben (Abschnitt 5.2.2.1) ermitteln und 5 % für Verzinkung aufschlagen	5.2.2.3

Abzugs- und Übermessungsregeln

Übermessungsregeln bei Abrechnung nach Flächenmaß [m²]

Worum geht es?	Wie wird gerechnet/ermittelt?	ATV
Aussparungen bei Fußbodenheizungen	bis einschließlich 2,5 m² übermessen	5.3.1

Übermessungsregeln bei Abrechnung nach Längenmaß [m]

Worum geht es?	Wie wird gerechnet/ermittelt?	ATV
Armaturen, Rohrbögen, Form-, Pass- und Verbindungsstücke	übermessen	5.3.2

Einzelregelungen

Keine Regelungen

ATV DIN 18381 Gas-, Wasser- und Entwässerungsanlagen innerhalb von Gebäuden

Allgemeines

Worum geht es?	Wie wird gerechnet/ermittelt?	ATV
Ermittlung der Leistung	erfolgt nach Zeichnungen, wenn diese den ausgeführten Leistungen entsprechen, andernfalls nach Aufmaß	5
zugrunde gelegt werden gleichgültig, ob die Leistungsermittlung nach Zeichnung oder Aufmaß erfolgt	Maße der Anlagen oder Anlagenteile	5.1.1
Stücklisten	können zur Leistungsermittlung hinzugezogen werden	5.1.1
vereinfachende Regeln Übermessungs- und Einzelregelungen	bei der Ermittlung der Leistungen anwenden	5.1.1

Ermittlung der Maße/Mengen

Abrechnung nach Längenmaß [m]

Worum geht es?	Wie wird gerechnet/ermittelt?	ATV
Rohrleitungen 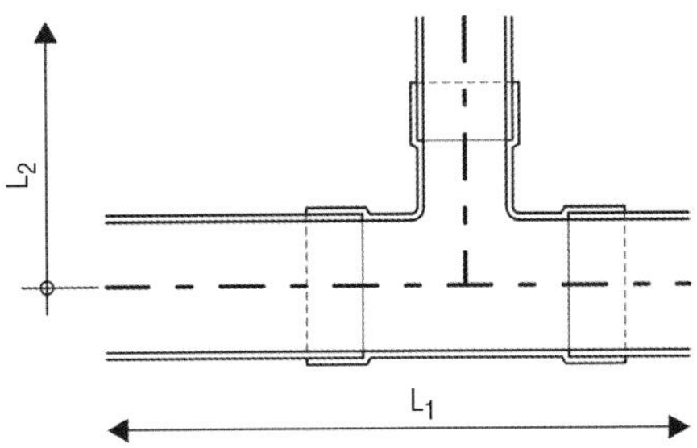 	in der Mittelachse messen	5.2.1

Worum geht es?	Wie wird gerechnet/ermittelt?	ATV
Rohrbögen 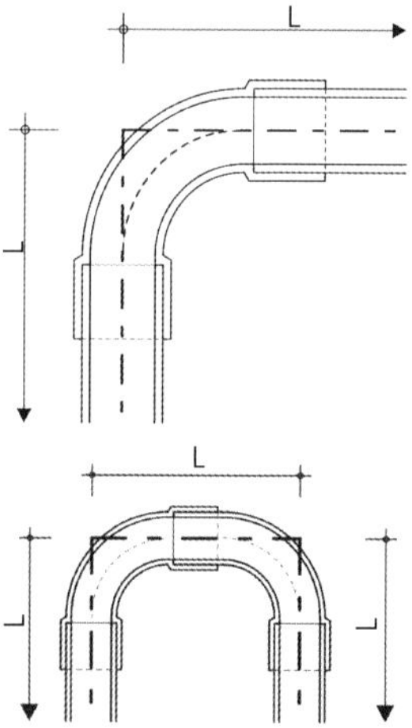	dabei bis zum Schnittpunkt der Mittelachsen messen	5.2.1
Armaturen, Rohrbögen und Formstücke	dabei immer zusätzlich abrechnen	5.2.1

Abrechnung nach Masse [kg]

Worum geht es?	Wie wird gerechnet/ermittelt?	ATV
Stahlbleche und Bandstahl	7,85 kg/m² je 1 mm Dicke ansetzen	5.2.2.1
genormte Profile	Masse nach Angaben in DIN-Normen rechnen	5.2.2.1
andere Profile	Masse nach Angaben des Herstellers (Profilbücher) ermitteln	5.2.2.1
Verbindungsmittel z.B. Schrauben, Nieten, Schweißgut etc.	bei der Massenermittlung nicht berücksichtigen	5.2.2.2

Worum geht es?	Wie wird gerechnet/ermittelt?	ATV
verzinkte Bauteile oder verzinkte Konstruktionen	Masse wie oben (nach Abschnitt 5.2.2.1) ermitteln und 5 % für Verzinkung hinzuschlagen	5.2.2.3

Abzugs- und Übermessungsregeln

Übermessungsregeln bei Abrechnung nach Längenmaß [m]

Worum geht es?	Wie wird gerechnet/ermittelt?	ATV
Armaturen, Rohrbögen, Form-, Pass- und Verbindungsstücke 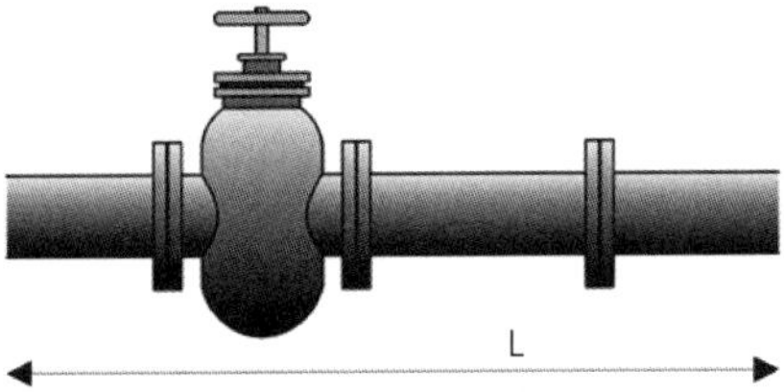	übermessen	5.3

Einzelregelungen

Keine Regelungen

ATV DIN 18382 Elektro-, Sicherheits- und Informationstechnische Anlagen

Allgemeines

Worum geht es?	Wie wird gerechnet/ermittelt?	ATV
Ermittlung der Leistung	erfolgt nach Zeichnungen, wenn diese den ausgeführten Leistungen entsprechen, andernfalls nach Aufmaß	5
zugrunde gelegt werden gleichgültig, ob die Leistungsermittlung nach Zeichnung oder Aufmaß erfolgt 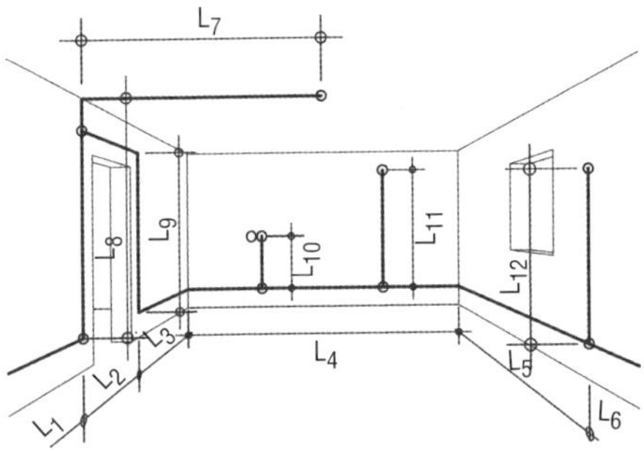	Maße der Anlagenteile der hergestellten Anlage	5.1
bei der Ermittlung der Leistung aus Zeichnungen	Ausführungspläne bzw. Anordnungspläne, Stücklisten, Belegungslisten, aktualisierte Funktionslisten, aktualisierte Systemprotokolle dürfen hinzugezogen werden.	5.1
vereinfachende Regeln Abzugs-, Übermessungs- und Einzelregelungen	bei der Ermittlung der Leistungen anwenden	5.1

Ermittlung der Maße/Mengen

Abrechnung nach Längenmaß [m]

Worum geht es?	Wie wird gerechnet/ermittelt?	ATV
Kabel, Leitungen, Drähte, Rohre, Bauteile und Verlegesysteme 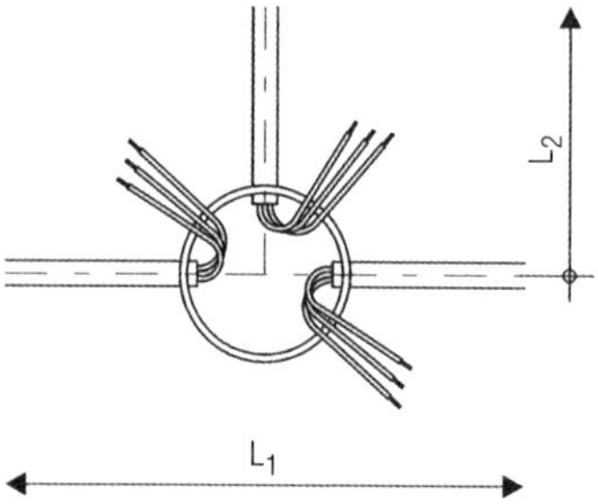	raum- oder streckenweise in der Mittelachse messen und nach tatsächlich verlegter Länge abrechnen, inkl. erforderlicher Längenzugaben	5.2.1
Verschnitt bei der Verlegung von Kabeln, Leitungen, Drähten, Rohren und Verlegesystemen	bleibt unberücksichtigt	5.2.1
Kabel und Leitungen	unter Verwendung der Betriebsmittelkennzeichnung messen (Stromkreis, Datenstrecke, Loop, Linie u.Ä.)	5.2.2

Abrechnung nach Anzahl [Stück]

Worum geht es?	Wie wird gerechnet/ermittelt?	ATV
Komponenten, Datenpunkte, Funktionen, Software u.Ä.	nach Anzahl rechnen	5.2.3

Übermessungsregeln

Worum geht es?	Wie wird gerechnet/ermittelt?	ATV
elektrische Komponenten und Betriebsmittel, z.B. Installationsgeräte 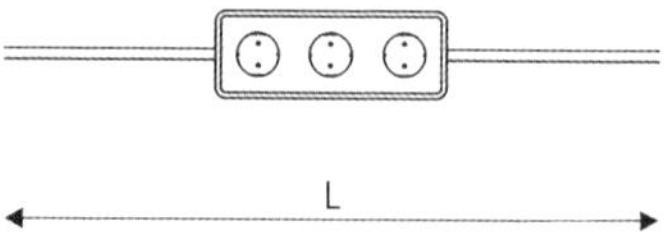	übermessen und gesondert nach Anzahl abrechnen	5.3

Einzelregelungen

Keine Regelungen

ATV DIN 18384 Blitzschutz-, Überspannungsschutz- und Erdungsanlagen

Allgemeines

Worum geht es?	Wie wird gerechnet/ermittelt?	ATV
Ermittlung der Leistung	erfolgt nach Zeichnungen, wenn diese den ausgeführten Leistungen entsprechen, andernfalls nach Aufmaß	5
zugrunde gelegt werden gleichgültig, ob die Leistungsermittlung nach Zeichnung oder Aufmaß erfolgt 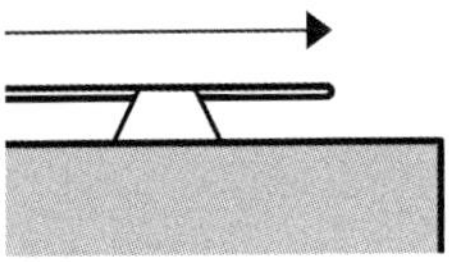	Maße der hergestellten Anlagen oder Anlagenteile Diese Regelung gilt nicht, wenn für Gesamt- oder Teilleistungen pauschale Vergütungen ausgemacht wurden.	5.1
bei der Ermittlung der Leistung aus Zeichnungen	Ausführungspläne bzw. Anordnungspläne, Stücklisten, Belegungslisten, aktualisierte Funktionslisten, aktualisierte Systemprotokolle dürfen hinzugezogen werden.	5.1
vereinfachende Regeln Abzugs-, Übermessungs- und Einzelregelungen	bei der Ermittlung der Leistungen anwenden	5.1

Ermittlung der Maße/Mengen

Abrechnung nach Längenmaß [m]

Worum geht es?	Wie wird gerechnet/ermittelt?	ATV
Runddrähte, Bänder, Seile, Ableitungen, Kabel, Leitungen etc.	nach tatsächlich verlegter Länge in der Mittelachse abrechnen, inkl. erforderlicher Längenzugaben unter Verwendung der Betriebsmittelkennzeichnung, z.B. Messpunkt, Stromkreis etc.	5.2.1
Verschnitt	bleibt dabei unberücksichtigt	5.2.1

Abrechnung nach Anzahl [Stück]

Worum geht es?	Wie wird gerechnet/ermittelt?	ATV
Datenpunkte, Funktionen, Software u.Ä.	nach Anzahl rechnen	5.2.2

Übermessungsregeln

Worum geht es?	Wie wird gerechnet/ermittelt?	ATV
elektrische Komponenten und Betriebsmittel, z.B. Installationsgeräte	übermessen und gesondert nach Anzahl abrechnen	5.3

Einzelregelungen

Keine Regelungen

ATV DIN 18385 Aufzugsanlagen, Fahrtreppen und Fahrsteige sowie Förderanlagen

Allgemeines

Worum geht es?	Wie wird gerechnet/ermittelt?	ATV
Ermittlung der Leistung	erfolgt nach Zeichnungen, wenn diese den ausgeführten Leistungen entsprechen, andernfalls nach Aufmaß	5
zugrunde gelegt werden gleichgültig, ob die Leistungsermittlung nach Zeichnung oder Aufmaß erfolgt	Maße der hergestellten Anlagen	5.1

Ermittlung der Maße/Mengen

Worum geht es?	Wie wird gerechnet/ermittelt?	ATV
alle Anlagen z.B. Förderanlagen, Aufzugsanlagen, Fahrtreppen und Fahrsteige u.Ä.	immer als Einheit abrechnen, und zwar getrennt nach den jeweiligen technischen Daten **Tipp:** *Durch die Abrechnung, die gemäß VOB Abschnitt 0.5 i.d.R. nach Anzahl erfolgt, ist es erforderlich, dass der Vertrag eine ausführliche und vollständige Beschreibung der Anlagen mit allen Besonderen Leistungen enthält.*	5.2

Abzugs- und Übermessungsregeln

Keine Regelungen

Einzelregelungen

Keine Regelungen

ATV DIN 18386 Gebäudeautomation

Allgemeines

Worum geht es?	Wie wird gerechnet/ermittelt?	ATV
Ermittlung der Leistung	erfolgt nach Zeichnungen, wenn diese den ausgeführten Leistungen entsprechen, andernfalls nach Aufmaß	5
zugrunde gelegt werden gleichgültig, ob die Leistungsermittlung nach Zeichnung oder Aufmaß erfolgt	Maße der Anlagenteile oder der hergestellten Anlagen	5.1
bei Leistungsermittlung aus Zeichnungen	Stück- und Belegungslisten, aktualisierte Funktionslisten, Systemprotokolle können hinzugezogen werden	5.1

Ermittlung der Maße/Mengen

Worum geht es?	Wie wird gerechnet/ermittelt?	ATV
Kabel, Leitungen, Drähte, Rohre und Bauteile von Verlegesystemen 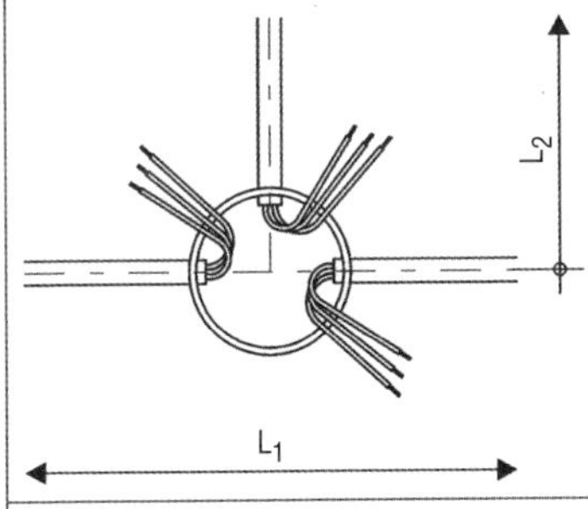	nach tatsächlich verlegter Länge rechnen	5.2.1
Funktionen inklusive Software	nach Anzahl [Stück] rechnen, gemäß: – DIN EN ISO 16484-3 – VDI 3813, Blatt 2	5.2.2

Übermessungsregeln

Keine Regelungen

Einzelregelungen

Keine Regelungen

ATV DIN 18421 Dämm- und Brandschutzarbeiten an technischen Anlagen

Allgemeines

Worum geht es?	Wie wird gerechnet/ermittelt?	ATV
Ermittlung der Leistung	erfolgt nach Zeichnungen, wenn diese den ausgeführten Leistungen entsprechen, andernfalls nach Aufmaß	5
bei Leistungsermittlung aus Zeichnungen	Stücklisten dürfen hinzugezogen werden	5.2.1
zugrunde gelegt werden gleichgültig, ob die Leistungsermittlung nach Zeichnung oder Aufmaß erfolgt		5.1
bei Dämmstoffschichten	Maße der Dämmstoffschichten	5.1
bei Brandschutzbeschichtungen	Maße der Brandschutzbeschichtungen	5.1
bei Abschirmungen von Heiz- und Kühlzonen für Begleitheizungen und -kühlungen oder Kompensatoren	Maße der Abschirmungen	5.1
bei Dämmungen mit Ummantelung	Maße der Ummantelung	5.1
bei Ummantelungen	Maße der Ummantelungen	5.1
bei Brandschutzbekleidungen	Maße der Brandschutzbekleidungen	5.1
bei Kappen und Hauben	Maße der Kappen und Hauben	5.1
vereinfachende Regeln Übermessungs- und Einzelregelungen	bei der Ermittlung der Leistungen anwenden	5.1

Ermittlung der Maße/Mengen

Ermittlung von Längenmaßen [m]

Worum geht es?	Wie wird gerechnet/ermittelt?	ATV
Längenmaße 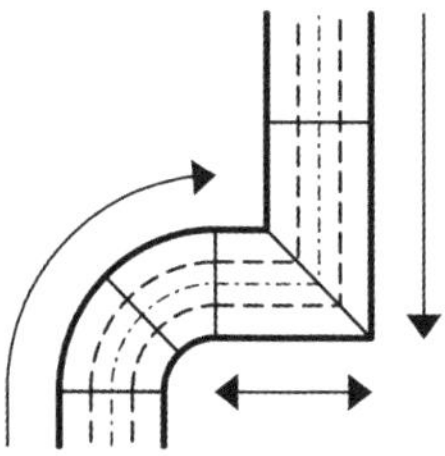	in Achsrichtung entlang der größten Bauteillänge messen	5.2.2
Rohrleitungen und runden Lüftungsleitungen 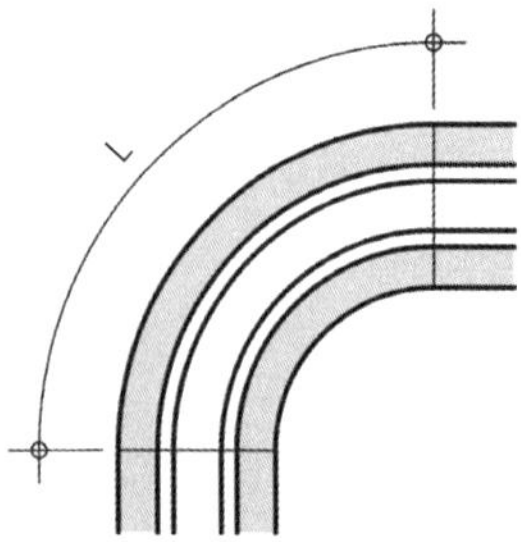	entlang des Außenbogens messen	5.2.2

Worum geht es?	Wie wird gerechnet/ermittelt?	ATV
eckige Kanäle 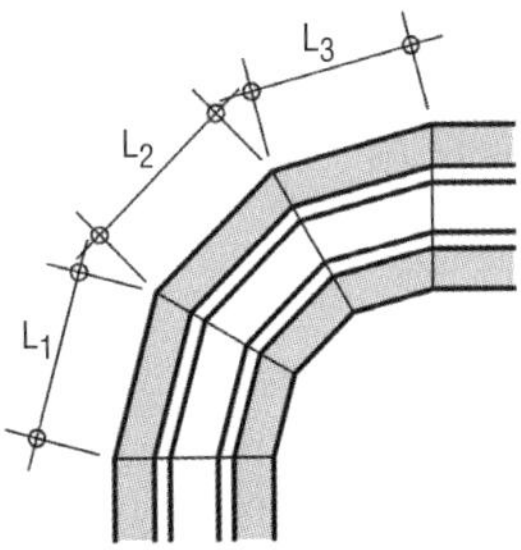	entlang der Außenkante messen	5.2.2
Konusse 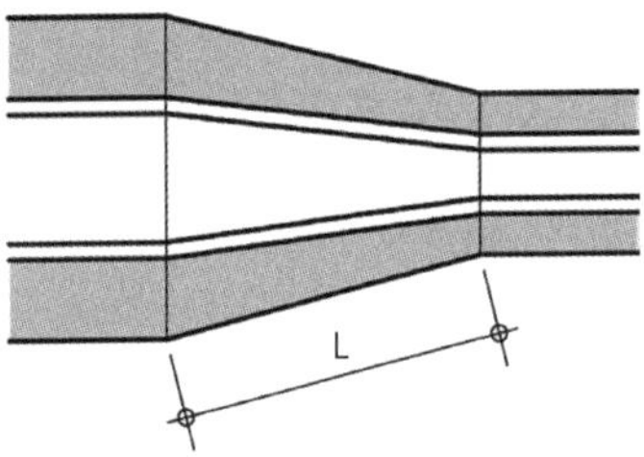	entlang der größten Mantellinie messen	5.2.2
Füllungen von Fugen an z.B. Brandschutzklappen 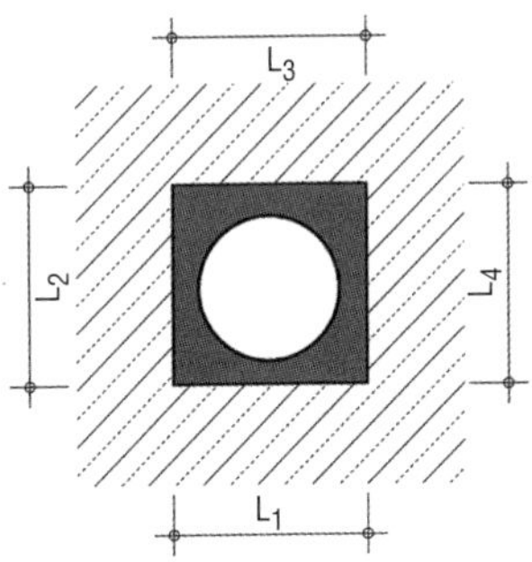	entlang der Laibung messen	5.2.2
Endstellen und Einbauten mit Einzellängen > 300 mm	gesamte Länge bis zur Mitte des Flanschpaars, der Verschraubung oder Schweißnaht messen, z.B. bei Rohrdämmung inkl. Ummantelung	5.2.3

Abrechnung nach Längenmaß [m]

Worum geht es?	Wie wird gerechnet/ermittelt?	ATV
konische Rohre 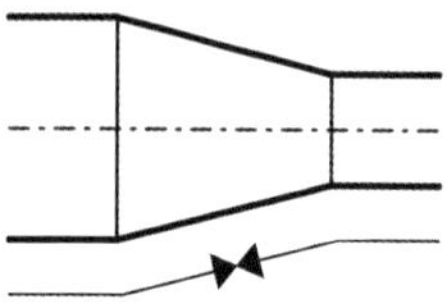	Länge der konischen Rohre jeweils zur Hälfte den Maßen und Dämmstoffdicken oder Ummantelungsumfängen der anschließenden Rohre zuordnen	5.2.4
Rohrbündel deren Rohre einzeln gedämmt sind 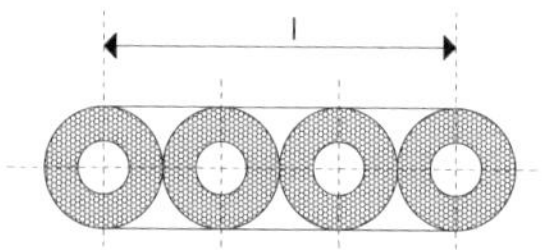	Dämmung oder Brandschutzbekleidung für jedes einzelne Rohr abrechnen, die gemeinsame Ummantelung wird jedoch nur einmal abgerechnet	5.2.5
Rohrbündel deren Rohre **nicht** einzeln gedämmt sind	Dämmung oder Brandschutzbekleidung des Rohrbündels und die gemeinsame Ummantelung abgerechnen	5.2.6

Abrechnung nach Flächenmaß [m²]

Worum geht es?	Wie wird gerechnet/ermittelt?	ATV
Dämmungen oder Bekleidungen die **außen** liegen 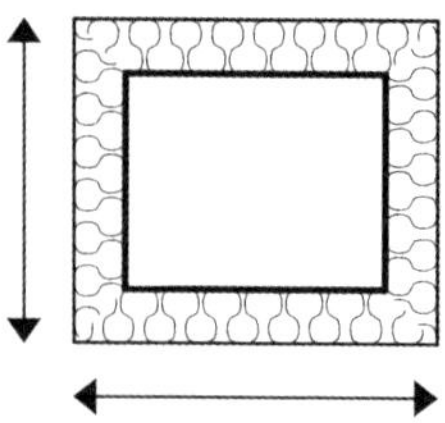	abzurechnende Fläche nach der größten Oberfläche der fertigen Dämmung oder Ummantelung ermitteln	5.2.7

Worum geht es?	Wie wird gerechnet/ermittelt?	ATV
Dämmungen oder Bekleidungen die **innen** liegen 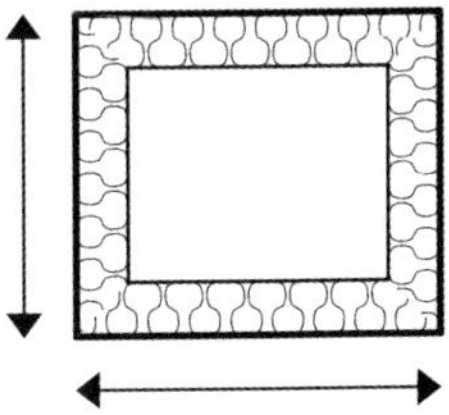	abzurechnende Fläche nach der zu dämmenden oder zu schützenden Fläche **vor** Aufbringen der Dämmung oder Bekleidung ermitteln	5.2.7
Flächen kreisrunder Stirnseiten ohne deren zylindrische Teile	wie folgt ermitteln, dabei ist: A: Fläche der Stirnseite [m^2] d_a: äußerer Durchmesser der Stirnseite [m] U: äußerer Umfang der Stirnseite [m] h: Höhe des Trichters oder der Kalotte [m]	5.2.8
ebene Stirnseite	$A = 0{,}0796\ U^2$	5.2.8
Stirnseite in Trichterform (h : da ≤ 1 : 10) 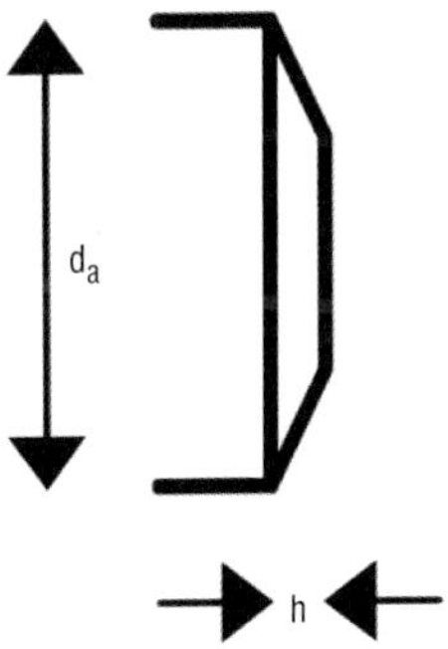	$A = 0{,}082\ U^2$	5.2.8

Worum geht es?	**Wie wird gerechnet/ermittelt?**	**ATV**
flachgewölbte Stirnseite in Kalottenform (da ≤ 10 m) 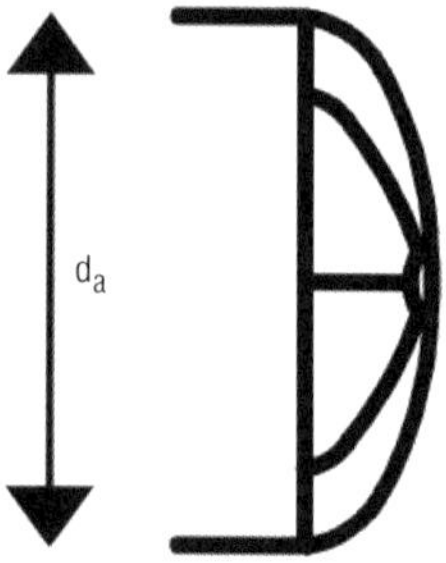	$A = 0{,}082\ U^2$	5.2.8
flachgewölbte Stirnseite in Kalottenform (da > 10 m) 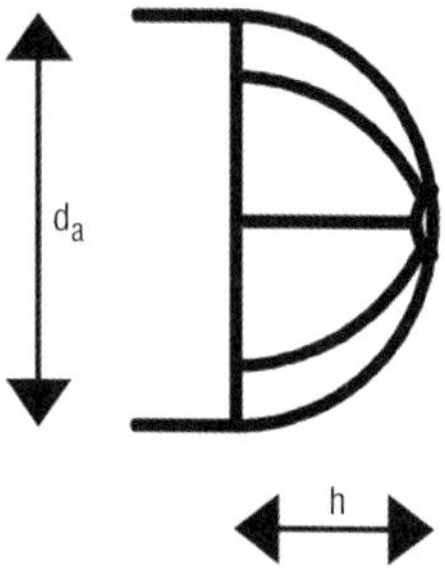	$A = 0{,}0796\ U^2 + 3{,}14\ h^2$	5.2.8
hochgewölbte Stirnseite in Halbkugelform	$A = 0{,}1591\ U^2$	5.2.8
hochgewölbte Stirnseite in Zeppelinform 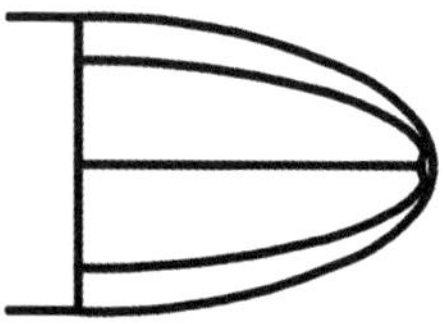	$A = 0{,}109\ U^2$	5.2.8

Abzugs- und Übermessungsregeln

Übermessungsregeln, allgemein

Worum geht es?	Wie wird gerechnet/ermittelt?	ATV
– Abflachungen – Halterungen – Ausschnitte – Blenden, Rosetten, Deckel – Bögen – Einsätze – Hosenstücke – Knicke – konische Bögen und Konusse – Kreisringe, Manteleinschnürungen – Passstücke – Regenabweiser – Stutzen – Tragkonstruktionen – Trennungen der Ummantelungen und Brandschutzbekleidungen – Übergangsstücke 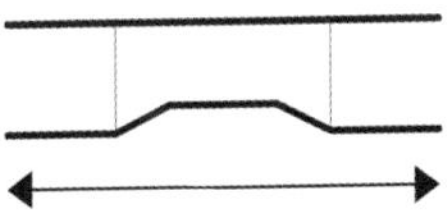 bei der Abrechnung von Dämmungen, Ummantelungen und Brandschutzbekleidungen sowohl nach **Längenmaß [m]** als auch nach **Flächenmaß [m²]**	immer übermessen	5.3.4

Übermessungsregeln bei Abrechnung nach Längenmaß [m]

Worum geht es?	Wie wird gerechnet/ermittelt?	ATV
Unterbrechungen der Dämmung, Ummantelung und Brandschutzbekleidung durch Wände; Decken und andere Konstruktionsteile	Einzellängen bis einschließlich 300 mm übermessen	5.3.1
Unterbrechungen der Dämmung, Ummantelung und Brandschutzbekleidung durch Einbauten wie z.B. Pumpen, Absperrungen, Ventile etc.	Einzellängen bis einschließlich 300 mm übermessen	5.3.1

Worum geht es?	Wie wird gerechnet/ermittelt?	ATV
Flansch-, Schraub- und Schweißverbindungen 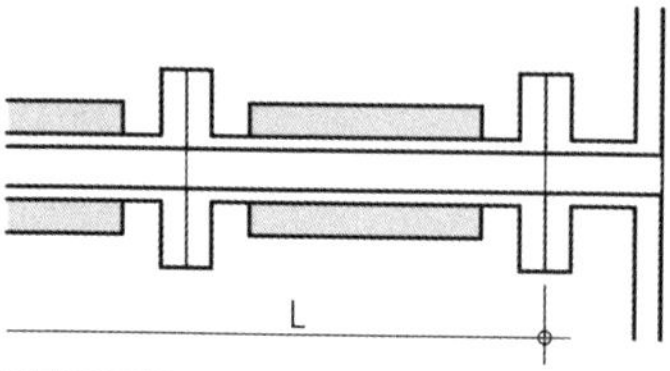	Übermessen	5.3.1

Übermessungsregeln bei Abrechnung nach Flächenmaß [m²]

Worum geht es?	Wie wird gerechnet/ermittelt?	ATV
Aussparungen und Ausschnitte	bis einschließlich 0,5 m^2 Einzelfläche übermessen **Tipp:** *entspricht einem Quadrat mit 70 cm Seitenlänge oder einem Kreis mit einem Durchmesser von ca. 80 cm*	5.3.2
Aussparungen und Ausschnitte die erst **während oder nach** dem Einbau angelegt werden können	unabhängig von der Größe übermessen	5.3.2
Durchdringungen bei Brandabschottungen	übermessen	5.3.2
Flansche an raumlufttechnischen Luftleitungen	übermessen	5.3.2

Übermessungsregeln bei Abrechnung nach Raummaß [m³]

Worum geht es?	Wie wird gerechnet/ermittelt?	ATV
Volumen von Rohren	mit einem äußeren Durchmesser von bis zu einschließlich 12 cm übermessen	5.3.3
sonstige Leitungen z.B. Kanäle mit einem rechteckigen Querschnitt	mit einem Querschnitt von bis zu einschließlich 125 cm^2 übermessen	5.2.3
Durchdringungen bei Brandschutzabschottungen	übermessen	5.2.3

Einzelregelungen

Worum geht es?	Wie wird gerechnet/ermittelt?	ATV
Dämmstoffschichten mit Ummantelungen	Maße der Ummantelung rechnen	5.4.1
– Abflachungen – Halterungen – Aufdoppelungen – Ausschnitte – Blenden, Rosetten, Deckel – Bögen – Einsätze – Endstellen – Endstellenausbildungen von Ummantelungen und Bekleidungen – Hosenstücke – Knicke – konische Bögen und Konusse – Kreisringe, Manteleinschnürungen – Passstücke – Regenabweiser – Stirnseiten – Stutzen – Tragkonstruktionen – Trennungen der Ummantelungen und Brandschutzbekleidungen – Übergangsstücke – Anschlüsse an angrenzende Bauteile bei der Abrechnung von Dämmungen, Ummantelungen und Brandschutzbekleidungen sowohl nach **Längenmaß [m]** als auch nach **Flächenmaß [m²]**	immer gesondert rechnen, unabhängig davon, ob sie übermessen werden oder nicht	5.4.2
Flanschenkappen	die Leistung umfasst **zwei** Ausschnitte, weitere Ausschnitte sind gesondert abzurechnen	5.4.3
Armaturenkappen	die Leistung umfasst **drei** Ausschnitte, weitere Ausschnitte sind gesondert abzurechnen	5.4.3

Worum geht es?	Wie wird gerechnet/ermittelt?	ATV
Formteile gemäß Tabelle 2 und Formteile der Abrechnungsgruppe F1 bis F5 gemäß Tabelle 1 mit einer ermittelten Oberfläche bis einschließlich 1 m^2 ohne Dämmung	mit 1 m^2 rechnen **Tipp:** *Tabelle 1 ist in Abschnitt 0.5.2 abgebildet*	5.4.4
Ermittlung von Umfang und Länge	erfolgt nach vorgegebenen Formeln der Tabelle 2 „Luftleitungen und deren Formteile, größte Umfänge, größte Längen und Flächen einschließlich Dämmung“	5.4.4

ATV DIN 18451 Gerüstarbeiten

Allgemeines

Worum geht es?	Wie wird gerechnet/ermittelt?	ATV
Ermittlung der Leistung	erfolgt nach Zeichnungen, digitalem Modell oder nach Aufmaß Es sind die technisch erforderlichen Maße an den Außenseiten der Gerüstkonstruktion zugrunde zu legen (siehe 5.1.5 und 5.1.6).	5.1.1
Auf-, Um- und Abbau und Gebrauchsüberlassung	getrennt abrechnen	5.1.2
Trennung der Abrechnung	erfolgt nach Bauart und Verwendungszweck	5.1.3
Gerüstergänzungen	Gerüstergänzungen gesondert und getrennt abrechnen z.B.: – Gerüstbekleidungen – Gerüstverbreiterungen – Schutzeinrichtungen – Überbrückungen – Gerüsttreppen – Treppentürme	5.1.4
Gerüstfläche	Fläche, die sich aus den technisch erforderlichen Längen und Höhen des Gerüsts an den Außenseiten der Gerüstkonstruktion ergibt	5.1.5
technisch erforderliche Längen und Höhen	sind die Maße, die sich aus technischen Baubestimmungen, Regeln und Vorschriften bestimmen oder aus Vorgaben aus bautechnischen Nachweisen (z.B. Statik, Brand- und Schallschutz) entstehen	5.1.6

Worum geht es?	**Wie wird gerechnet/ermittelt?**	**ATV**
Gerüsthöhe	wird immer von deren Standfläche aus gerechnet	5.1.7
Standfläche eines Gerüsts 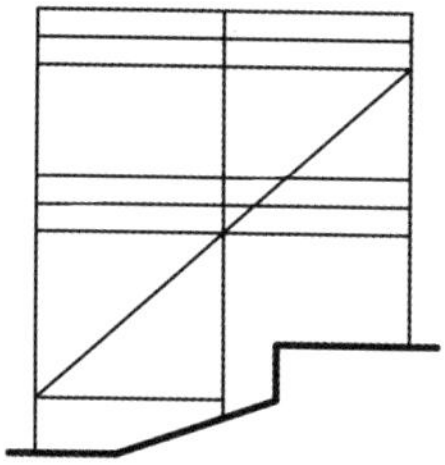	ist die vom Gerüst überbaute Fläche zwischen den Einleitungspunkten, die zur Ableitung der Lasten aus der Gerüstkonstruktion in das Bauwerk, in den Baugrund oder in eigenständige Gerüst- oder Tragkonstruktionen dienen	5.1.8
vereinfachende Regeln Übermessungs- und Einzelregelungen	bei der Ermittlung der Leistungen anwenden	5.1.9

Ermittlung der Maße/Mengen

Abrechnung von Standgerüsten mit längenorientierten Gerüstlagen (Fassadengerüste)

Worum geht es?	**Wie wird gerechnet/ermittelt?**	**ATV**
Abrechnung von Standgerüsten mit längenorientierten Gerüstlagen	Gerüstfläche nach 5.2.1.1 bis 5.2.1.3 rechnen	5.2.1
Länge des Gerüsts 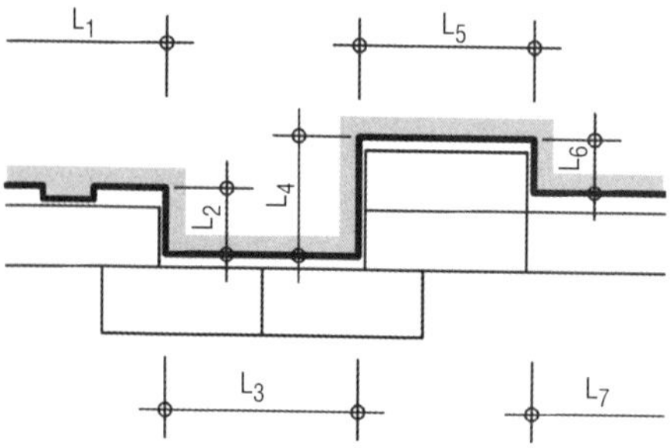	in der größten horizontalen Abwicklung an den Gerüstaußenseiten rechnen, mindestens jedoch mit 2,5 m Die Länge kann sich z.B. aus der vorgegebenen Breitenklasse und dem vorgegebenen Abstand zwischen Bauwerk und Gerüstbelag ergeben.	5.2.1.1
Höhe des Gerüsts	von der Standfläche des Gerüsts bis zur jeweils obersten Belagfläche, zuzüglich 2 m	5.2.1.2

Worum geht es?	Wie wird gerechnet/ermittelt?	ATV
bei abschnittsweisem Auf- oder Abbau in der Höhe 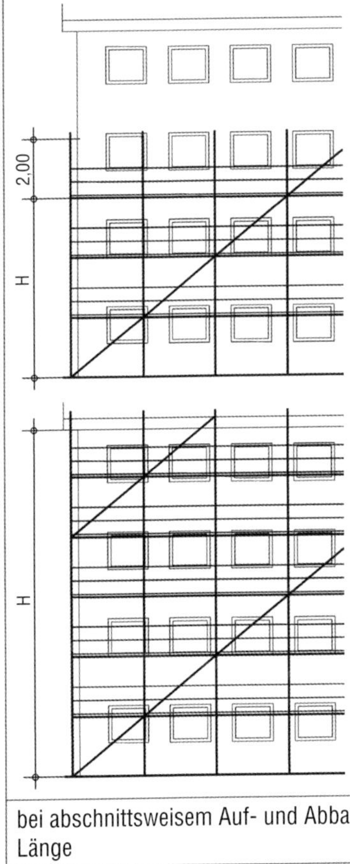	Höhe je Abschnitt von der Standfläche der Gerüste bis zum jeweils obersten Gerüstbelag, zuzüglich 2 m rechnen und abzüglich des Höhenmaßes des jeweils zuvor berechneten Abschnitts	5.2.1.3
bei abschnittsweisem Auf- und Abbau in der Länge	die einzelnen Abschnitte nach 5.2.1.1 rechnen	5.2.1.3

Abrechnung von Standgerüsten mit flächenorientierten Gerüstlagen (Raumgerüste)

Worum geht es?	Wie wird gerechnet/ermittelt?	ATV
Abrechnung von Raumgerüsten nach Raummaß [m³] 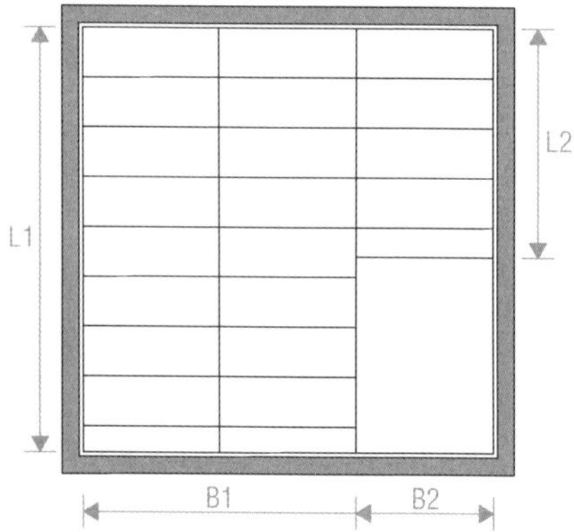	Längen und Breiten der Gerüste in der größten horizontalen Abwicklung an den Gerüstaußenseiten rechnen	5.2.2.1
Höhe 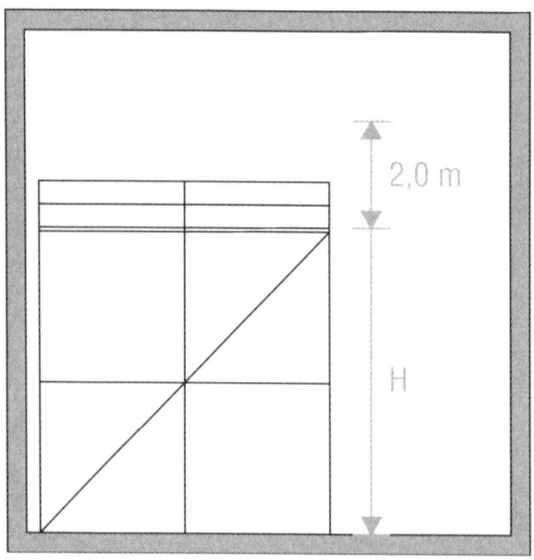	von der Standfläche des Gerüsts durchgängig bis zur obersten Belagfläche zuzüglich 2 m	5.2.2.2

Abrechnung von Hängegerüsten

Worum geht es?	Wie wird gerechnet/ermittelt?	ATV
Abrechnung von Hängegerüsten mit längenorientierten Gerüstlagen nach Flächenmaß [m²] 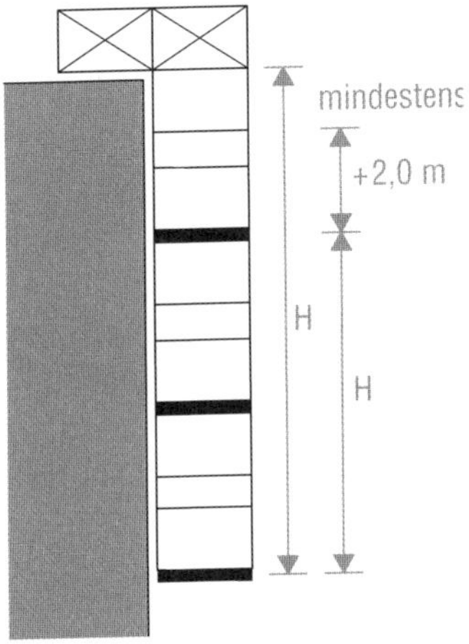 	Länge an den Außenseiten des Gerüsts rechnen Höhe von der Oberseite der untersten Gerüstlage bis zu den obersten Lasteinleitungspunkten des Hängegerüsts rechnen, mindestens bis zur obersten Belagfläche zuzüglich 2 m	5.2.3.1
Abrechnung von Hängegerüsten mit flächenorientierten Gerüstlagen nach Flächenmaß [m²]	mit den Maßen des Belags rechnen Längen und Breiten, die technisch erforderlich oder durch das Gerüstsystem entstehen, sind maßgeblich	5.2.3.2

Abrechnung von Hänge- und Kletterbühnen

Worum geht es?	Wie wird gerechnet/ermittelt?	ATV
Länge	technisch erforderliche Länge der Bühne, mindestens jedoch 2,5 m rechnen	5.2.4.1
Höhe	von der Oberseite der untersten Bühnenlage bis zur obersten Bühnenlage zuzüglich 2 m	5.2.4.2

Abrechnung von Traggerüsten

Worum geht es?	Wie wird gerechnet/ermittelt?	ATV
bei Abrechnung von Traggerüsten nach Raummaß [m³] 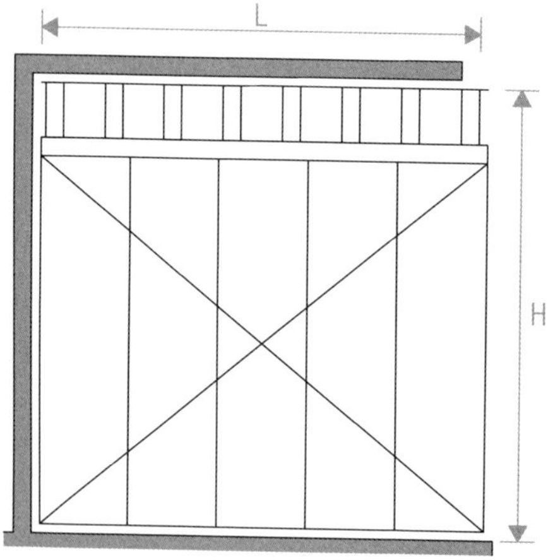	Länge und Breite der Gerüste in der größten horizontalen Abwicklung an den Gerüstaußenseiten rechnen, die technisch erforderlich sind oder durch das Gerüstsystem entstehen	5.2.5.1
Schalungsflächen	gelten dabei als Belagflächen	5.2.5.1
Traggerüste für Brücken Breite und Länge 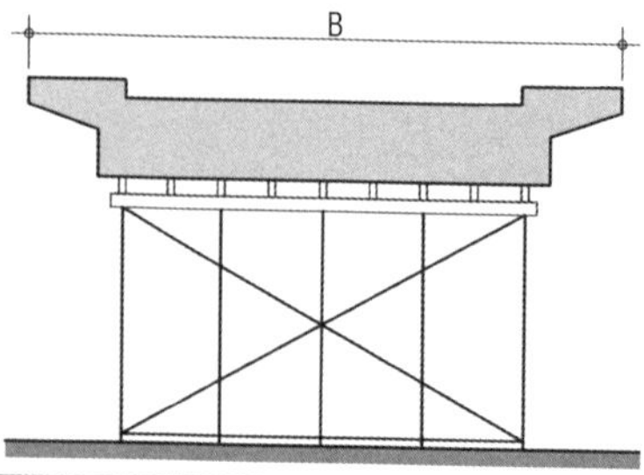	Breite zwischen den Außenseiten des Überbaus, Länge zwischen den Widerlagern ohne Abzug von Zwischenpfeilern und Stützen rechnen	5.2.5.2

Worum geht es?	Wie wird gerechnet/ermittelt?	ATV
Höhe	von der Standfläche des Gerüsts bis zur Oberseite der Trägerlage des Gerüsts rechnen	5.2.5.3

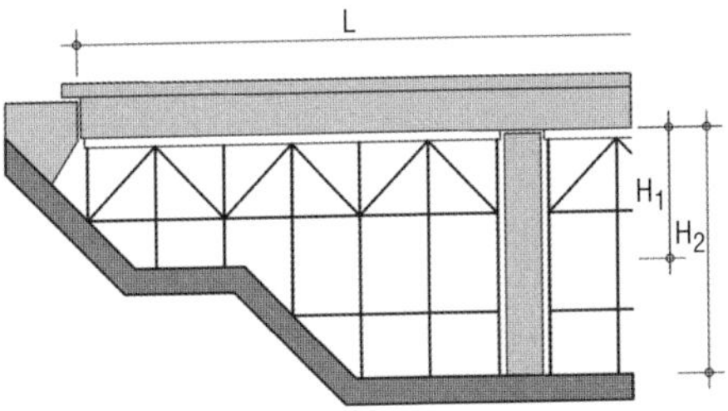

Abrechnung von Wetterschutzdächern und Auflagergerüsten

Worum geht es?	Wie wird gerechnet/ermittelt?	ATV
Wetterschutzdächer sowie deren Auflagergerüste	immer getrennt rechnen	5.2.6.1
bei Abrechnung von Auflagergerüsten für Wetterschutzdächer nach Flächenmaß [m²] generell	nach ihrer Ansichtsfläche abrechnen	5.2.6.2
bei Abrechnung von Auflagergerüsten für Wetterschutzdächer nach Flächenmaß [m²] Länge	in ihrer größten Abwicklung, gemessen an der Gerüstaußenseite, rechnen	5.2.6.2
bei Abrechnung von Auflagergerüsten für Wetterschutzdächer nach Flächenmaß [m²] Höhe	von der Standfläche bis zur Oberseite der Auflager für das Schutzdach rechnen	5.2.6.2

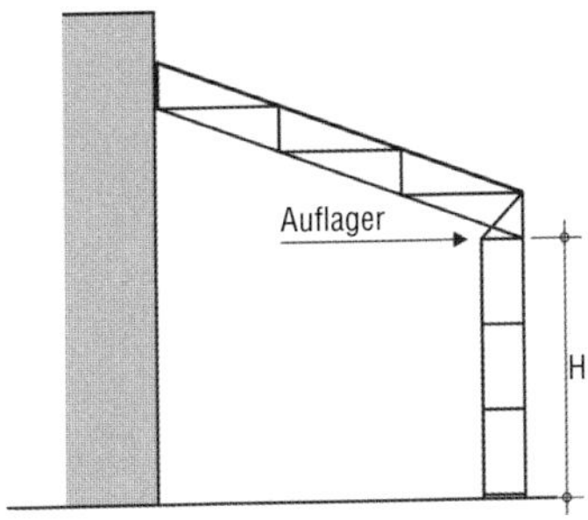

Worum geht es?	Wie wird gerechnet/ermittelt?	ATV
bei Abrechnung von Wetterschutzdächern nach Flächenmaß [m²]	Fläche des Schutzdachs rechnen	5.2.6.3

Abrechnung von Gerüstergänzungen

Worum geht es?	Wie wird gerechnet/ermittelt?	ATV
Verbreiterungen von Gerüsten mittels Konsolen u.Ä. zum Ein- bzw. Umrüsten für die Bearbeitung von Bauteilen wie Gesimsen, Dachüberständen, Rinnen u.Ä.	nach Längenmaß, zusätzlich zum Standgerüst rechnen	5.2.7.1
Ermittlung des Längenmaßes für Gerüstverbreiterungen	technisch erforderliche Länge in der größten Abwicklung an der freien Belagskante der Gerüstverbreiterung rechnen	5.2.7.1
Verbreiterungen von Gerüsten mittels Gerüstfeldern nach Flächenmaß [m²]	technisch erforderliche Länge der Gerüstfelder und Höhe von der Standfläche bis zur obersten Belagfläche zuzüglich 2 m	5.2.7.2
Verbreiterungen von Gerüsten mittels Gerüstfeldern nach Längenmaß [m²]	technisch erforderliche Länge der Gerüstfelder	5.2.7.2
Schutzeinrichtungen z.B. zusätzlicher Seitenschutz, Fanggerüst, Dachfanggerüst, Schutzdach, Fußgängertunnel	nach Längenmaß mit der technisch erforderlichen Länge der Schutzeinrichtung, zusätzlich zum Standgerüst rechnen	5.2.7.3
bei Abrechnung von Gerüstbekleidungen	tatsächliche Bekleidungsfläche rechnen	5.2.7.4
Überbrückungen nach Längenmaß [m] die z.B. bei Öffnungen, Dächern, Gebäudeteilen, Anbauten, Durchfahrten erforderlich sind 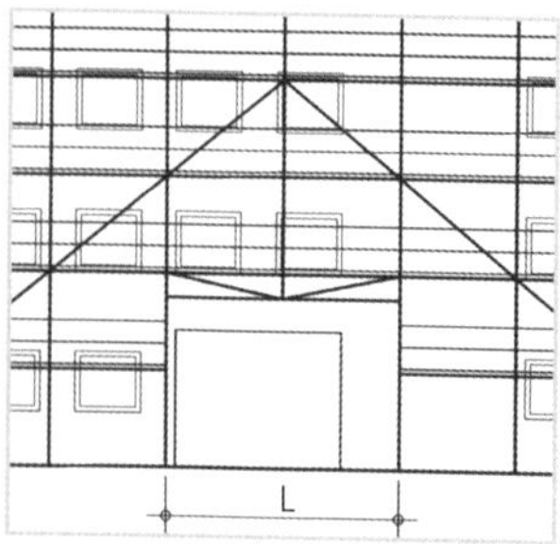	technisch erforderliche Länge zwischen den Lasteinleitungspunkten rechnen	5.2.7.5

Worum geht es?	Wie wird gerechnet/ermittelt?	ATV
Lastumleitungen z.B. bei horizontalen, vertikalen und diagonalen Abstützungen oder Gitterträgern	technisch erforderliche Länge zwischen den Lasteinleitungs-punkten rechnen	5.2.7.6
Abrechnung von Gerüsttreppen und Treppen-türmen nach Bauhöhe	Höhe von der Standfläche der Treppe bis zum obersten Aus-tritt rechnen, zuzüglich 2 m	5.2.7.7

Abzugs- und Übermessungsregeln

Übermessungsregeln

Worum geht es?	Wie wird gerechnet/ermittelt?	ATV
Öffnungen in der eingerüsteten Fläche z.B. Fenster, Tore, Durchfahrten, Bau- und Anlagenteile, überbrückte Gebäudeteile, Anbau-ten, Balkone, Erker u.Ä.	unabhängig von ihren Maßen übermessen, soweit die Lasteinleitung nicht in das Bauwerk oder in Bauwerksteile erfolgt	5.3.1
Zwischenräume zwischen Dachgauben, Dachaufbauten u.Ä., bei denen die wandseitige, durch die Belagkante gebildete Gerüstflucht nicht unterbrochen ist	mit einer Einzellänge ≤ 2,5 m übermessen, bei größeren Abständen ist nach den Regeln des Abschnitts 5.2.1 zu rechnen	5.3.2

Einzelregelungen

Abrechnung kleiner Flächen und Bauteile und einfeldriger Gerüste nach Flächenmaß [m²]

Worum geht es?	Wie wird gerechnet/ermittelt?	ATV
Einrüstung kleiner Flächen und Bauteile und einfeldrige Gerüste	Länge mit mindestens 2,5 m rechnen Höhe von der Standfläche des Gerüsts bis zur obersten Belagfläche zuzüglich 2 m rechnen	5.4.1

Einrüstung von besonders geformten Bauwerken und -teilen nach Flächenmaß [m²]

Worum geht es?	Wie wird gerechnet/ermittelt?	ATV
Abrechnung der Gerüstlänge von besonders geformten Bauteilen z.B. Turmspitzen, Pfeiler, Windenergieanlagen-fundamente u.Ä.	Länge in der größten horizontalen Abwicklung an der Gerüstaußenseite rechnen	5.4.2
Abrechnung der Gerüsthöhe bei besonders geformten Bauteilen z.B. Turmspitzen, Pfeiler, Windenergieanlagen-fundamente u.Ä.	Höhe durchgängig von der Standfläche des Gerüsts bis zur obersten Belagfläche zuzüglich 2 m rechnen	5.4.2

Abrechnung der Gebrauchsüberlassung

Worum geht es?	Wie wird gerechnet/ermittelt?	ATV
Beginn der Gebrauchsüberlassung	grundsätzlich am vereinbarten Termin	5.4.3.1
Beginn der Gebrauchsüberlassung bei Nutzung vor dem vereinbarten Termin	vom ersten Tag der Benutzung des Gerüsts bzw. der benutzten Gerüstabschnitte an rechnen	5.4.3.1
Ende der Gebrauchsüberlassung	nach Freigabe in Textform zum Abbau durch den Auftraggeber, jedoch frühestens 3 Werktage nach Zugehen der Freigabe beim Auftragnehmer	5.4.3.2
Dauer der Gebrauchsüberlassung bei allen Gerüsten außer Traggerüsten	je angefangene Woche rechnen bei abweichend vereinbarter Abrechnungseinheit (z.B. m²/Mo) je angefangene Zeiteinheit rechnen	5.4.3.3
Dauer der Gebrauchsüberlassung bei Traggerüsten	Vorhaltezeit nach Kalendertagen rechnen, bestehend aus Bereitstellung frühestens zum geplanten Termin, Montagezeit, Nutzungszeit und Demontagezeit	5.4.3.4

ATV DIN 18459 Abbruch- und Rückbauarbeiten

Allgemeines

Worum geht es?	Wie wird gerechnet/ermittelt?	ATV
Ermittlung der Leistung	erfolgt nach Zeichnungen, wenn diese den ausgeführten Leistungen entsprechen, andernfalls nach Aufmaß	5
zugrunde gelegt werden gleichgültig, ob die Leistungsermittlung nach Zeichnung oder Aufmaß erfolgt		5.1.1
bei abzubrechenden Bauwerken	deren Maße	5.1.1
bei abzubrechenden, rückzubauenden technischen Anlagen	deren Maße	5.1.1
bei abzubrechenden, rückzubauenden Bauteilen	deren Maße	5.1.1
vereinfachende Regeln Übermessungs- und Einzelregelungen	bei der Ermittlung der Leistungen anwenden	5.1.1

Ermittlung der Maße/Mengen

Abrechnung nach Masse [kg, t]

Worum geht es?	Wie wird gerechnet/ermittelt?	ATV
Masse	durch Wiegen oder Berechnen nachweisen	5.2.1
Berechnung der Masse	Volumen des jeweiligen anfallenden Baustoffs oder Bauteils ermitteln und daraus in Verbindung mit den Baustoffwichten nach DIN EN 1991-1-1 und DIN EN 1991-1-1/NA die Masse berechnen	5.2.1

Abrechnung nach Längenmaß [m]

Worum geht es?	Wie wird gerechnet/ermittelt?	ATV
Abrechnungslänge bei Kernbohrungen	mindestens 10 cm je Bohrloch	5.2.2

Abrechnung nach Flächenmaß [m²]

Worum geht es?	Wie wird gerechnet/ermittelt?	ATV
Sägearbeiten 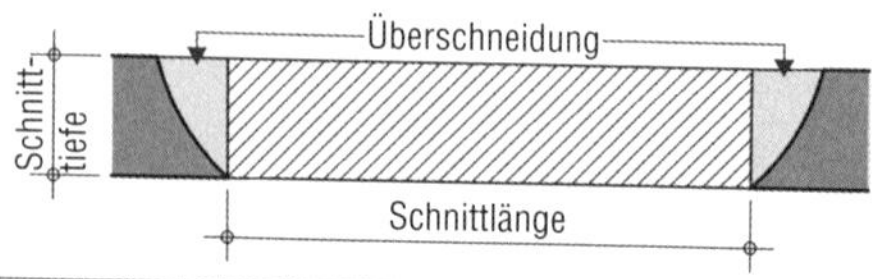	abzurechnende Schnittfläche aus Schnittlänge und Schnitttiefe ermittelt	5.2.3
Sägearbeiten in Mauerwerk oder Beton	Schnitttiefe von mindestens 3 cm ansetzen, wenn die tatsächliche Schnittfläche darunterliegt	5.2.3

Abzugs- und Übermessungsregeln

Übermessungsregeln bei Abrechnung nach Raummaß [m³]

Worum geht es?	Wie wird gerechnet/ermittelt?	ATV
Aussparungen 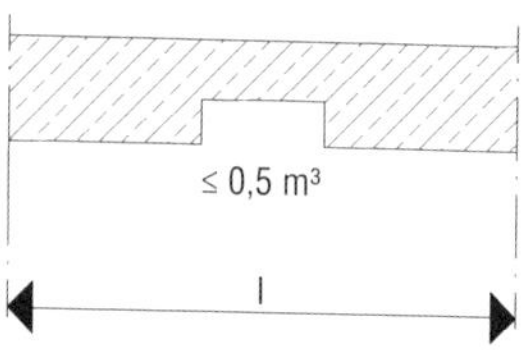	$\leq 0{,}5\ m^3$ Einzelgröße übermessen	5.3.1

Übermessungsregeln bei Abrechnung nach Flächenmaß [m²]

Worum geht es?	Wie wird gerechnet/ermittelt?	ATV
Aussparungen generell, außer bei manuellen Verfahren 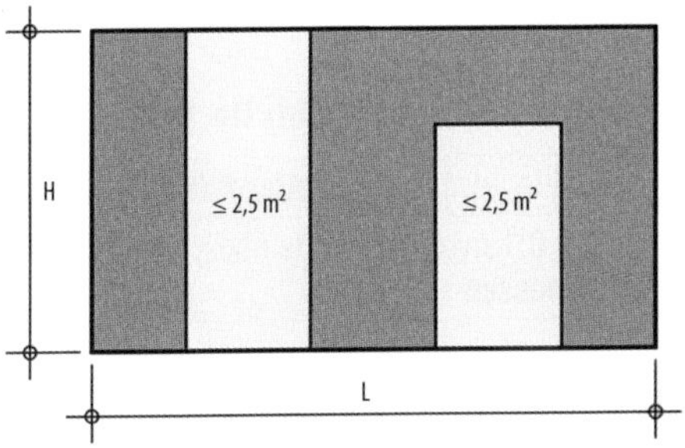	≤ 2,5 m² Einzelgröße übermessen	5.3.2.1
Aussparungen bei manuellen Verfahren	≤ 0,5 m² Einzelgröße übermessen	5.3.2
Unterbrechungen in der abzubrechenden oder rückzubauenden Fläche durch Bauteile z.B. Fachwerksteile, Stützen, Unterzüge, Vorlagen u.Ä. 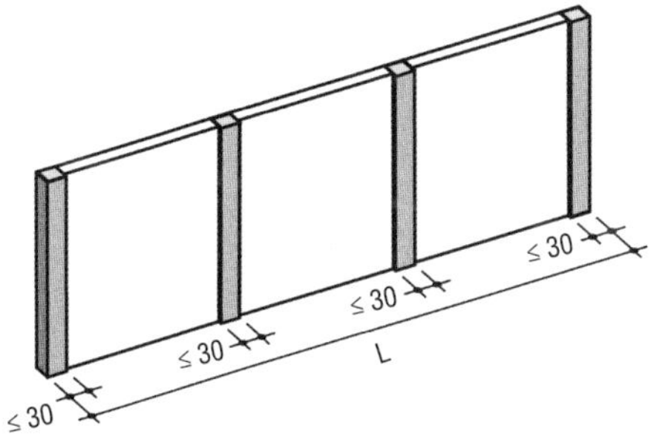	mit einer Einzelbreite ≤ 30 cm übermessen	5.3.2

Übermessungsregeln bei Abrechnung nach Längenmaß [m]

Worum geht es?	Wie wird gerechnet/ermittelt?	ATV
Unterbrechungen generell, außer bei Kernbohrungen (siehe 5.3.5)	≤ 1 m Einzellänge übermessen	5.3.3

Übermessungsregeln bei Abrechnung nach Schnittfläche [m²]

Worum geht es?	Wie wird gerechnet/ermittelt?	ATV
Unterbrechungen in der Schnittfläche	≤ 0,1 m² Einzelgröße übermessen	5.3.4

Übermessungsregeln bei Kernbohrarbeiten

Worum geht es?	Wie wird gerechnet/ermittelt?	ATV
Unterbrechungen in der Bohrlochtiefe bei Kernbohrarbeiten 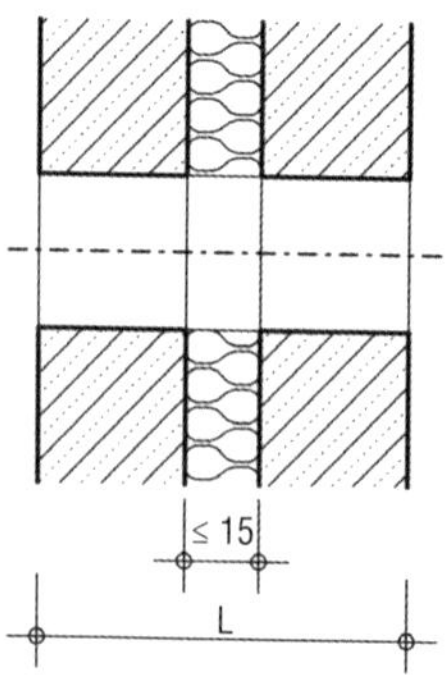 	bis einschließlich 15 cm übermessen	5.3.5

Einzelregelungen

Worum geht es?	Wie wird gerechnet/ermittelt?	ATV
Stahlschnitte bei Stahlbetonsäge- und -bohrarbeiten	bis 2 cm² Einzelschnittfläche übermessen	5.4